典藏诵读版

汉书全鉴

〔汉〕班固◎著
东篱子◎解译

扫一扫
免费赠送3种国学音频！

国家一级出版社　中国纺织出版社　全国百佳图书出版单位

内 容 提 要

《汉书》又称《前汉书》，由我国东汉时期的历史学家班固编撰，是中国第一部纪传体断代史。该书记载了西汉一代的史实，具有重要的史学地位。它对社会各阶层人物都以“实录”精神记述，平实中见生动，堪称后世传记著作的典范。

本书分别从“原文”“注释”“译文”三个方面对《汉书》进行了全面细致、通俗易懂的解读，以便读者朋友们更好地学习和理解这部著作。

图书在版编目（CIP）数据

汉书全鉴：典藏诵读版 /（汉）班固著；东篱子解译．—北京：中国纺织出版社，2019.4（2023.6重印）
ISBN 978-7-5180-6083-2

Ⅰ．①汉… Ⅱ．①班… ②东… Ⅲ．①中国历史—西汉时代—纪传体②《汉书》—注释③《汉书》—译文
Ⅳ．①K234.104.2

中国版本图书馆CIP数据核字（2019）第063510号

策划编辑：段子君　　责任校对：寇晨晨　　责任印制：储志伟

中国纺织出版社出版发行
地址：北京市朝阳区百子湾东里A407号楼　邮政编码：100124
销售电话：010－67004422　传真：010－87155801
http://www.c-textilep.com
E-mail:faxing@c-textilep.com
中国纺织出版社天猫旗舰店
官方微博 http://weibo.com/2119887771
永清县晔盛亚胶印有限公司印刷　各地新华书店经销
2019年4月第1版　2023年6月第2次印刷
开本：710×1000　1/16　印张：20
字数：219千字　定价：68.00元

前言

《汉书》，又称《前汉书》，是中国第一部纪传体断代史，“二十四史”之一。《汉书》是继《史记》之后我国古代又一部重要史书，与《史记》《后汉书》《三国志》并称为“前四史”。

《汉书》是班氏两代人的心血结晶。班固的父亲班彪，曾续《史记》成《史记后传》若干篇；班固于明帝永平元年（58 年）在父亲著作的基础上开始撰定《汉书》，五年后被人告发，以私改国史罪被捕入狱，得弟班超营救，明帝亲阅所写传记，不仅没有处分，反而供职兰台，敕令修史；至章帝建初七年（82 年）基本完成，前后经历了二十八年。一部分“志”“表”，还是在他死后由其妹班昭及马续续补完成的。

《汉书》沿用《史记》的体例而略有变更，改“本纪”为“纪”，改“书”为“志”，改“列传”为“传”，删去“世家”。全书包括纪十二篇，表八篇，志十篇，传七十篇，共一百篇，记载了上自汉高祖元年（公元前 206 年），下至王莽地皇四年（23 年），共二百三十年的历史。

《汉书》中的“纪”共十二篇，是从汉高祖至平帝的编年大事记。

《汉书》中的“表”共八篇，多依《史记》旧表而新增汉武帝以后之沿革。前六篇的记载包括汉初同姓诸侯之《诸侯王表》，异姓诸王之《异姓诸侯王表》，高祖至成帝之《功臣年表》等，借记录统治阶层来达到尊汉的目的。后二篇为《汉书》所增，包括《百官公卿表》和《古今人表》。

《汉书》中的“志”共十篇，是专记典章制度的兴废沿革。由于《汉书》已用“书”为大题，为免混淆，故改“书”为“志”。各志内容多贯通古今，而不专叙西汉一朝的历史事迹。

《汉书》中的“传”共七十篇，仍依《史记》之法，以公卿将相为列传，亦以时代之顺序为主，先专传，次类传，再次为边疆各族传和外国传，最后为乱臣贼子王莽传，体例分明。最后一篇是《叙传》，述其写作动机、编纂、凡例等。

另外，“纪”“传”各篇后均附以“赞”，说明作者对人或事的批评或见解。

《汉书》尤以史料丰富、闻见博洽著称，“整齐一代之书，文赡事详，要非后世史官所能及”（章学诚语）。可见，《汉书》在史学史上有重要的价值和地位。《汉书》以史家之笔，记录西汉一代的历史，对汉代统治集团的昏庸残暴，对上层社会的炎凉冷暖，对社会危机和民生疾苦，对有功于社会的仁人志士，均有比较客观真实的反映，其中也寄寓着作者的爱憎和批判。

班固生活的时代，封建神学思想已发展成为当时的统治思想，而班氏父子又是“唯圣人之道然后尽心焉”的史学家，他们自然以维护封建神学思想为己任，将“圣人之道”作为自己著作的指导思想。这样，作者一面承袭《史记》的内容，一面又指责它“是非颇谬于圣人”，因而篡改《史记》的观点，使《汉书》更加符合于封建正统思想。

本书是在总结前人研究成果的基础上，再次加以精校精注精解。由于旨在普及，同时也限于篇幅，本书为精选本，在叙事中有所取舍，但无损于原著的完整性。由于参校之文较多，不敢掠大家之美，在此一并致谢，并恳请不吝指正。

本书将纸质图书和配乐诵读音频完美结合，以二维码的方式在内文和封面等相应位置呈现，读者扫一扫即可欣赏、诵读经典片段。诵读音频由中国国际广播电台、中央人民广播电台专业播音员，以及中国传媒大学等知名高校播音系教师构成的实力精英团队录制完成，朗读中融进了对传统文化的理解，声音感染力极强。

解译者
2019 年 4 月

目录

纪

纪

《汉书》共十二纪，是从《史记》“本纪”发展而来的，是从汉高祖至汉平帝的编年大事记。《汉书》之“纪”比《史记》之“本纪”更具有以帝王为中心的特色，专记刘姓一帝的得失，故列了《惠帝纪》又不为非惠帝嫡子的两个少帝立纪；纪西汉末年，不立当时掌大权的元后和王莽于纪，而是为徒有虚名的成帝、哀帝、平帝等立纪。由于《汉书》始记汉高祖立国元年，故将本在《史记》本纪中的人物如项羽等改置入传中；又由于东汉不承认王莽政权，故将王莽置于“传”，贬于“传”末。

高帝纪
——开创基业，一代布衣成帝王

【原文】

高祖[①]，沛丰邑中阳里人也，姓刘氏。母媪尝息大泽之陂[②]，梦与神遇。是时雷电晦冥，父太公往视，则见交[③]龙于上。已而有娠，遂产高祖。

高祖为人，隆准[④]而龙颜，美须髯，左股有七十二黑子。宽仁爱人，意豁如[⑤]也。常有大度，不事家人生产作业。及壮，试吏，为泗上亭长，廷中吏无所不狎侮。好酒及色。常从王媪、武负贳酒[⑥]，时饮醉卧，武负、王媪见其上常有怪。高祖第酤留饮，酒雠[⑦]数倍。及见怪，岁竟，此两家常折券弃责[⑧]。

【注释】

①高祖：刘邦（前256—前195年），字季。公元前206年至公元前195年在位，共12年。庙号为太祖，谥号高皇帝。②陂（bēi）：池塘；水边，水岸；山坡，斜坡。③交：当作“蛟”。④隆准：高鼻梁。⑤豁如：豁达大度。⑥负：当作“妇”。贳（shì）：赊欠。⑦雠（chóu）：售。⑧责：当作“债”。

【译文】

汉高祖，沛县丰邑中阳里人，姓刘。其母刘媪有一次在水塘堤坝

上歇息，梦中与天神遇合。当时雷电交加，天色阴暗，其父刘太公到塘坝看视其母，却见一条蛟龙正蟠于其母身上。刘媪不久就怀孕了，生下了汉高祖。

高祖长得高鼻梁而眉骨隆起，胡须很好看，左大腿上有七十二颗黑痣。他宽厚仁爱，胸襟十分开阔。平时不拘小节，但不愿从事一般生产劳动。成年后，试补小吏，当上了泗上亭长。但他对官府中的吏员却又十分看不起。高祖爱好酒色，经常到王媪、武婆家的酒店赊酒喝。有时烂醉如泥，随地倒卧，王媪、武婆发现他身上时常有异象出现。过去高祖每次在此赊酒痛饮，酒店总是成倍抬高酒价，及见他醉酒后的异象后，在年终结算酒账时，这两家就经常撕毁欠条免了他的酒债。

【原文】

高祖常繇①咸阳，纵观秦皇帝，喟然大息②，曰："嗟乎，大丈夫当如此矣！"

单父人吕公善沛令，辟③仇，从之客，因家焉④。沛中豪杰吏闻令有重客，皆往贺。萧何为主吏，主进⑤，令诸大夫曰："进不满千钱，坐之堂下。"高祖为亭长，素易⑥诸吏，乃绐⑦为谒曰"贺钱万"，实不持一钱。谒入，吕公大惊，起，迎之门。吕公者，好相人，见高祖状貌，因重敬之，引入坐上坐。萧何曰："刘季固多大言，少成事。"高祖因狎侮诸客，遂坐上坐，无所诎⑧。酒阑，吕公因目固留高祖。竟酒，后。吕公曰："臣少好相人，相人多矣，无如季相，愿季自爱。臣有息女⑨，愿为箕帚妾⑩。"酒罢，吕媪怒吕公曰："公始常欲奇此女，与贵人。沛令善公，求之不与，何自妄许与刘季？"吕公曰："此非儿女子所知。"卒于高祖。吕公女即吕后也，生孝惠帝、鲁元公主。

【注释】

①繇：当作"徭"，服役。这里作动词用，服徭役。②大：当作

“太”。太息：叹息。③辟：通“避”。④焉：这里。此处指沛县。⑤主进：负责收受宾客送来的财礼。进，通“赆”：收入的钱财。⑥易：轻视。⑦绐（dài）：欺骗。谒：名片。⑧诎：屈服，折服。⑨息女：亲生女。⑩箕帚妾：打扫清洁的婢妾。这里是许以为妻之谦词。

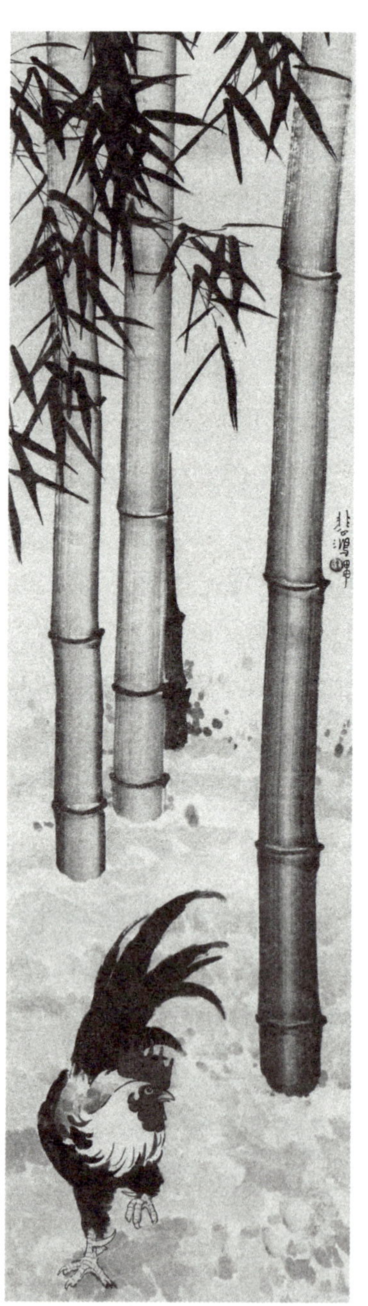

【译文】

高祖曾到秦都咸阳服徭役，亲眼看到秦始皇的威仪，叹息道：“大丈夫就是应该像这样啊！”

单父县的吕公，和沛县令是好友，因躲避仇家，寄居县令寓所，后举家迁沛。沛中的一些头面人物听说县令有位好友迁来此处，都前去祝贺。萧何是县令的幕僚，负责收礼。对诸位头面人物说：“贺礼不满一千钱的，都在堂下就坐。”汉高祖此时当亭长，平时本来就看不起这些人，就在礼单上谎称“贺钱一万”，实际上一文钱也没送。礼单送入，吕公见到如此厚礼大吃一惊，亲自到大门前迎接。吕公善于看相，见高祖仪表非凡，于是特别敬重，引入客厅请其坐上位。萧何说：“刘季平日只爱说大话，很少能办成事。”高祖早就看不起这些官府中的头面人物，故意毫不客气地坐了上位，神色自若。酒到半

醉，吕公用目光示意请高祖留下。散席时，故意和高祖走在最后。吕公对高祖说："鄙人年轻时就研究相术，看了许多人，都不及您的面相高贵，希望您多多保重。我有一个亲生女儿，愿意许给您为妻。"客人走后，吕媪生气地对吕公说："你往日总说我女儿生相奇特，将来要嫁与贵人。沛令和你交好，前来求亲你都不肯，今日为何随便许配给刘季？"吕公笑道："这不是你们妇道人家所能明白的。"结果还是把女儿嫁给了高祖。吕公之女就是后来的吕后，生了汉孝惠帝和鲁元公主。

【原文】

高祖以亭长为县送徒①骊山，徒多道亡②。自度比至③皆亡之，到丰西泽中亭，止饮，夜皆解纵所送徒。曰："公等皆去，吾亦从此逝④矣！"徒中壮士愿从者十余人。高祖被酒⑤，夜径⑥泽中，令一人行前。行前者还报曰："前有大蛇当径，愿还。"高祖醉，曰："壮士行，何畏！"乃前，拔剑斩蛇，蛇分为两，道开。行数里，醉困，卧。后人来至蛇所，有一老妪夜哭。人问妪何哭，妪曰："人杀吾子。"人曰："妪子何为见杀？"妪曰："吾子，白帝子也，化为蛇，当道，今者赤帝子斩之，故哭。"人乃以妪为不诚，欲苦⑦之，妪因忽不见。后人至，高祖觉⑧。告高祖，高祖乃心独喜，自负⑨。诸从者日益畏之。

【注释】

①徒：指服劳役的犯人。②道亡：半道逃走。③比至：及至；到。④逝：离去。意谓逃走。⑤被酒：带有醉意。⑥径：小路。⑦苦：诘问。⑧觉（jué）：睡醒。⑨自负：自恃不凡。

【译文】

汉高祖以亭长的身份为沛县送役夫去骊山，半路上役夫逃亡的很多。他想等到骊山时可能就全跑光了，于是到了丰西泽中亭，让役夫停下休息，并请大家饮酒，到夜晚将所有役夫全部放走了。他说："大家干脆都逃走吧！我从今也要远走高飞了！”役夫中有十多名壮士愿意与高祖一起走。高祖乘着酒兴，带领众人从泽中小道上逃走，派一人到前面探路。探路人回头来报：“前面有大蛇挡道，我们还是回去吧。”高祖借着酒劲说：“勇士前行，何所畏惧？”于是亲自前去，拔剑斩蛇，蛇被斩为两段，道路畅通了。走了数里，高祖既醉又困，卧于路上。有人从后面赶上，经过高祖斩蛇之处，见一位老妈妈夜间在路旁哭泣。此人询问老妈妈因何而哭，老妈妈说：“有人杀了我的儿子。”此人问：“老妈妈的儿子为何被人所杀？”老妈妈说：“我的儿子是白帝之子，变成大蛇，挡着道路，今天被赤帝之子斩了，所以我在此哭泣。”此人以为这位老妈妈是信口胡言，便想盘诘一番，谁知一眨眼老妈妈却不见了。此人追上高祖时，高祖已经醒来。此人就将此事告诉了高祖，高祖心中暗自高兴，自恃不凡。那些跟随他的人也越来越敬畏他。

【原文】

秦二世元年秋七月，陈涉起蕲，至陈，自立为楚王，遣武臣、张耳、陈余略[①]赵地。八月，武臣自立为赵王。郡县多杀长吏以应涉。九月，沛令欲以沛应之。掾[②]、主吏萧何、曹参曰：“君为秦吏，今欲背之，帅沛子弟，恐不听。愿君召诸亡在外者，可得数百人，因以劫众[③]，众不敢不听。”乃令樊哙召高祖。高祖之众已数百人矣。

于是樊哙从高祖来。沛令后悔，恐其有变，乃闭城城守[④]，欲诛萧、曹。萧、曹恐，逾城保[⑤]高祖。高祖乃书帛射城上，与沛父老曰：“天下同苦秦久矣。今父老虽为沛令守，诸侯并起，今屠沛。沛今共诛令，择可立立之，以应诸侯，即室家完。不然，父子俱屠，无为[⑥]也。”父老乃帅子弟共杀沛令，开城门迎高祖，欲以为沛令。高祖曰：“天下方扰，诸侯并起，今置将不善，一败涂地[⑦]。吾非敢自爱，恐能薄，不能完[⑧]父兄子弟。此大事，愿更择可者。”萧、曹皆文吏，自爱，恐事

不就，后秦种族[9]其家，尽让高祖。诸父老皆曰："平生所闻刘季奇怪，当贵；且卜筮之，莫如刘季最吉。"高祖数让，众莫肯为，高祖乃立为沛公。祠黄帝，祭蚩尤于沛廷，而衅鼓旗[10]。帜皆赤，由所杀蛇白帝子，杀者赤帝子故也。于是少年豪吏如萧、曹、樊哙[11]等皆为收沛子弟，得三千人。

【注释】

①略：通"掠"，侵夺。②掾：指沛县的属吏。当时曹参为沛县狱掾。③因以劫众：借以挟制民众。④城守：据城防守。⑤保：依靠。⑥无为：无价值，无意义。⑦一败涂地：一朝失败，便肝脑涂地。形容彻底失败，不可收拾。⑧完：保全。⑨种族：灭族，灭其家族。⑩衅鼓旗：古代开战时，杀人或杀牲以血涂鼓旗行祭。⑪哙（kuài）。

【译文】

秦二世元年（公元前209年）秋七月，陈涉在蕲县起义，到达陈地，自立为楚王。派武臣、张耳、陈余攻取赵地。八月，武臣自立为赵王。各郡县相继发生杀死当地官吏以响应陈涉之事。九月，沛县县令想在沛县响应陈涉，幕僚萧何、曹参进言说："你身为秦朝官吏，现在却要背叛秦朝，想率领沛中子弟起义，大家恐怕不会听从。希望你能招收那些逃亡在外的人，可以得数百人，靠这些人的力量来号召沛中子弟，沛中子弟就不敢不听。”于是县令派樊哙去召见高祖。此时高祖已经拥有数百之众了。

于是樊哙跟着高祖率众前来。可这时沛令却反悔了，害怕高祖夺取他的权力，就闭城固守，还想诛杀萧何、曹参。萧何、曹参十分害怕，就偷越城墙去投靠高祖。高祖于是写了帛书射到城上，遍告沛县父老说：“普天之下遭受暴秦的欺凌已经很长时间了。今日各位父老虽为沛令守城，而各地义军一到，就会下令屠城。要是各位能在现在诛杀沛令，推举众望所归的人为首领，以响应义军，就可以保证家室安全。否则，全家都要遭殃，这是毫无意义的。”于是沛中父老率其子弟杀死沛令，打开城门迎接高祖，并要推举高祖做沛县县令。高祖辞谢道：“当今正值天下大乱，群雄纷纷起义，要是选拔首领不当，就会一败涂地。我并非贪生怕死，而是深恐德能浅薄，不能保全各位父老兄弟。这是一件大事，请求再选择一位能人。”萧何、曹参都是文官，担心其身家性命，深恐举事不成，将来会被秦朝诛灭九族，就竭力推举高祖。沛县父老都说：“平日常听说刘季一些奇异之事，当为贵人；我们曾问卜于神明，都说没有人比刘季更合适。”高祖多次辞让，大家都不同意，高祖于是被拥立为沛公。对古天子黄帝、蚩尤在沛廷进行祠祭，并用牲血祭旗鼓。旗帜俱为赤红色，这是因为所杀之蛇是白帝之子，而挥剑斩蛇者是赤帝之子。于是少年豪吏如萧何、曹参、樊哙等人都纷纷招募沛县子弟，义军迅速扩充到了三千人。

【原文】

元年冬十月，沛公至霸上。秦王子婴素车白马，系颈以组①，封皇帝玺符节，降枳道②旁。诸将或言诛秦王，沛公曰：“始怀王遣我，

固以能宽容，且人已服降，杀之不祥。”乃以属吏[③]。遂西入咸阳，欲止宫休舍[④]，樊哙、张良谏，乃封秦重宝财物府库，还军霸上。萧何尽收秦丞相府图籍文书。十一月，召诸县豪桀[⑤]曰：“父老苦秦苛法久矣，诽谤者族，耦语者弃市[⑥]。吾与诸侯约，先入关者王之，吾当王关中。与父老约，法三章耳：杀人者死，伤人及盗抵罪[⑦]。余悉除去秦法。吏民皆按堵如故[⑧]。凡吾所以来，为父兄除害，非有所侵暴，毋恐！且吾所以军霸上，待诸侯至而定要束[⑨]耳。”乃使人与秦吏行至县乡邑告谕之。秦民大喜，争持牛羊酒食献享军士。沛公让不受，曰：“仓粟多，不欲费民[⑩]。”民又益喜，唯恐沛公不为秦王。

【注释】

①组：丝带。②枳道：一说为亭名，旧址在今陕西咸阳市东北。③属（zhǔ）吏：交给有司看管。④止宫休舍：在宫殿中休息。⑤豪桀：同“豪杰”。⑥耦语：相对私语。弃市：在市上处死。⑦抵罪：按情节轻重判罪。⑧按堵如故：形容秩序良好，百姓和原来一样安居乐业。⑨要束：约束。⑩费民：使百姓破费。

【译文】

汉高祖元年（公元前206年）冬十月，沛公领兵到达霸上。秦王子婴乘坐素车白马，颈上系着丝带，把皇帝的玉玺符节封好，在枳道亭旁向沛公投降。众将中有人建议沛公杀掉秦王，沛公说：“原先楚怀王之所以派我入关，就是因为我能宽容人，何况秦王已经归顺投降，再要把他杀掉是不好的。”于是将秦王子婴交给有司看管。接着西进咸阳，沛公想进秦宫休息，樊哙、张良劝阻，于是就将秦都的重要财物府库封存起来，率军回驻于霸上。萧何把秦丞相府的图籍档案全都收取。十一月，沛公召集各县豪杰，对他们说：“各位父老受秦朝的严刑峻法之苦很久了。当时是对犯诽谤罪者灭族，私下议论者斩首示众。我曾与各路诸侯有约，先入关者为王。如今我已首先入关，按理应当称王于关中。现在向诸位父老宣布三条法令：杀人的偿命，伤人及抢劫的按情节治罪。其余的秦朝法令一律废除。秦地臣民还和原来一样各司其业。我之所以领兵入关，是为父兄们除害，绝不会在此地横行霸道，望诸位不要害怕。我现在驻军于霸上的原因，是在等各路起义诸侯到达以后一起执行约法三章。”接着就派人与秦朝故吏下到各县乡晓喻百姓。秦民大喜，争先牵着牛羊、担着酒食来犒劳沛军将士。沛公一再推辞不受，他说：“秦库粮食甚多，实在不想再让百姓破费。”秦地百姓更为欣喜，唯恐沛公不做关中之王。

【原文】

或说沛公曰：“秦富十倍天下，地形强。今闻章邯降项羽，羽号曰雍王，王关中。即来，沛公恐不得有此。可急使守函谷关，毋内[①]诸侯军，稍征关中兵以自益，距[②]之。”沛公然其计，从之。十二月，项羽果帅诸侯兵欲西入关，关门闭。闻沛公已定关中，羽大怒，使黥布等攻破函谷关，遂至戏下[③]。沛公左司马曹毋伤闻羽怒，欲攻沛公，使人言羽曰：“沛公欲王关中，令子婴相，珍宝尽有之。”欲以求封。亚父范

增说羽曰："沛公居山东[④]时，贪财好色。今闻其入关，珍物无所取，妇女无所幸，此其志不小。吾使人望其气，皆为龙，成五色，此天子气。急击之，勿失。"于是飨士，旦日合战[⑤]。

是时，羽兵四十万，号百万；沛公兵十万，号二十万，力不敌。会羽季父左尹项伯素善张良，夜驰见张良，具告其实，欲与俱去，毋特[⑥]俱死。良曰："臣为韩王送沛公，不可不告，亡去不义。"乃与项伯俱见沛公。沛公与伯约为婚姻，曰："吾入关，秋豪[⑦]无所敢取，籍[⑧]吏民，封府库，待将军。所以守关者，备他盗也。日夜望将军到，岂敢反邪！愿伯明言不敢背德。"项伯许诺，即夜复去，戒[⑨]沛公曰："旦日不可不早自来谢。"项伯还，具以沛公言告羽。因曰："沛公不先破关中兵，公巨[⑩]能入乎？且人有大功，击之不祥，不如因善之。"羽许诺。

【注释】

①内：通"纳"，接纳。②距：通"拒"，抵御。③戏下：戏水之下。戏水在陕西临潼东，源出骊山，北流经古戏亭东，又北入渭。④山东：指峭山或华山以东地区。⑤旦日：第二天。合战：会战。⑥特：但，空。⑦豪：通"毫"。⑧籍：用文簿登记。⑨戒：通"诫"，告诫。⑩巨：通"讵"，岂。

【译文】

有人向沛公建议说："秦地财富十倍于天下，地理形势也十分险要。现在听说秦大将章邯投降了项羽，项羽封他为雍王，派他到关中为王。要是他一到，沛公恐怕不能在此地立足了。应该迅速派兵扼守函谷关，不要让诸侯的队伍进来，稍微从关中征集一些兵丁以加强兵力，把章邯拒于关外。"沛公认为此人说得对，就照办了。十二月，项羽果然领诸侯兵准备西入关中，谁知关门紧闭。项羽得悉沛公已平定关中，勃然大怒，派英布等攻破函谷关，直抵戏下。沛公的左司马曹毋伤听说项羽发怒，想攻打沛公，就派人密报项羽说：“沛公想当关中王，让秦王子婴为相，秦都珍宝尽数为其所有。”他想借密报之功来求得项羽的封赏。亚父范增建议项羽说：“沛公原先在山东时，贪财好色。现在听说他入关之后，珍宝不取，美色不近，看来他的志向不小啊！我曾派人望他头上的云气，云气如龙，五色灿烂，这是帝王之气。定要趁早攻击，不要错失机会。”于是项羽犒劳士卒，下令明日交战。

此时，项羽拥兵四十万，号称百万；沛公拥兵十万，号称二十万，兵力不敌项羽。适逢项羽的叔父左尹项伯是张良的故友，连夜来见张良，将此情况详细告知，想叫张良和他一起离开，不必白白陪着沛公送命。张良说：“在下是作为韩王使者来投沛公帐下的，不能不辞而别，别而不告是不义。”于是和项伯一同去见沛公。沛公与项伯联姻，对项伯说：“我进关之后，秋毫之物都不敢取，登记吏民簿籍，封闭秦朝府库，以等待项羽将军。我之所以派兵守关，是为了防备其他盗贼。我日夜盼望项将军的到来，怎么敢有反叛之心呢！”项伯点头同意，连夜回营。临行时告诫沛公说：“明天一早一定要尽早拜谢项羽。”项伯回营后，将沛公的话悉数转告项羽，趁势说：“沛公如果不先打败关中秦军，您能够如此顺利地到达关中吗？何况沛公立有大功，攻打他是不得人心的，不如就此机会对他表示友好。”项羽表示同意。

【原文】

沛公旦日从百余骑见羽鸿门[①]，谢曰：“臣与将军勠力[②]攻秦，将军战河北，臣战河南，不自意先入关，能破秦，与将军复相见。今者有小人言，令将军与臣有隙。”羽曰：“此沛公左司马曹毋伤言之，不然，籍何以至此？”羽因留沛公饮。范增数目[③]羽击沛公，羽不应。范增起，出谓项庄曰：“君王为人不忍。汝入以剑舞，因击沛公，杀之。不者，汝属且为所虏。”庄入为寿[④]。寿毕，曰：“军中无以为乐，请

以剑舞。”因拔剑舞。项伯亦起舞，常以身翼蔽沛公。樊哙闻事急，直入，怒甚。羽壮之，赐以酒。哙因谯让[5]羽。有顷，沛公起如厕，招樊哙出，置[6]车官属，独骑，与樊哙、靳强、滕公[7]、纪成步[8]，从间道[9]走军，使张良留谢羽。羽问：“沛公安在？”曰：“闻将军有意督过之，脱身去，间至军，故使臣献璧。”羽受之。又献玉斗范增。增怒，撞其斗，起曰：“吾属今为沛公虏矣！”

【注释】

①鸿门：古地名。今称项王营，在今陕西临潼东。②勠力：并力。③目：使眼色。④为寿：祝酒。⑤谯（qiáo）让：责问。⑥置：留下。⑦滕公：夏侯婴。⑧步：步行。⑨间道：小路。

【译文】

第二天一早沛公带领随从百余骑到鸿门拜见项羽，谢罪说：“末将和将军同心协力攻秦，将军转战于河北，末将作战于河南，没想到会先进入关中，打败秦军，得以与将军在此会师。今日却有小人进谗言，让将军与末将不和。”项羽说：“这是沛公左司马曹毋伤说的，不然的话，我项羽何至于采取如此行动？”项羽就留住沛公共饮。范增多次使眼色示意项羽击杀沛公，项羽置之不理。范增起身离席，出去对项庄说：“主上为人心慈，你入席舞剑以助酒兴，乘机刺杀沛公，将他杀死。不然的话，我们将来都会做他的俘虏。”项庄入席祝酒。敬完酒后，说：“军中没有什么为乐的，我愿舞剑以助酒兴。”随即拔剑起舞。项伯也拔剑起舞，常常用自身来保护沛公。樊哙得知情况紧急，就直接冲到筵前，怒目圆睁。项羽欣赏他的勇武，就赐酒与他。樊哙乘机出言责备项羽。过了一会儿，沛公离席上厕所，叫樊哙一同出去，将同来的人员车马留下，自己骑着马和步行的樊哙、靳强、夏侯婴、纪成等人，抄小路回到军队营地，命张良留下向项羽致谢。项羽问：“沛公哪里去了？”张良答道：“沛公听说将军有意责罚他，便脱身走了，此时可能已经回到军营，他特意叫微臣向将军献上宝璧。”项羽接受了宝璧。张良向范增进献玉斗，范增大怒，将玉斗击碎，起身说：“我们不久都要被沛公俘虏了。”

【原文】

三年冬十月，韩信、张耳东下井陉击赵，斩陈余，获赵王歇。

项羽数侵夺汉甬道①，汉军乏食，与郦食其谋桡②楚权。食其欲立六国后以树党，汉王刻印，将遣食其立之。以问张良，良发八难③。汉王辍饭吐哺，曰：“竖儒几败乃公事④！”令趋⑤销印。又问陈平，乃从其计，与平黄金四万斤，以间疏⑥楚君臣。

夏四月，项羽围汉荥阳，汉王请和，割荥阳以西者为汉。亚父劝项羽急攻荥阳，汉王患之。陈平反间既行，羽果疑亚父。亚父大怒而去，发病死。

【注释】

①甬道：古代两旁有墙或其他障蔽物的驰道或通道。

②桡（náo）：古同“挠”，

削弱。③发八难：提出八点反对意见。④竖儒：对儒生的鄙称。乃公：骂人之语，犹言“你老子我”。⑤趋：通“促”。⑥间疏：挑拨离间。

【译文】

汉三年（公元前204年）冬十月，韩信、张耳东下井陉攻打赵地，斩杀陈余，俘获了赵王赵歇。

项羽多次夺取汉兵取粮通道，以致汉军粮食缺乏。汉王与郦食其商量如何削弱楚项势力。郦食其想立六国之后作为汉军羽翼，汉王便刻六国王印，准备派郦食其前往分封。汉王询问张良对此事的意见，张良提出了八点反对意见。汉王立即停止进餐，吐出口中的食物，说：“郦食其这无知小子几乎坏了老子的大事！”传令迅速销毁所刻的六国王印。汉王又请教陈平，并听从了陈平的计策，交给陈平黄金四万斤，以离间楚项的君臣关系。

夏四月，项羽围困了汉王的军事重镇荥阳，汉王请求讲和，以荥阳为界，界西为汉。亚父范增劝项羽猛攻荥阳，汉王为此深感不安。陈平此时已通过贿赂实施了反间之计，项羽果然对范增产生了怀疑。范增愤而离开，忧愤之中发病而死。

【原文】

十二月，围羽垓下[①]。羽夜闻汉军四面皆楚歌，知尽得楚地。羽与数百骑走，是以兵大败。灌婴追斩羽东城[②]。楚地悉定，独鲁不下。汉王引天下兵欲屠之，为其守节礼义之国，乃持羽头示父兄，鲁乃降。初，怀王封羽为鲁公；及死，鲁又为之坚守，故以鲁公葬羽于谷城。汉王为发丧，哭临[③]而去。封项伯等四人为列侯，赐姓刘氏。诸民略在楚者皆归之。

春正月，追尊兄伯号曰武哀侯。下令曰：“楚地已定，义帝亡后，欲存恤楚众，以定其主。齐王信习楚风俗，更立为楚王，王淮北，都下邳。魏相国建城侯彭越勤劳魏民，卑下士卒，常以少击众，数破楚军，其以魏故地王之，号曰梁王，都定陶。”又曰：“兵不得休八年，万民与苦甚，今天下事毕，其赦天下殊死④以下。”

【注释】

①垓（gāi）下：地名。在今安徽灵璧县东南，沱河北岸。②东城：县名。在今安徽定远县东南。③临：吊丧。④殊死：斩首之刑。

【译文】

汉五年冬（公元前202年）十二月，汉兵合围项羽于垓下。项羽夜间听到四面都是楚歌，知道汉兵已经完全控制了楚地。项羽率数百骑突围，楚军因无主而大败。灌婴追斩项羽于东城。楚地完全平定，唯独鲁地不降。汉王率领大军想要屠城，但又被该地将士为项羽守节持义之举所感动，就将项羽首级悬示以告知鲁地的父兄，鲁地乃降。原先，怀王封项羽为鲁公；项羽死后，鲁地军民又为之坚守，因此就以鲁公之礼葬项羽于济北谷城。汉王为项羽发丧，并到灵前哭泣哀悼。汉王封项伯等四人为列侯，赐刘姓。外地百姓被掠到楚地的都遣返原籍。

春正月，汉王追尊其兄刘伯为武哀侯。下令说：“战争已连续进行了八年，给百姓带来了严重灾难，今日天下已经统一安定，除已被判死刑外的囚犯都一律赦免。”

【原文】

于是诸侯上疏曰：“楚王韩信、韩王信、淮南王英布、梁王彭越、故衡山王吴芮、赵王张敖、燕王臧荼昧死①再拜言，大王陛下：先时秦为亡道，天下诛之。大王先得秦王，定关中，于天下功最多。存亡定危，救败继绝，以安万民，功盛德厚。又加惠于诸侯王有功者，使得立社稷。地分已定，而位号比拟②，亡上下之分，大王功德之著，于

后世不宣③。昧死再拜上皇帝尊号。”汉王曰：“寡人闻帝者贤者有也，虚言亡实之名，非所取也。今诸侯王皆推高④寡人，将何以处之哉？”诸侯王皆曰：“大王起于细微，灭乱秦，威动海内。又以辟陋之地，自汉中行威德，诛不义，立有功，平定海内，功臣皆受地食邑，非私之也。大王德施四海，诸侯王不足以道之，居帝位甚实宜，愿大王以幸天下。”汉王曰：“诸侯王幸以为便于天下之民，则可矣。”于是诸侯王及太尉长安侯臣绾⑤等三百人，与博士稷嗣君叔孙通谨择良日二月甲午，上尊号，汉王即皇帝位于汜水之阳⑥。尊王后曰皇后，太子曰皇太子，追尊先媪曰昭灵夫人。

【注释】

①昧死：冒昧，不避死罪。秦汉时大臣上书习惯用词。②比拟：比类相似。③宣：传扬。④推高：推到高处，指拥立为帝。⑤绾（wǎn）：卢绾。⑥阳：水的北面，山的南面。

【译文】

此时诸侯向汉王上奏说：“楚王韩信、韩王信、淮南王英布、梁王彭越、原衡山王吴芮、赵王张敖、燕王臧荼冒死上书，大王陛下：以往秦朝无道，天下人共行诛讨。大王首先俘虏秦王子婴，平定关中，于天下功劳最大。存亡定危，救败继绝，以安定万民，功高德厚。同时又施加恩惠于各个有功的侯王，对他们裂土分封。现在各侯王封地及名分已定，而和大王同称王号，没有尊卑之别，如此一来，则大王显著的高功盛德，就不能宣扬于后世。因此臣等冒死再拜请大王上皇帝尊号。”汉王辞谢道：“寡人常闻帝号归于圣贤所有，名不副实的名号，是不应拥有的。今日诸位侯王都推举寡人称帝，这让寡人怎么办才好呢？”诸位侯王都禀道：“大王崛起于民间，消灭乱秦，威震天下。后来又以巴蜀偏僻之处为基地，从汉中推行威德，诛讨不义，封立有功之人，平定天下，功臣都得到封地与食邑，没有丝毫偏向。大王的恩德遍于四海，其他侯王都不能与之相比，尊为皇帝是名实相副，愿大王能满足天下臣民的愿望。”汉王说：“诸位侯王如果说寡人称帝有于利天下百姓的话，那寡人就同意了。”于是各位侯王及太尉长安侯卢绾等三百人，与博士稷嗣君叔孙通谨择吉日二月初三日，上皇帝尊号，汉王即皇帝位于汜水以北的济阴。尊吕后为皇后，太子为皇太子，追赠已去世的母亲为昭灵夫人。

【原文】

帝置酒洛阳南宫。上曰：“通侯诸将毋敢隐朕[①]，皆言其情。吾所以有天下者何？项氏之所以失天下者何？”高起、王陵对曰：“陛下嫚[②]而侮人，项羽仁而敬人。然陛下使人攻城略地，所降下者，因以与之，与天下同利也。项羽妒贤嫉能，有功者害之，贤者疑之，战胜而不与人功，得地而不与人利，此其所以失天下也。”上曰：“公知其一，未知其二。夫运筹帷幄[③]之中，决胜千里之外，吾不如子房[④]；填[⑤]国家，抚百姓，给饷馈，不绝粮道，吾不如萧何；连百万之众，战必胜，

攻必取，吾不如韩信。三者皆人杰，吾能用之，此吾所以取天下者也。项羽有一范增而不能用，此所以为我禽[⑥]也。”群臣说（悦）服[⑦]。

【注释】

①通侯：彻侯，爵名，第二十级。隐：欺瞒。②嫚（màn）：通“慢”，轻视，侮辱。③运筹帷幄：在军帐内对军略做全面计划。常指在后方决定作战方案。也泛指主持大计，考虑决策。运：运用；筹：算筹，引申为策划；帷幄：军队的帐幕。④子房：张良之字。⑤填：当为“镇”。⑥禽：古通“擒”。⑦说服：心悦诚服。说：通“悦”。

【译文】

高祖皇帝在洛阳南宫举行宴会。皇上说：“通侯诸将不必对我有所隐瞒，都请畅所欲言。我为什么能取得天下？项羽为何会失掉天下？”高起、王陵答道：“陛下平日似乎并不大尊重他人，项羽似乎很能关心与尊重他人。但是陛下派人攻城略地，所取得的战果，都给予有功之人，这是与天下人共同分利。而项羽妒贤嫉能，对有功之人进行迫害，对贤能之士十分猜忌，打了胜仗据他人之功以为己有，得了土地不愿意分赏于人，这就是他失去天下的原因。”高祖说：“你们是只知其一，不知其二。论到运筹于帷幄之中，决胜于千里之外，我不及张良；镇守国家，安抚百姓，供应粮饷，保证粮道畅通，我不及萧何；指挥百万之众，战无不胜，攻无不克，我不及韩信。这三位都是人中俊杰，而我能充分发挥他们的作用，这就是我能夺取天下的原因。项羽本只有一个范增，还不加重用，所以他才败在我的手下。”群臣都心悦诚服。

【原文】

七年冬十月，上自将击韩王信于铜鞮[①]，斩其将。信亡走匈奴，与其将曼丘臣、王黄共立故赵后赵利为王，收信散兵，与匈奴共距汉。上从晋阳连战，乘胜逐北，至楼烦[2]，会[3]大寒，士卒堕指者什二三[4]。遂至平城，为匈奴所围，七日，用陈平秘计得出。

二月，至长安。萧何治未央宫[5]，立东阙、北阙、前殿、武库、大仓。上见其壮丽，甚怒，谓何曰："天下匈匈[6]，劳苦数岁，成败未可知，是何治宫室过度[7]也！"何曰："天下方未定，故可因以就[8]宫室。且夫天子以四海为家，非令壮丽亡以重威，且亡令后世有以加[9]也。"上说。自栎阳徙都长安。置宗正[10]官以序九族。

【注释】

①铜鞮：县名。今山西沁县南。②楼烦：县名。今山西宁武。③会：遇到。④什二三：十分之二三。⑤未央宫：汉宫名。在长安城内西南隅，在今西安市马家寨村。⑥匈匈：动乱不安的样子。⑦过度：超过适度。⑧就：修。⑨有以加：有所超过。⑩宗正：官名。掌管皇族事务。

【译文】

高祖七年（公元前200年）冬十月，皇上亲自领兵到铜鞮县攻打韩王信，杀其主将。韩王信逃亡到匈奴去，与其部将曼丘臣、王黄共同拥立故赵之后赵利为王，收集韩王信的散兵，与匈奴联合抗击汉军。

皇上从晋阳连续作战，乘胜追击，到达楼烦。适逢严寒，士卒被冻坏手指的占十分之二三。只得退到平城，却遭到匈奴围困。七日之后，用陈平所献的美人计得以突围。

春二月，皇上到达长安。萧何负责修建未央宫，建立东阙、北阙、前殿、武库、大仓。皇上见其十分壮丽，十分生气，对萧何说："天下扰攘不安，人民长期劳苦，成败尚未可知，为何修建如此壮丽的宫殿？"萧何说："正是因为天下还未完全平定，就抓紧修建宫室。而且天子以四海为家，宫室不够壮丽就不能显示其权威，同时还可昭示后世不必再行扩建了。"皇上听了很高兴。就从栎阳迁都于长安。设立宗正官以序皇室九族之名。

【原文】

十二年冬十月，上破布军于会缶①，布走，令别将追之。

上还，过沛，留，置酒沛宫，悉召故人父老子弟佐酒②。发沛中儿得百二十人，教之歌。酒酣，上击筑③，自歌曰："大风起兮云飞扬，威加海内兮归故乡，安得猛士兮守四方！"令儿皆和习之。上乃起舞，慷慨伤怀，泣数行下。谓沛父兄曰："游子悲故乡。吾虽都关中，万岁之后④吾魂魄犹思乐沛。且朕自沛公以诛暴逆，遂有天下，其以沛为朕汤沐邑⑤，复其民，世世无有所与⑥。"

【注释】

①会缶：会甀（kuài zhuì），小邑名。在今安徽宿县南。②佐酒：陪酒。③筑：古时弹拨乐器，已失传。④万岁之后：言死后。⑤汤沐邑：周代时指诸侯朝见天子，天子赐以王畿以内的、供住宿和斋戒沐浴的封邑。后指国君、皇后、公主等受封者收取赋税的私邑。而贵族受封的汤沐邑，则是一种食邑制度。⑥无有所与：指不负担徭役。

【译文】

汉十二年（公元前 195 年）冬十月，皇上在会甀击败英布的军队，英布逃走，皇上派副将追击。

皇上回都，经过故乡沛县，暂作停留，在沛宫摆开筵席，招待所有的故人父老子弟饮酒。又召集沛中儿郎一百二十人，教他们唱歌。酒兴正浓时，皇上击打筑乐，自唱道："大风起兮云飞扬，威加海内兮归故乡，安得猛士兮守四方！"令儿郎们都一起练习和唱。皇上随歌起舞，慷慨感伤，泪流满面。皇上对沛地父兄说："游子总是怀念自己的故乡。朕虽身居关中，去世以后，魂魄仍然会留恋沛地家乡的。朕从任沛公时起兵以推翻暴秦，遂得天下，愿以沛地为朕的汤沐邑，免除沛民徭役，世世代代不向朝廷缴纳赋税。"

【原文】

上击布时，为流矢所中，行道疾。疾甚，吕后迎良医。医入见，上问医。曰："疾可治。"于是上嫚骂之，曰："吾以布衣提三尺①取天下，此非天命乎？命乃在天，虽扁鹊何益！"遂不使治疾，赐黄金五十斤，罢之。吕后问曰："陛下百岁②后，萧相国既死，谁令代之？"上曰："曹参可。"问其次，曰："王陵可，然少戆③，陈平可以助之。陈平知④有余，然难独任。周勃重厚少文，然安刘氏者必勃也，可令为太尉。"吕后复问其次，上曰："此后亦非乃所知也。"

夏四月甲辰，帝崩于长乐宫。

【注释】

①三尺：指剑。②百岁：去世。古人以为人生不过百岁，故以其为死之讳称。③少戆（zhuàng）：稍有点儿刚直。④知：通"智"。

【译文】

皇上攻打英布时，被流矢射中，在半路上就病了。病情逐渐加重，

吕后请来良医。医生入见，皇上问他对伤势的看法。医生说：“此病能够治好。”此时皇上对医生嬉骂道：“我一介平民提三尺宝剑取得天下，这还不是天命吗？命既在天，就是神医扁鹊重生对我又有何益！”于是不让医生诊病，赏赐黄金五十斤，叫他出宫。吕后问道：“陛下百年之后，萧何丞相也去世了，谁能代他为相？”皇上说：“曹参可以。”吕后又问谁可接替曹参，皇上说：“王陵可以，但他性格有些刚直，陈平可以辅助他。陈平智谋有余，但难单独任丞相。周勃老成持重而不善于文辞，可是安定刘汉的一定是周勃，可以令他任太尉之职。”吕后又问再以后谁能接任，皇上说：“再以后我也不知道了。”

夏四月二十五日，高祖驾崩于长乐宫。

【原文】

吕后与审食其谋曰：“诸将故与帝为编户民①，北面为臣，心常鞅鞅②。今乃事少主，非尽族是③，天下不安。”以故不发丧。人或闻，以语郦商。郦商见审食其曰：“闻帝已崩，四日不发丧，欲诛诸将。诚如此，天下危矣。陈平、灌婴将十万守荥阳，樊哙、周勃将二十万定燕代，此闻帝崩，诸将皆诛，必连兵还乡④，以攻关中。大臣内畔⑤，诸将外反，亡可跷足待也。”审食其入言之，乃以丁未发丧，大赦天下。

五月丙寅，葬长陵⑥。已下⑦，皇太子群臣皆反至太上皇庙。群臣曰：“帝起细微，拨乱世反之正，平定天下，为汉太祖，功最高。”上尊号曰高皇帝。

【注释】

①编户民：登记在户口簿上的平民，即平民百姓。②鞅鞅：因不平或不满而郁郁不乐。鞅，通“怏”。③族是：言族诛诸将。④乡：通“向”。⑤畔：通“叛”。⑥长陵：汉高祖墓，又为县名。在今陕西咸阳市东北。⑦已下：指已下葬。

【译文】

吕后与审食其谋划说："不少将领与皇上在过去都是普通百姓，后来他们北面称臣，心里总有点儿不高兴。现在要再服侍少主，如不将他们全部诛灭，天下必将不安。"因此没有发布皇帝去世的讣告。有人听闻此事，就告诉了郦商。郦商去见审食其说："听说皇帝已经驾崩，四天了仍不发丧，还想要诛杀诸侯。果真如此，天下就危险了。陈平、灌婴领十万重兵镇守荥阳，樊哙、周勃领二十万重兵镇守燕、代，他们要是听到皇上已经驾崩，还要诛尽诸将，必会联兵向京都进发，夺取关中。大臣内叛，诸将外反，败亡就是旦夕间的事了。"审食其将此言转呈吕后，吕后就在四月二十八日发丧，宣布大赦天下。

五月十七日，葬皇帝于长陵。下棺之后，皇太子与群臣都回到太上皇庙。君臣说："皇帝崛起于平民，拨乱反正，平定天下，成为汉朝开国祖先，功劳最高。"上尊号为高皇帝。

【原文】

初，高祖不修文学，而性明达，好谋，能听，自监门戍卒①，见之如旧。初顺民心作三章之约。天下既定，命萧何次②律令，韩信申军法，张苍定章程③，叔孙通制礼仪，陆贾造《新语》。又与功臣剖符作誓，丹书铁契，金匮石室，藏之宗庙。虽日不暇给④，规摹⑤弘远矣。

【注释】

①监门戍卒：代指官吏与士卒。②次：整理。③章程：有关历术及度、量、衡等的规章制度。④日不暇给：言事务繁多而时间不足。⑤规摹：规划，计划。

【译文】

原先，高祖不大注重书本知识，而秉性开朗达观，善于思考，能

博采众议，上自官吏下到普通士卒，见面像老友一样。入关之初，顺民心约法三章。天下平定之后，命萧何整理法律与条令，命韩信建立与健全军队法纪，命张苍统一历法与度量衡等法式，命叔孙通制定各种礼节与仪式，命陆贾作《新语》一书。又与各功臣剖符作誓，丹书铁契，贮于金柜石室之中，藏于宗庙之内。高祖虽然日理万机，但订立的规划是影响深远的。

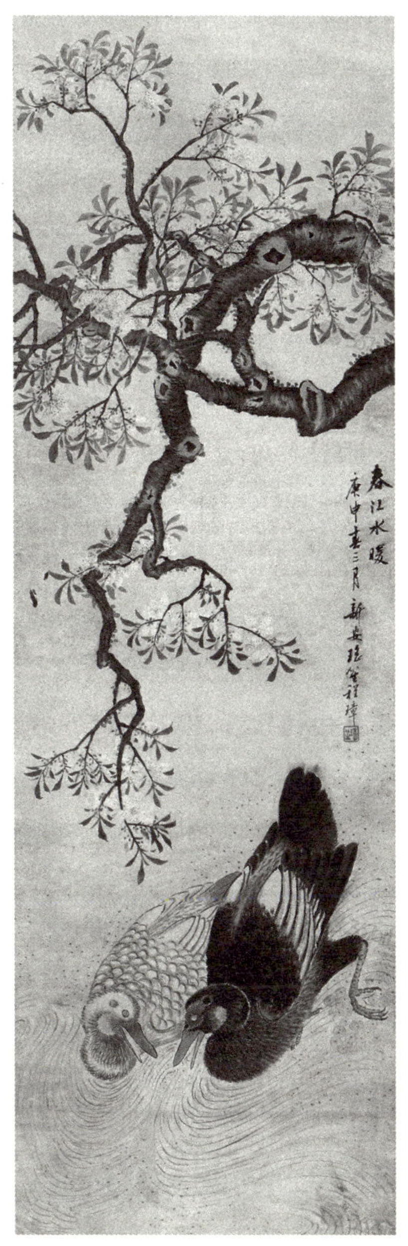

【原文】

赞[①]曰：《春秋》晋史蔡墨[②]有言，陶唐氏既衰[③]，其后有刘累，学扰龙，事孔甲[④]，范氏其后也。而大夫范宣子亦曰："祖自虞以上为陶唐氏，在夏为御龙氏，在商为豕韦氏，在周为唐杜氏，晋主夏盟为范氏。"范氏为晋士师，鲁文公世奔秦。后归于晋，其处者[⑤]为刘氏。刘向云战国时刘氏自秦获于魏。秦灭魏，迁大梁，都于丰，故周市[⑥]说雍齿曰"丰，故梁徙也"。是以颂高祖云："汉帝本系，出自唐帝。降及于周，在秦作刘。涉魏而东，遂为丰公。"丰公，盖太上皇父。其迁日浅，坟墓在丰鲜焉。及高祖即位，置祠祀官，则有秦、晋、梁、荆之巫，世祠天地，缀之以祀[⑦]，岂不信哉！由是推之，汉承尧运，德祚已盛，断蛇著符，旗帜上（尚）[⑧]赤，协于火德，自然之应，得天统矣。

【注释】

①赞：帮助之意。作者意在通过写赞，帮助读者了解篇中所述历史人物与事件，以及理解作者的志趣。②史：史官。蔡墨：晋国的史官。③陶唐氏：尧之号。④孔甲：夏朝帝王。⑤其处者：指留于秦之人。⑥市（fú）。⑦缀之以祀：祀之不绝。⑧上：同“尚”，崇尚。

【译文】

班固评论道：《春秋》记载晋国史官蔡墨说过：“唐尧势衰，其后代有个叫刘累，学御龙之术，臣事于夏天子孔甲，晋国范氏就是他的后代。”而晋国大夫范宣子也说过：“我的祖先从虞以上为陶唐氏，在夏代为御龙氏，在商代为豕韦氏，在周为唐杜氏，在晋为霸主时为范氏。”范氏为晋国正卿，在鲁文公时出奔秦国。后归附于晋，其留居秦地的便为刘氏。刘向说战国时刘氏从秦转居于魏。秦灭魏，魏都迁徙到大梁，定都于丰地，所以周市劝说雍齿说：“丰，是魏的迁徙之处。”据此以赞颂汉高祖说：“汉帝的本系，出自陶唐尧帝。传世到周，留在秦国的姓刘。经魏国而向东，于是为丰公。”丰公，可能是太上皇之父。其迁丰之日不久，坟墓在丰地的不多。到高祖即位，设置祠祀之官，于是有秦、晋、梁、荆的祖庙，世世祠祭天地祖先，香火连绵，这是有根源的啊！以此推断，汉承尧运，德行气数正逢盛时，斩蛇而契合“白帝子为赤帝子所杀”的谶言，旗帜以红色为主，这是火德的象征，以火代木，正符合上天统序的自然感应规律。

【简析】

《高帝纪》原分上、下两卷，叙述了开创西汉基业的汉高祖刘邦一生的经历和功业，也摹写了他为人为政的特点。刘邦出身平民，敢作敢为，通过斗争登上帝位。他为人豁达大度，知人善任，通达权谋，是个

杰出人物。本篇在承袭《史记·高祖本纪》一部分文字和内容的基础上加以删改和增补，详明系统，删繁就简。卷末赞语有画龙点睛之意。

惠帝纪
——性格懦弱，宽仁之主难作为

【原文】

孝惠皇帝[①]，高祖太子也，母曰吕皇后。帝年五岁，高祖初为汉王。二年，立为太子。十二年四月，高祖崩。五月丙寅，太子即皇帝位，尊皇后曰皇太后。赐民爵一级。中郎、郎中满六岁爵三级，四岁二级。外郎满六岁二级，中郎不满一岁一级。外郎不满二岁赐钱万。宦官尚食比郎中。谒者、执楯、执戟、武士、驺比外郎。太子御骖乘赐爵五大夫，舍人满五岁二级。赐给丧事者，二千石钱二万,六百石以上万,五百石、二百石以下至佐史五千。视作斥上[②]者，将军四十金，二千石二十金，六百石以上六金，五百石以下至佐史二金。减田租，复十五税一。爵五大夫、吏六百石以上及宦皇帝[③]而知名者有罪当盗械者，皆颂系[④]。上造以上及内外公孙耳孙有罪当刑及当为城旦舂者[⑤]，皆耐为鬼薪、白粲[⑥]。民年七十以上若不满十岁有罪当刑者，皆完[⑦]之。又曰："吏所以治民也，能尽其治则民赖之，故重其禄，所以为民也。今吏六百石以上父母妻子与同居[⑧]，及故吏尝佩将军都尉印将兵及佩二千石官印者，家唯给军赋，他无有所与。"

【注释】

①孝惠皇帝：刘盈，刘邦之子，吕后所生，公元前195—前188年在位。②斥上：圹上，墓穴。③宦皇帝：指中都官的官吏，以别于王国之官吏。④颂系：散禁，关押而不上刑具。颂：同“松”。⑤上造：爵名。第二级。内外公孙：国家公室及外戚之孙。耳孙：曾孙。城旦、舂：秦汉刑名，四岁刑。男筑城，女舂米。⑥鬼薪、白粲：秦汉刑名，三岁刑。取薪给宗庙为鬼薪，坐择米使正白为白粲。⑦完：完刑。不损肉体的刑罚。⑧同居：指父母妻子之外，如兄弟及其子等同居共业者。

【译文】

汉惠帝，是汉高祖的太子，母亲是吕后。在他五岁时，汉高祖开始做了汉王。高祖二年（公元前205年），他被立为太子。高祖十二年（公元前195年）四月，高祖驾崩。五月十七日，太子即皇帝位，尊母吕后为皇太后。赏赐臣民爵位一级。中郎、郎中官任职满六年的加爵位三级，满四年的加爵位二级。外郎官任职满六年的加爵位二级。中郎任职不满一年的加爵位一级，外郎任职不满二年的赏钱一万。宦官的俸禄与郎中相同。谒者、执楯、执戟、武士、驺骑等皇帝侍从人员的俸禄与外郎相同。太子御骖乘赏赐爵位为五大夫，舍人任职满五年的加爵位二级。赏赐那些为高祖办丧事的，俸禄二千石的赏钱二万，六百石以上的赏钱一万，五百石以下至佐吏赏钱五千。为高祖建造陵墓的，将军赏钱四十金，二千石赏钱二十金，六百石以上的赏钱六金，五百石以下至佐吏赏钱二金。减少田租，恢复十五税一的制度。凡爵级在五大夫、六百石以上以及曾经侍奉过皇帝，皇帝也知其姓名的人，犯了罪应当披枷戴锁的，可以放宽为软禁而不投入监狱。对官职在上造以上及皇家内外公孙或曾孙等，犯罪当刑的，或应判四年徒刑的，减至三年。百姓年过七十与不满十岁的有罪当刑的，都免予肉刑。皇帝还在令中指出："官吏的职责就是为百姓办事，能努力把事办好就会得到百姓的信赖，之所以提高他们的爵禄，就是要求他们把百姓的事情办得更好。凡是官吏的俸禄在六百石以上，与其父母妻子及兄弟仍在一起居住的，以及已不在职的曾佩将军印、都尉印领过兵的或曾佩二千石官印的，只需要缴纳军赋，其他徭役皆免除。

【原文】

令郡诸侯王立高庙。

元年冬十二月，赵隐王如意薨。民有罪，得买爵三十级以免死罪。赐民爵，户一级。

春正月，城[①]长安。

二年冬十月，齐悼惠王来朝，献城阳郡以益鲁元公主邑[②]，尊公主为太后。

春正月癸酉，有两龙见兰陵家人[③]井中，乙亥夕而不见。陇西地震。

夏旱。郃阳侯仲薨。秋七月辛未，相国何薨。

【注释】

①城：筑城。②益：增加。邑：汤沐邑。③见：通“现”。家人：百姓。

【译文】

下令各郡的侯王建立高祖宗庙。

惠帝元年（公元前194年）冬十二月，赵隐王刘如意去世。规定臣民犯罪，可以出买爵三十级的钱以赎死罪。赏赐百姓爵位，每户一级。

春正月，下令修筑长安城。

惠帝二年（公元前193年）冬十月，齐悼惠王前来朝见，献上城阳郡以增加鲁元公主的汤沐邑，并尊鲁元公主为齐太后。

春正月初四日，有两条龙出现在兰陵一百姓家的井中，六日晚不知去向。陇西发生地震。

当年夏，发生旱灾。郃阳侯刘仲去世。秋七月五日，丞相萧何去世。

【原文】

三年春，发长安六百里内男女十四万六千人城长安，三十日罢。

以宗室女为公主，嫁匈奴单于。

夏五月，立闽越君摇为东海王。

六月，发诸侯王、列侯徒隶①二万人城长安。

秋七月，都厩②灾。南越王赵佗称臣奉贡。

四年冬十月壬寅，立皇后张氏③。

春正月，举民孝弟力田者复其身④。

三月甲子，皇帝冠⑤，赦天下。省法令妨吏民者；除挟书律。长乐宫鸿台灾。宜阳雨血。

秋七月乙亥，未央宫凌室[6]灾；丙子，织室[7]灾。

五年冬十月，雷；桃李华[8]，枣实[9]。

春正月，复发长安六百里内男女十四万五千人城长安，三十日罢。

【注释】

①徒隶：有罪之人。②都厩：皇室的马厩。③张氏：张敖之女。④孝弟力田：这里是指汉代选举的科目名。复其身：免除其服役。⑤冠：古时贵族男子二十岁成年时加冠，举行冠礼。⑥凌室：藏冰之室。⑦织室：汉代掌管皇室丝帛织造的官府。⑧华：开花。⑨实：结果实。

【译文】

惠帝三年（公元前192年）春，征发长安六百里之内的男女民工十四万六千人筑长安城，工期三十天。

将刘氏宗室之女作为公主，嫁给匈奴单于。

夏五月，封闽越君刘摇为东海王。

六月，征发各侯王、列侯治下的罪犯两万人到长安筑城。

秋七月，皇室的马厩发生火灾。南越王赵佗称臣进贡。

惠帝四年（公元前 191 年）冬十月，立张敖之女为皇后。

春正月，在各地选拔孝悌力田的贤者，免除其徭役负担。

三月十七日，皇帝举行冠礼，大赦天下。简化妨害吏民的法令，废除藏书有罪的秦律。长乐宫鸿台发生火灾。宜阳地区出现血雨。

秋七月二十日，未央宫凌室发生火灾；二十一日，织室发生火灾。

惠帝五年（公元前 190 年）冬十月，雷声隆隆，桃李开花，枣树结实。

春正月，再次征发长安六百里以内男女民工十四万五千人到长安筑城，工期三十天。

【原文】

夏，大旱。

秋八月己丑，相国参①薨。

九月，长安城成。赐民爵，户一级。

六年冬十月辛丑，齐王肥薨。

令民得卖爵。女子年十五以上至三十不嫁，五算②。

夏六月，舞阳侯哙③薨。

起长安西市④，修敖仓⑤。

七年冬十月，发车骑、材官诣荥阳，太尉灌婴将。

春正月辛丑朔，日有蚀之。夏五月丁卯，日有蚀之，既⑥。

秋八月戊寅，帝崩于未央宫。九月辛丑，葬安陵⑦。

【注释】

①参：曹参。②算：一算合一百二十钱。③哙：樊哙。④长安西市：长安立九市，六市在道西，三市在道东。⑤敖仓：在荥阳东北敖山上的大粮仓。⑥既：尽。⑦安陵：惠帝陵，又县名。在今陕西咸阳市北。

【译文】

当年夏，发生大旱。

秋八月，丞相曹参去世。

九月，长安城全部竣工。赏赐百姓爵位，每户一级。

惠帝六年（公元前 189 年）冬十月，齐王刘肥去世。

下令百姓可以出钱买卖爵位。女子年龄在十五岁以上至三十岁不出嫁的，罚款六百钱。

夏六月，舞阳侯樊哙去世。

兴建长安西市，修建敖仓。

惠帝七年（公元前 188 年）冬十月，派车骑、材官到荥阳，由太尉灌婴率领。

春正月初一日，出现日偏食。夏五月二十九日，出现日全食。

秋八月十二日，惠帝驾崩于未央宫。九月五日，葬于安陵。

【原文】

赞曰：孝惠内修亲亲，外礼宰相，优宠齐悼、赵隐[①]，恩敬笃矣。闻叔孙通之谏则惧然，纳曹相国之对而心说[②]，可谓宽仁之主，遭吕太后亏损至德[③]，悲夫！

【注释】

①齐悼：齐悼惠王刘肥。赵隐：赵隐王刘如意。②说：通“悦”。③吕太后亏损至德：指吕后杀赵王刘如意，戮戚夫人，致使惠帝忧愤而死。

【译文】

班固评论道：汉惠帝内亲宗室，外礼宰相，对齐悼王、赵隐王都予以优宠，可谓恩敬笃厚。听到叔孙通的谏言就自感惭愧，接纳曹相国的建议就深为喜悦，可谓仁德宽厚。可惜由于母后吕太后所为而有亏圣德，可悲啊！

【简析】

汉惠帝性格懦弱，即位后，由吕后掌握大权，因对吕后毒害戚夫人及刘如意不满，纵情酒色，不理朝政，以致忧郁病死。本篇叙述了汉惠帝减民租、筑长安以及自然灾异等史事，文字虽简，但内容重要。从体例的角度来看，完全是为刘家无能的惠帝圆场，填补帝系的空白点。班固给予惠帝“宽仁之主”的评语，有过誉之嫌。但惠帝因遭吕后挟制，确也难以有所作为，这不能不说是其一生的悲剧。

高后纪
——女主临朝，有实无名一女皇

【原文】

高皇后吕氏[1]，生惠帝。佐高祖定天下，父兄及高祖而侯者三人[2]。惠帝即位，尊吕后为太后。太后立帝姊鲁元公主女为皇后，无子，取后宫美人子名之以为太子。惠帝崩，太子立为皇帝，年幼，太后临朝称制，大赦天下。乃立兄子吕台、产、禄、台子通四人为王[3]，封诸吕六人为列侯[4]。

元年春正月，诏曰：“前日孝惠皇帝言欲除三族罪、妖言令[5]，议未决而崩，今除之。”二月，赐民爵，户一级。初置孝弟力田二千

石者一人。夏五月丙申，赵王宫丛台[⑥]灾。立孝惠后宫子强为淮阳王，不疑为恒山王，弘为襄城侯，朝为轵[⑦]侯，武为壶关侯。秋，桃李华。

【注释】

①高皇后吕氏：吕雉，字娥姁，刘邦之妻，惠帝之母。②侯者三人：父临泗侯吕公，兄周吕侯吕泽、建成侯吕释之。③四人为王：吕台为吕王，吕产为梁王，吕禄为赵王，吕通为燕王。④六人为列侯：吕平为扶柳侯，吕种为沛侯，吕他为俞侯，吕更始为赘其侯，吕忿为吕城侯，吕庄为东平侯。⑤三族罪：罪重诛及三族。妖言：过误之言。⑥赵王：吕禄。丛台：台名，在邯郸。⑦轵（zhǐ）。

【译文】

高皇后吕氏，生惠帝，辅助汉高祖平定天下，她的父兄在高祖时封侯的有三人。惠帝继位之后，尊奉吕后为太后。太后立惠帝的姐姐鲁元公主的女儿为皇后，无子，就将后宫美人所生之子立为太子。惠帝驾崩，太子被立为皇帝。皇帝年纪太小，吕太后临朝行天子事，大赦天下。随后封其兄之子吕台、吕产、吕禄及吕台之子吕通四人为王，封诸吕六人为列侯。

吕后元年（公元前 187 年）春正月，下诏说："原来孝惠皇帝意图废除对重罪戮及三族、视过误之语为妖言的严酷法令，其议未决而去世，现在宣布将其废除。"二月，赏赐百姓爵级，每户一级。首次设置劝励天下的孝悌力田官年俸为二千石的官员一人。夏五月初四日，赵王宫的丛台发生火灾。立孝惠帝后宫所生之子刘强为淮阳王，刘不疑为恒山王，刘弘为襄城侯，刘朝为轵侯，刘武为壶关侯。秋，桃李开花。

【原文】

二年春，诏曰："高皇帝匡饬[①]天下，诸有功者皆受分地为列侯，万民大安，莫不受休德[②]。朕思念至于久远而功名不著，亡以尊大谊[③]，施后世。今欲差次[④]列侯功以定朝位，臧[⑤]于高庙，世世勿绝，嗣子各袭其功位。其与列侯议定奏之。"丞相臣平言："谨与绛侯臣勃、曲周侯臣商、颖阴侯臣婴、安国侯臣陵[⑥]等议，列侯幸得赐餐钱奉邑，陛下加惠，以功次定朝位，臣请臧高庙"。奏可。春正月乙卯，地震，羌道、武都道[⑦]山崩。夏六月丙戌晦，日有蚀之。秋七月，恒山王不疑薨。行八铢钱[⑧]。

三年夏，江水、汉水溢，流民四千余家。秋，星昼见。

【注释】

①匡饬：匡正整治。②休德：美德。③谊：同"义"。④差次：按大小排序。⑤臧：通"藏"。⑥勃：周勃。商：郦商。婴：灌婴。陵：王陵。⑦羌道：县道名。属陇西郡，在今甘肃舟曲县。武都道：县道名。属武都郡，在今甘肃武都北。汉有少数民族的县称"道"。⑧八铢钱：一种汉初的货币型制。八铢钱属于半两钱的一种，通行于前汉吕后二年至六年间（公元前 186—前 182 年）。

【译文】

吕后二年（公元前 186 年）春，下诏说：“高皇帝统一治理天下，对各功臣都分赐封地与列侯之位，万民大安，无不受其恩德。朕考虑到将来会因年代久远而功名无人记得，无以尊崇大义，传之后世。因此现在朕想以各位列侯功劳的大小排定在朝中的地位，将功劳簿藏于高皇帝的祠庙之中，代代相传，其子孙世袭其功劳与爵位，请大家与列侯共同提出议案上报。”丞相陈平上奏说：“臣与绛侯周勃、曲周侯郦商、颍阴侯灌婴、安国侯王陵等共议，列侯蒙恩得赏俸禄与食邑，陛下又格外加恩，以功劳高下排定等级，臣等请将功劳簿藏于高庙。”吕后批准此奏。春正月二十七日，发生地震，羌道、武都道发生山崩。夏六月三十日，出现日偏蚀。秋七月，恒山王刘不疑去世，重新使用八铢钱。

吕后三年（公元前 185 年）夏，长江、汉水泛滥，淹没民舍四千余间。秋，星星出现在白天。

【原文】

四年夏，少帝自知非皇后子，出怨言，皇太后幽之永巷[①]。诏曰：“凡有天下治万民者，盖之如天，容之如地；上有欢心以使百姓，百姓欣然以事其上，欢欣交通[②]而天下治。今皇帝疾久不已，乃失惑昏乱，不能继嗣奉宗庙，守祭祀，不可属[③]天下。其议代之。”群臣皆曰：“皇太后为天下计，所以安宗庙社稷甚深。顿首奉诏。”五月丙辰，立恒山王弘为皇帝。

五年春，南粤王尉佗自称南武帝。秋八月，淮阳王强薨。九月，发河东、上党骑屯北地[④]。

六年春，星昼见。夏四月，赦天下。秩长陵令二千石[⑤]。六月，城长陵[⑥]。匈奴寇狄道[⑦]，攻阿阳[⑧]。行五分钱[⑨]。

【注释】

①永巷：原为宫内一条狭长的小巷，起初是宫内供宫女、嫔妃所住。后来，成为单独关押宫中女性犯罪者的监狱。②交通：上下相通。③属：通“嘱”，委托，托付。④河东：郡名，治安邑（在今山西夏县西北）。上党：郡名，治长子（在今山西长子西）。北地：郡名，治马领（在今甘萧庆阳西北）。⑤秩长陵令二千石：县令秩本千石至六百石，为尊显高祖陵而增其令秩二千石，等于郡守之秩。⑥城长陵：因陵为邑，故筑城。⑦狄道：县名。今甘肃临洮。⑧阿阳：县名。在今甘肃静宁县西南。⑨五分钱：汉初半两钱的一种，重为一两的五分之一。

【译文】

吕后四年（公元前184年）夏，少帝私下知道自己不是皇后亲生的，便口出怨言。皇太后将他软禁于长巷之中。下诏说：“凡是统驭天下治理万民的人，胸怀应像上天那样包罗，像大地那样容纳；皇上从爱护百姓出发才能役使百姓，百姓心悦诚服方能尊奉皇上，上下一心才能国泰民安。当今少帝有病长期不愈，导至神经错乱，不能继承大统、奉祀宗庙及镇守社稷，不能够担当治理天下的重任。请你们议一议可以替代他的人。”群臣都说：“皇太后是从国家根本利益考虑的，这对于宗庙社稷的稳定至关重要。臣等俯首奉诏。”五月十七日，立恒山王刘弘为皇帝。

吕后五年（公元前183年）春，南粤王尉佗自称南武帝。秋八月，淮阳王刘强去世。九月，调派河东、上党骑兵屯驻北地。

吕后六年（公元前 182 年）春，星星出现在白天。夏四月，大赦天下。提升长陵守令为二千石。六月，在长陵四周筑城。匈奴入侵狄道，攻河阳。行使五分钱。

【原文】

七年冬十二月，匈奴寇狄道，略二千余人。春正月丁丑，赵王友幽死于邸。己丑晦，日有蚀之，既。以梁王吕产为相国，赵王禄为上将军。立营陵侯刘泽为琅邪王。夏五月辛未，诏曰："昭灵夫人[①]，太上皇妃也；武哀侯[②]、宣夫人，高皇帝兄姊也。号谥不称，其议尊号。"丞相臣平等请尊昭灵夫人曰昭灵后，武哀侯曰武哀王，宣夫人曰昭哀后。六月，赵王恢自杀。秋九月，燕王建薨。南越侵盗长沙，遣隆虑侯灶[③]将兵击之。

八年春，封中谒者[④]张释卿为列侯。诸中官、宦者令丞皆赐爵关内侯[⑤]，食邑。夏，江水、汉水溢，流万余家。

秋七月辛巳[⑥]，皇太后崩于未央宫。遗诏赐诸侯王各千金，将相列侯下至郎吏各有差。大赦天下。

【注释】

①昭灵夫人：刘邦之母刘媪。②武哀侯：刘邦之兄刘伯。③灶：周灶。④中谒者：官名。掌宫中传达事务，多为宦官担任。⑤诸中官：凡阉人在宫中任事者。宦者令丞：官名。宦者专署的令丞。关内侯：地位低于列侯，有封号而无封国。⑥七月辛巳：七月三十日，实是八月一日。

【译文】

吕后七年（公元前 181 年）冬十二月，匈奴入侵狄道，掠走二千余人。春正月十八日，赵王刘友在寓所中幽禁而死。三十日，先出现日偏食，后出现日全食。任命梁王吕产为丞相，赵王吕禄为上将军。

立营陵侯刘泽为琅邪王。夏五月十九日，下诏说："昭灵夫人，是太上皇妃；武哀侯、宣夫人，是高皇帝的兄及姊。谥号与身份不相称，请另议谥号。"丞相陈平等请尊昭灵夫人为昭灵后，武哀侯为武哀王，宣夫人为昭哀后。六月，赵王刘恢自杀。秋九月，燕王刘建去世。南越侵盗长沙，派遣隆虑侯周灶领兵驱逐。

吕后八年（公元前180年）春，封宦官张释卿为列侯。宫中的宦官、主管宦官的令丞都赐爵关内侯，并赐予食邑。夏，江水、汉水泛滥，冲毁一万余家。

秋七月三十日，皇太后驾崩于未央宫。遗诏赐给各侯王各千金，将相列侯下至郎吏按级分赐。大赦天下。

【原文】

赞曰：孝惠、高后之时，海内得离战国之苦，群臣俱欲无为[①]，故惠帝拱已[②]，高后女主制政，不出房闼[③]，而天下晏然[④]，刑罚罕用，民务稼穑[⑤]，衣食滋殖[⑥]。

【注释】

①无为：古代道家的一种思想，主张顺乎自然、无为而治。②拱已：无所作为，垂拱而治。③闼（tà）：宫中小门。④晏然：平安。⑤稼穑：播种和收获，泛指农业。⑥滋殖：增加，增长，增生。

【译文】

班固评论道：汉孝惠帝、高后之时，天下脱离战乱之苦，君臣都想无为而治，所以惠帝垂拱以安天下，高后以一女子主持朝政，不出宫门而天下安泰，基本不用刑罚，而百姓也能自觉从事耕种，从而丰衣足食。

【简析】

本篇记述吕后临朝称制八年间的史事及其为人为政的一些特点。吕后能干而有谋略，协助刘邦取得天下。刘邦死后掌握大权。这位有实而无名的女皇帝，虽贯彻了汉初“无为而治”的策略，却违背了非刘氏不得封王的规定而大封诸吕为王，故一方面促进了汉初社会安定和经济恢复，另一方面也激化了统治集团内部的矛盾。刘、吕矛盾，实质上是一种权力再分配的斗争，很难论其历史是非及正义与否。当时的民众，想的只是安宁富裕。“天下晏然，刑罚罕用，民务稼穑，衣食滋殖”，既是广大人民的愿望，也算是吕后的一大功绩吧。

文帝纪
——以德化民，仁德之帝保民生

【原文】

孝文皇帝[1]，高祖中子也，母曰薄姬。高祖十一年，诛陈豨，定代地，立为代王，都中都[2]。十七年[3]秋，高后崩，诸吕谋为乱，欲危刘氏。丞相陈平、太尉周勃、朱虚侯刘章等共诛之，谋立代王。

【注释】

①孝文皇帝：刘恒，刘邦第四子，薄姬所生，公元前 180 年至公元前 157 年在位。②中都：县名。在今山西平遥西。③十七年：指代王之十七年。汉代诸侯王国各自都有纪年。

【译文】

孝文皇帝，是汉高祖第四子，母亲是薄姬。高祖十一年（公元前 196 年），诛杀陈豨，平定代地，立刘恒为代王，都于中都。代王十七年（公元前 180 年）秋，吕后去世，诸吕图谋叛乱，想夺取刘汉政权。丞相陈平、太尉周勃、朱虚侯刘章等共诛吕氏，商量迎立代王刘恒为皇帝。

【原文】

大臣遂使人迎代王。郎中令张武等议，皆曰："汉大臣皆故高帝时将，习兵事，多谋诈，其属意[1]非止此也，特[2]畏高帝、吕太后威耳。

今已诛诸吕，新喋血[3]京师，以迎大王为名，实不可信。愿称疾无往，以观其变。”中慰宋昌进曰：“群臣之议皆非也。夫秦失其政，豪杰并起，人人自以为得之者以万数，然卒践天子位者，刘氏也，天下绝望，一矣。高帝王子弟，地犬牙相制，所谓盘石之宗也，天下服其强，二矣。汉兴，除秦烦苛，约法令，施德惠，人人自安，难动摇，三矣。夫以吕太后之严，立诸吕为三王，擅权专制，然而太尉以一节入北军，一呼士皆袒左，为刘氏，畔[4]诸吕，卒以灭之。此乃天授，非人力也。今大臣虽欲为变，百姓弗为使，其党宁能一[5]邪？内有朱虚、东牟[6]之亲，外畏吴、楚、淮南、琅邪、齐、代[7]之强。方今高帝子独淮南王与大王，大王又长，贤圣仁孝，闻于天下，故大臣因天下之心而欲迎立大王，大王勿疑也。”代王报太后，计犹豫未定。卜之，兆得大横[8]。占曰：“大横庚庚，余为天王，夏启以光。”代王曰：“寡人固已为王，又何王乎？”卜人曰：‘所谓天王者，乃天子也。“于是代王乃遣太后弟薄昭见太尉勃，勃等具言所以迎立王者。昭还报曰：“信矣，无可疑者。”代王笑谓宋昌曰：“果如公言。”乃令宋昌骖乘[9]，张武等六人乘六乘传[10]诣长安。至高陵止，而使宋昌先之长安观变。

【注释】

①属意：意向，想要的。②特：只是。③喋血：形容血流遍地，指杀人很多。④畔：通“叛”。⑤一：统一。⑥朱虚：朱虚侯刘章。东牟：东牟侯刘兴居。⑦吴、楚、淮南、琅邪、齐、代：指吴王刘濞、楚王刘交、淮南王刘长、琅邪王刘泽、齐王刘襄、代王刘恒。⑧大横：烧灼龟甲以卜吉凶，发现是横纹，乃大吉之兆。⑨骖乘：或作参乘，也叫陪乘，古时乘车在车右陪乘的人。⑩六乘传：六匹马拉的驿车，或指传车六乘。

【译文】

大臣们遂派人迎接代王。代王的郎中令张武等商议后，都说：“汉朝大臣都是高皇帝时的一些老将，熟习军事，深谙权谋机诈，其内心并不满足于现在的地位，只是害怕高帝与吕后的威严罢了。现在诸吕已诛，又血溅京都，此时以迎大王入京称帝为名，实在令人难以置信。希望大王以有病为由不要前往，以观察情况的变化。”中尉宋昌进言道：“他们这些议论都是错误的。秦朝朝纲紊乱，豪杰并起，想取代秦朝而称帝的多以万计，但最后登上皇帝之位的，仅刘氏一家，天下人已经绝了这个念头，这是其一。高皇帝大封子弟为王，封地犬牙交错，这构成了磐石般的核心，天下都慑服于刘汉的强大，这是其二。汉朝建立，废除了秦朝的苛政，减省刑罚，广施德惠，人人自安，人心已很难动摇，此其三。而以吕太后那样的威严，立诸吕为三王，擅权专制，然而太尉周勃仅持一符节进入北军，一声召唤士卒便都袒露左臂，支持刘氏，反对诸吕，结果把吕氏消灭了。由此可见刘汉政权是出于天授，不是靠人力可改变的。今日虽然有的大臣想要发动政变，但百姓不愿听其驱使，靠他的少数党羽就能够达到一统天下吗？京都内有朱虚侯、

东牟侯的团结，外有吴、楚、淮南、琅邪、齐、代的强大。如今高帝之子只有淮南王与大王您，大王居长，圣贤仁孝，名扬天下，所以朝中大臣顺万民之望而想迎立大王，大王就不必有所顾虑了。”代王把此意见禀报太后，一时也难以决定。便让人占卜，得到大横之吉兆。卜者占辞道：“大横亘亘，我为天王，像夏启那样光宗汉室。”代王说：“寡人本来就是王，又何必再加一个王号呢？”卜者说：“卦中所谓的天王，就是指天子啊！”于是代王派遣太后之弟薄昭去见太尉周勃，周勃等详细报告了迎立代王的真意。薄昭回报代王说：“是可信的，没什么可怀疑的。”代王笑着对宋昌说：“果然如先生所言。”于是就派宋昌陪同，派张武等乘六马快车去长安报信。车驾到高帝陵时停止前进，而派宋昌先到长安观察动静。

【原文】

昌至渭桥，丞相已①下皆迎。昌还报，代王乃进至渭桥。群臣拜谒称臣，代王下拜。太尉勃进曰：“愿请间②”。宋昌曰：“所言公，公言之；所言私，王者无私。”太尉勃乃跪上天子玺。代王谢③曰：“至邸而议之。”

闰月④己酉，入代邸。群臣从至，上议曰：“丞相臣平、太尉臣勃、大将军臣武、御史大夫臣苍、宗正臣郢、朱虚侯臣章、东牟侯臣兴居、典客臣揭再拜言大王足下：子弘等皆非孝惠皇帝子，不当奉宗庙。臣谨请阴安侯、顷王后、琅邪王、列侯、吏二千石⑤议，大王高皇帝子，宜为嗣。愿大王即天子位。”代王曰：“奉高帝宗庙，重事⑥也。寡人不佞，不足以称。愿请楚王计宜者，寡人弗敢当。”群臣皆伏，固请。代王西乡让者三，南乡让者再⑦。丞相平等皆曰：“臣伏计之，大王奉高祖宗庙最宜称，虽天下诸侯万民皆以为宜。臣等为宗庙社稷计，不敢忽⑧。愿大王幸听臣等。臣谨奉天子玺符再拜上。”代王曰：“宗室将相王列侯以为莫宜寡人，寡人不敢辞。”遂即天子位。群臣以次侍。使太仆婴、东牟侯兴居先清宫⑨，奉天子法驾迎代邸。皇帝即日夕入未央宫。夜拜宋昌为卫将军，领南北军；张武为郎中令，行殿中。还坐前殿，下诏曰：“制诏丞相、太尉、御史大夫：间者诸吕用事擅权，谋为大逆，欲危刘氏宗庙，赖将相列侯宗室大臣诛之，皆伏其辜。朕初即位，其赦天下，赐民爵一级，女子百户牛酒，酺五日⑩。”

【注释】

①已：通“以”。②请间：要求屏退从人，以便私下谈话。③谢：辞谢。④闰月：指闰九月。⑤阴安侯：刘邦兄刘伯之妻。顷王后：刘邦二兄刘仲之妻。琅邪王：刘泽。二千石：汉代对郡守之通称，因郡守的俸禄为二千石。⑥重事：大事。⑦西乡让：“乡”通“向”。古时宾主东西对坐，东向为尊，代王西向让，是以宾主之礼接待众臣，以示谦让。南乡让：古时君臣南北对坐，帝向南坐，代王南向让，已转变为以君主之礼对待群臣，再示谦让。⑧忽：轻易，草率。⑨清宫：指清除宫中少帝及诸吕的残余势力。⑩女子百户牛酒：古时民间女子不得封爵，故每百户赐给牛若干头，酒若干石。酺五日：特许百姓聚会饮酒五天。汉法，三人以上无故聚饮，便要受罚。酺：相聚饮酒。

【译文】

宋昌到达渭桥，丞相以下的官员都来迎接。宋昌到高陵回报代王，于是代王也进达渭桥。群臣以臣子之礼拜见代王，代王亦谦逊回拜。太尉周勃进言说：“请求秘密禀陈。”宋昌说：“要是太尉所陈的是公事，就请当着众臣的面上奏；要是所陈的是私事，王者是无私的。”太尉周勃就跪着送上天子玉玺。代王辞谢说：“请到京都王宫再议。”

闰九月二十九日，进入代王官邸。群臣都跟着来了，呈上奏议说：“臣丞相陈平、太尉周勃、大将军柴武、御史大夫张苍、宗正刘郢、朱虚侯刘章、东牟侯刘兴居、典客刘揭再拜进言于大王足下：子

弘等都不是孝惠帝之子，不应继承帝位。臣谨请阴安侯、顷王后、琅邪王、列侯、吏二千石等相议，大王是高皇帝之子，应当继承，愿大王即天子位。”代王说：“奉祀高帝宗庙，这是重大之事。寡人不才，不足以担当此任。愿请楚王考虑合适人选，寡人实不敢当。”群臣都拜伏于地，坚决请求代王同意。代王向西辞让三次，向南辞让两次。丞相陈平等都说：“臣衷心认为，大王继承高皇帝大统最为合适，天下诸侯万民都认为是天经地义。臣等为宗庙社稷考虑，不敢草率，希望大王能俯顺臣等的请求。臣谨奉天子玉玺符节再拜呈上。”代王说：“既然宗室、将相、王侯、列侯都认为没有比寡人更合适的人选，寡人就不敢推辞了。”于是即天子位。群臣按次序侍立。派太仆灌婴、东牟侯刘兴居先肃清未央宫，奉天子仪仗到代王官邸迎接。皇上当日晚进入未央宫。当夜封宋昌为卫将军，统领南北军；张武为郎中令，巡查殿中。帝回到前殿落座，下诏令说：“诏谕丞相、太尉、御史大夫：昔日诸吕专权擅政，阴谋篡逆，想危害刘氏宗庙，仰仗各位将相、列侯、宗室、大臣将其诛灭，使其各伏其罪。朕初登基，应该大赦天下，赏赐天下男子爵一级，女子每百户赐牛若干头，酒若干石。特许百姓聚会饮酒五天。”

【原文】

二年冬十月，丞相陈平薨。诏曰：“朕闻古者诸侯建国千余，各守其地，以时入贡；民不劳苦，上下欢欣，靡有违德。今列侯多居长安，邑远[①]，吏卒给输费苦，而列侯亦无繇[②]教训其民。其令列侯之国[③]，为吏乃诏所止者[④]，遣太子[⑤]。"

【注释】

①邑远：指所食之邑离长安远。②繇：通"由"。③之国：回到封国去。④为吏：指列侯在朝为官。诏所止：诏令列侯留于京师者。⑤太子：这里指列侯的太子。

【译文】

汉文帝二年（公元前178年）冬十月，丞相陈平去世。下诏说："朕听说古时诸侯建国多达一千余个，各守其地，按时向朝廷进贡，百姓赋役不重，上下和睦快乐，没有违民所愿。当今列侯多居于长安，离封邑甚远，吏卒供给输送花费既高且甚为劳苦，而列侯亦无机会去教导其封邑的百姓。现令列侯都回到自己的封邑去。其中在朝为官或诏令恩准留京的，可派其太子到封邑去。"

【原文】

五月，诏曰："古之治天下，朝有进善之旌，诽谤之木[①]，所以通治道而来谏者也。今法有诽谤訞言之罪，是使众臣不敢尽情，而上无由闻过失也。将何以来远方之贤良？其除之。民或祝诅[②]上，以相约而后相谩[③]，吏以为大逆；其有他言，吏又以为诽谤。此细民之愚，无知抵死，朕甚不取。自今以来，有犯此者勿听治[④]。"

【注释】

①进善之旌，诽谤之木：相传唐尧之时在交通要道设立旌旗和木牌，让人们在旌旗下提意见，在木牌上写谏言。②祝诅：祈求神怪加害于人。③谩：欺骗。④听治：受理决断。

【译文】

夏五月，下诏令说："古代帝王治理天下，朝廷门前设有进善言的

旌旗，立有提意见的柱板，这是为了使上下通达而广开言路。而当今的法律有‘诽谤妖言’之罪，这就使得众臣不敢做到畅所欲言，而皇上也就无法听到朝廷的过失了。这怎么能招揽远方的贤良来朝呢？现在废除它。百姓有时咒诅君上，开始互相约定而后来又互相告发，官吏认为这样也是大逆不道；若有其他言论，官吏又加以诽谤之罪名。这是老百姓的愚昧表现，由于不懂法律而触犯死罪，朕认为甚不恰当。从今以后，对待这种行为可不必受理。”

【原文】

诏曰：“道①民之路，在于务本。朕亲率天下农，十年于今，而野不加辟②，岁一不登③，民有饥色。是从事焉尚寡，而吏未加务也。吾诏书数下，岁劝民种树，而功未兴，是吏奉吾诏不勤，而劝民不明也。且吾农民甚苦，而吏莫之省④，将何以劝焉？其赐农民今年租税之半。”

又曰：“孝悌，天下之大顺也。力田，为生之本也。三老⑤，众民之师也。廉吏，民之表也。朕甚嘉此二三大夫之行。今万家之县，云无应令⑥，岂实人情？是吏举贤之道未备也。其遣谒者劳赐三老、孝者帛人五匹，悌者、力田二匹，廉吏二百石以上率⑦百石者三匹。及问民所不便安，而以户口率置三老孝悌力田常员，令各率其意以道民焉。”

【注释】

①道：通“导”。②辟：开辟，开垦。③登：收成。不登：歉收。④省：省察，了解。⑤三老：古时掌教化的乡官，一般由具备正直、刚克、柔克三种德行的长者担任。⑥无应令：没有孝悌力田之人可应察举之令。⑦率：按照。

【译文】

汉文帝十二年（公元前168年），皇上下诏说：“教导民众的途径，在于抓住农业这个根本。朕亲自耕作以劝勉农耕，到如今已经十年了，而田野尚得不到充分开垦，每逢年景不好，百姓就会挨饿，这是因为从事农业的人尚不足，而各地官吏未能认真重视农业。我多次下诏，每年劝百姓多植树，而功效甚微，这也是地方官吏执行我的诏令不认真，对百姓的劝导没有明确的措施所致。加之我们的农民负担苦重，而地方官吏又不自省，这怎么能提高农民的生产积极性呢？为此今年免除农民应交赋税的一半。”

皇上又下诏说：“尊老爱幼，是天下大顺的根本。努力耕作，是生存的根本。三老，是百姓的老师。廉吏，是百姓的楷模。朕特别钦佩孝悌力田、三老与廉吏的操行。而如今一个万家之县，却说无人可应察举之令，这岂能符合人之常情？这反映了地方官吏举贤的措施执行不够得力。现派专使

前去慰问，三老、孝顺者每人赏帛五匹，爱幼的、力田的每人赏帛二匹，廉吏二百石以上每一百石加赏三匹。为了经常了解百姓不安心或不便从事农业的情况，现按户口若干设置三老、孝悌力田等常设管理人员，让他们深刻领会诏书的意义从而教化百姓。”

【原文】

春三月，孝惠皇后张氏薨。诏曰：“间者数年比①不登，又有水旱疾疫之灾，朕甚忧之。愚而不明，未达其咎。意者朕之政有所失而行有过与？乃天道有不顺，地利或不得，人事多失和，鬼神废不享与？何以致此？将百官之奉养或费②，无用之事或多与？何其民食之寡乏也！夫度田非益寡，而计民未加益，以口量地，其于古犹有余，而食之甚不足者，其咎安在？无乃百姓之从事于末以害农者蕃③，为酒醪以靡谷者多，六畜之食焉者众与？细大之义，吾未能得其中④。其与丞相列侯吏二千石博士议之，有可以佐百姓者，率意远思⑤，无有所隐。”

七年夏六月己亥，帝崩于未央宫。乙巳，葬霸陵⑥。

【注释】

①间者：近来。比：接连。②费：浪费。③无乃：难道。末：指商业和手工业。④细：小。中：适合，恰当。这里指恰当的答案。⑤率意：随意所想。远思：深思熟虑。⑥霸陵：汉文帝陵，后置县。在今陕西西安市东北。

【译文】

汉文帝后元年（公元前163年）春三月，孝惠皇后张氏去世。皇上下诏书说：“最近几年频繁歉收，又屡遭水旱疾疫之灾，朕深为忧虑。我愚而不明，尚不知其原因何在。是朕的政事有过失且行为有缺点呢？还是天道不顺，地利不得，人事失和，鬼神不愿享受祭祀呢？到底是什么原因呢？是百官的俸禄过高，劳民伤财的事办得过多吗？为什么粮食竟如此缺乏呀！算一下耕地并未减少，统计人口增加的也不多，按人口平均占有耕地，比古代还要多，而粮食却极为不足，失误的根源在哪里呢？是否由于百姓弃农经商以致严重地损害了农业，如大量酿酒而浪费粮食，过多地饲养牲畜而消费粮食呢？从小与大各方面来探讨，我还是未能找出症结所在。现愿与丞相、列侯、吏二千石及博士来集思广益，凡是能对百姓有所帮助的，无论是偶有所感或是深思熟虑的，都可以畅所欲言。"

汉文帝后元七年（公元前157年）夏六月初一日，文帝驾崩于未央宫。六月初七日，葬于霸陵。

【原文】

赞曰：孝文皇帝即位二十三年，宫室苑囿车骑服御无所增益。有不便，辄弛①以利民。尝欲作露台，召匠计之，直②百金。上曰："百金，中人③十家之产也。吾奉先帝宫室，常恐羞之，何以台为！"身衣弋绨④，所幸慎夫人衣不曳地，帷帐无文绣，以示敦朴，为天下先。治霸陵，皆瓦器，不得以金银铜锡为饰，因其山，不起坟。南越尉佗自立为帝，召贵佗兄弟，以德怀之，佗遂称臣。与匈奴结和亲，后而背约入盗，令边备守，不发兵深入，恐烦百姓。吴王⑤诈病不朝，赐以几杖。群臣袁盎等谏说虽切，常假借⑥纳用焉。张武等受赂金钱，觉，更加⑦赏赐，以愧其心。专务以德化民，是以海内殷富，兴于礼义，断狱数百⑧，几致刑措⑨。呜呼！仁哉！

【注释】

①弛：放开禁令。②直：通"值"。③中人：指中等产业之家。④弋：黑色。绨：厚缯。⑤吴王：刘濞。⑥假借：这里是宽容之意。⑦加：增加。⑧断狱数百：天下定死罪者仅数百人。⑨措：废置。

【译文】

班固评论道：孝文皇帝在位二十三年，宫殿御苑车骑服御都没有增加。当百姓感到不便时，常放开禁令以利百姓。他曾想建造一座露台，召来工匠作一计算，造价需要百金。文帝说："百金，相当于十户中等人家的产业了。我继守先帝的宫室，常恐有所玷污，何必再要筑露台呢！"皇上平时身穿黑色绨衣，就是他所宠爱的慎夫人衣长也不及地，帷帐不绣花饰，以表示自己的俭朴，成为天下人的表率。修造霸陵陵墓，都用瓦器，不准以金银铜锡装饰，因山起陵，不另造坟。南越尉佗自立为帝，文帝召见并贵封尉佗兄弟，以德义进行感召，使尉佗又主动重新称臣。与匈奴结为姻亲，不久匈奴背约入侵，文帝只令边兵加强防守，不发兵深入其地，恐怕增加百姓负担。吴王假装称病不来朝见，文帝却赏以几杖进行慰问。群臣袁盎等平时进谏

时言语迫切，文帝仍宽容地予以采纳。张武等受贿金钱，文帝发觉后，更增加了赏赐，使其惭愧自省。文帝专务以德化民，所以天下殷富，礼义之风大兴，天下定死罪者仅数百人，几乎使刑罚废置。啊，这真是一位仁德之帝啊！

【简析】

本篇记述汉文帝刘恒在位二十三年的政绩，简要得体。文帝在位期间，继续推行与民休息政策，劝课农桑，减省租赋，约法省刑，增民实力，对促进社会安定和经济发展颇为有功，值得后人称道。文帝“专务以德化民，是以海内殷富，兴于礼义，断狱数百，几致刑措”，确实是一位仁德之帝啊！

景帝纪

——继往开来，文景之治襄盛世

【原文】

孝景皇帝[①]，文帝太子也。母曰窦皇后。后七年六月，文帝崩。丁未，太子即皇帝位，尊皇太后薄氏曰太皇太后，皇后曰皇太后。

元年冬十月，诏曰：“盖闻古者祖有功而宗有德[②]，制礼乐各有由。歌者，所以发德也；舞者，所以明功也。高庙酎[③]，奏《武德》、《文始》、《五行》之舞。孝惠庙酎，奏《文始》、《五行》之舞。孝文皇帝临天下，通关梁，不异远方[④]；除诽谤，去肉刑，赏赐长老，收恤孤独，以遂群生；减耆[⑤]欲，不受献，罪人不帑[⑥]，不诛亡罪，不私其

利也；除宫刑，出美人，重绝人之世也。朕既不敏，弗能胜识[⑦]。此皆上世之所不及，而孝文皇帝亲行之。德厚侔[⑧]天地，利泽施四海，靡不获福。明象乎日月，而庙乐不称，朕甚惧焉。其为孝文皇帝庙为《昭德》之舞，以明休德。然后祖宗之功德，施于万世，永永无穷，朕甚嘉之。其与丞相、列侯、中二千石、礼官具礼仪奏。"丞相臣嘉[⑨]等奏曰："陛下永思孝道，立《昭德》之舞以明孝文皇帝之盛德，皆臣嘉等愚所不及。臣谨议：世功莫大于高皇帝，德莫盛于孝文皇帝。高皇帝庙宜为帝者太祖之庙，孝文皇帝庙宜为帝者太宗之庙。天子宜世世献祖宗之庙。郡国诸侯宜各为孝文皇帝立太宗之庙。诸侯王、列侯使者侍祠天子所献祖宗之庙。请宣布天下。"制曰"可"。

【注释】

①孝景皇帝：汉景帝刘启，文帝之子，窦皇后所生。公元前157年至公元前141年在位。②祖有功而宗有德：始取天下为"功"，始治天下为"德"。③酎（zhòu）：醇酒。此处指以醇酒祭祀宗庙。④不异远方：指开放关津、取消关卡，令远近如一。⑤耆：通"嗜"。⑥不帑（nú）：刑不及罪人的妻与子。帑：通"孥"。⑦胜识：完全知道。⑧侔：相等。⑨嘉：申屠嘉，当时为丞相。

【译文】

汉景帝，是汉文帝的太子。母亲是窦皇后。后元七年（公元前157年）六月，文帝驾崩。六月九日，太子继承帝位，尊皇太后薄氏为太皇太后，尊母后窦氏为皇太后。

汉景帝元年（公元前156年）冬十月，皇上下诏书说："朕曾听说古代取得天下的祖先有功，而治天下的祖宗有德，制礼作乐也就各有由来。歌唱，是用来赞颂盛德的；舞蹈，是用来表达丰功的。祭祀高祖庙，奏《武德》、《文始》、《五行》之舞。祭祀惠帝庙，奏《文始》、《五行》之舞。文帝君临天下，开放隘口关卡，使远近如一；除去诽谤君上之罪，停止使用肉刑，赏赐年高德劭的人，抚恤孤独无依的人，尽量达到臣民的愿望；节制嗜好和欲望，不受奉献物品，不株连罪人的妻与子，不让无罪的人蒙受冤屈，执法公正无私；废除宫刑，遣返宫中美女，以免其后继无人。朕生性愚钝，对父皇的功德还不能全部知晓。仅以上几点，也是古代的圣帝贤王未能尽行的，而孝文皇帝却都亲自实施了。可谓盛德配于天地，恩泽普及四海，人人都蒙受福祉。其圣明如日月经天，而祭祀的乐舞却与之不太相称，朕为此深感不安。为此，应为孝文皇帝庙作《昭德》之舞，以彰显其美德。这样，祖宗的功德才能传于万世，永远无穷，朕也就无限欣慰了。望丞相、列侯、吏中二千石、礼官提出具体的礼仪方案上奏。”丞相申屠嘉等奏道：“陛下永思孝道，立《昭德》之舞以彰显孝文皇帝的盛德，这是臣等愚昧所认识不到的。臣谨议：开国之功莫大于高皇帝，仁德之盛莫大于文皇帝。因此，高皇帝庙应为帝家的太祖庙，文皇帝庙应为帝家的太宗庙。汉家天子应世代祭奠祖宗之庙。郡国诸侯应各为文帝立太宗之庙。各侯王、列侯应派使者到天子所祭奠的祖宗之庙守陵。请将此宣布于天下。”景帝表示同意。

【原文】

春正月，诏曰："间者岁比不登，民多乏食，夭绝天年，朕甚痛之。郡国或硗狭[①]，无所农桑墼[②]畜；或地饶广，荐草莽，水泉利，而不得徙。其议民欲徙宽大地者，听之。"

夏四月，赦天下。赐民爵[③]一级。

五月，令田半租[④]。

秋七月，诏曰："吏受所监临，以饮食免，重[⑤]；受财物，贱买贵卖，论轻[⑥]。廷尉与丞相更议著令[⑦]。"廷尉信谨与丞相议曰："吏及诸有秩受其官属所监、所治、所行、所将[⑧]，其与饮食计偿费，勿论。它物，若买故贱，卖故贵，皆坐臧[⑨]盗，没入臧县官。吏迁徙免罢，受其故官属所将监治送财物，夺爵为士伍，免之。无爵，罚金二斤，令没入所受。有能捕告，畀[⑩]其所受臧。"

【注释】

①硗（qiāo）狭：瘠薄狭小。②墼（jī）：豢养。③民爵：古代君王赐给民间有功者的爵位。④令田半租：令收一半田租。⑤重：处治过重。⑥论轻：论处太轻。⑦著令：著作律条。⑧监：监督。治：治理。行：委任。将：带领。⑨臧：同"赃"。⑩畀（bì）：给，给予。

【译文】

春正月，下诏说："近年来年景不好，民多缺粮，有的饥饿致死，朕深为痛惜。有些郡国土地瘠薄不毛，无法发展农桑、豢养牲畜；而有些郡国则土地广阔，牧草深茂，水利条件优越，却不能移民开发。为此，如果有地力瘠薄之区的人民想要移居到土地广阔而肥沃的地方去，不要阻止。"

夏四月，大赦天下。赐民爵位一级。

五月，诏农田减租一半。

秋七月，下诏说："当今法律对于主管官吏因接受下属宴请即予削职的处分过重，而对于接受财物、贱买贵卖以牟取暴利的惩治则过轻。望廷尉与丞相重新制定律条。”廷尉信和丞相申屠嘉议定新律如下：“官吏及有爵级的文官武将，凡接受其下属机构与个人的宴请的，要按价偿还，免予处分。凡饮食以外之物，若利用职权压价买进，抬价卖出，按盗窃赃物查处，没收入官。官吏在调动与罢免时，接受原来的下级赠送财物的，削去爵位，并予罢免。没有爵位的，罚金二斤，并没收所受财物。有能举报者，以所没收的赃物进行奖赏。”

【原文】

春正月，淮阳王宫正殿灾。

吴王濞[①]、胶西王卬、楚王戊、赵王遂、济南王辟光、菑川王贤、胶东王雄渠皆举兵反。大赦天下。遣太尉亚夫、大将军窦婴将兵击之。斩御史大夫晁错以谢[②]七国。

二月壬子晦，日有食之。

诸将破七国，斩首十余万级。追斩吴王濞于丹徒[③]。胶西王卬、楚王戊、赵王遂、济南王辟光、菑川王贤、胶东王雄渠皆自杀。夏六月，诏曰：“乃者吴王濞等为逆，起兵相胁，诖误[④]吏民，吏民不得已[⑤]。今濞等已灭，吏民当坐濞等及逋逃[⑥]亡军者，皆赦之。楚元王子艺等与濞等为逆，朕不忍加法，除其籍[⑦]，毋令污宗室。”立平陆侯刘礼为楚王，续元王后；立皇子端为胶西王，胜为中山王。赐民爵一级。

【注释】

①濞（bì）。②谢：谢罪。③丹徒：县名。在今江苏镇江市东。④诖（guà）误：贻误；连累。⑤不得已：指不得已而随从之。⑥逋（bū）逃：逃亡，流亡。⑦除其籍：从宗室簿上除其名。

【译文】

汉景帝三年（公元前154年）春正月，淮阳王王宫正殿发生火灾。

吴王刘濞、胶西王刘卬、楚王刘戊、赵王刘遂、济南王刘辟光、菑川王刘贤、胶东王刘雄渠联合举兵造反。景帝下令大赦天下。派遣太尉周亚夫、大将军窦婴领兵征讨。斩御史大夫晁错以安抚发动叛乱的七国。

二月初一日，出现日偏食。

各路将士打败七国叛军，斩首十余万颗。追斩吴王濞于丹徒。胶西王刘卬、楚王刘戊、赵王刘遂、济南王刘辟光、菑川王刘贤、胶东王刘雄渠都自杀了。夏六月，景帝下诏说："以往吴王刘濞等造反作乱，兴兵威胁朝廷，欺蒙吏民，吏民不得已而相从。今刘濞等已被消灭，对受蒙蔽的吏民及逃亡的士卒不追究连坐之罪，一律赦免。楚元王子刘艺参与刘濞等人的叛乱，朕不忍将其正法，在王室家谱中除其名，以免玷污宗室。"封平陆侯刘礼为楚王，以继承元王香火。立皇子刘端为胶西王，刘胜为中山王。赏赐民爵位一级。

【原文】

五年夏，立皇子舜为常山王。六月，赦天下，赐民爵一级。

九月，诏曰："法令度量，所以禁暴止邪也。狱，人之大命，死者不可复生。吏或不奉法令，以货赂为市，朋党比周[①]，以苛为察，以刻为明，令亡罪者失职[②]，朕甚怜之。有罪者不伏罪，奸法为暴，甚亡谓也。诸狱疑，若虽文致于法而于人心不厌[③]者，辄谳[④]之。"

【注释】

①比周：结伙营私。②失职：失其事业，无以为生。③若：犹"及"。文致于法：原本罪不至死，却以律文附会罗织成死罪。厌：服。④谳：复议。

【译文】

中元五年（公元前145年）夏，立皇子刘舜为常山王。六月，大赦天下，赐民爵一级。

九月，景帝下诏说："法令的尺度把握，是用以禁暴止邪的。断案，是决定人的生死的，死者不可复生。有的官吏不执行法令，贪赃枉法，结伙营私，狼狈为奸，以威逼迫其供认，以严酷决断案情，以致令无辜者蒙受不白之冤，朕深为同情。有罪者不伏罪，如果是因奸法横行，那另当别论。而对于疑难案件，以及可以引用律条进行判处但不能令人心服的，就应予复审。"

【原文】

夏四月，诏曰："雕文刻镂[①]，伤农事者也；锦绣纂组[②]，害女红[③]者也。农事伤则饥之本也，女红害则寒之原也。夫饥寒并至，而能亡为非[④]者寡矣。朕亲耕，后亲桑，以奉宗庙粢盛[⑤]祭服，为天下先；不受献，减太官[⑥]，省徭赋，欲天下务农蚕，素有畜积，以备灾害。强

毋攘弱，众毋暴寡，老耆以寿终，幼孤得遂长。今岁或不登，民食颇寡，其咎安在？或诈伪为吏，吏以货赂为市，渔夺百姓，侵牟⑦万民。县丞，长吏也，奸法与盗盗⑧，甚无谓也。其令二千石各修其职；不事官职耗⑨乱者，丞相以闻⑩，请其罪。布告天下，使明知朕意。”

【注释】

①雕文刻镂：指在器物上刻镂花纹图案，以为文饰。②纂组：赤色的绶带。亦泛指精美的织锦。③女红：同“女功”，旧时指女子所做的针线、纺织、刺绣、缝纫等工作和这些工作的成品。也指做女红的妇女。④为非：做坏事。⑤粢（zī）盛：古代盛在祭器内以供祭祀的谷物。⑥太官：指宫内服务人员。⑦侵牟：掠夺。⑧奸法：犯法。与盗盗：与盗共同为盗。⑨耗：昏昧不明。同“眊”（mào）。⑩以闻：报告情况。

【译文】

后元二年（公元前142年）夏四月，下诏说：“讲求雕文刻镂，会伤害农事；追求锦绣华服，会伤害女红。农事受损是导致饥荒的根本，女红受扰是产生冻寒的缘由。人一旦饥寒交迫，而能不为非作歹的很少见。朕亲自耕种，皇后亲自种桑养蚕，以奉宗庙祭祀衣食所需，为天下做出榜样；朕不接受奉献，减少工装办事人员，降低徭赋，是希望天下重视农桑，积贮粮帛，以备灾荒。不准以强凌弱，以众欺寡，让老者能安享晚年，让幼孤者顺利成长。今年可能粮食歉收，民食不足，问题出在哪里呢？有些狡诈虚伪的人做官，公开贪污受贿，鱼肉百姓，侵吞民脂民膏。县丞，本是地方主要官员，有的知法犯法，和盗贼勾结，这是不能容许的。现命令吏二千石者各履行其职责，凡疏于职守与渎职害民者，丞相都应上报，并予以惩处。特此布告天下，使明知朕意。”

【原文】

三年春正月，诏曰：“农，天下之本也。黄金珠玉，饥不可食，寒不可衣，以为币用，不识其终始[①]。间岁或不登，意为末者众，农民寡也。其令郡国务劝农桑，益种树，可得衣食物。吏发民若取庸[②]采黄金珠玉者，坐臧为盗。二千石听者[③]，与同罪。”

皇太子冠[④]，赐民为父后者爵一级。

甲子，帝崩于未央宫。遗诏赐诸侯王、列侯马二驷[⑤]，吏二千石黄金二斤，吏民户百钱。出宫人归其家，复终身。二月癸酉，葬阳陵[⑥]。

【注释】

①终始：这里是本末的意思。②发：征发，利用。取庸：雇佣。③二千石：指郡守。听：放纵，放任。④皇太子：刘彻。冠：举行冠礼。⑤驷：马四匹。二驷，马八匹。⑥阳陵：汉景帝刘启及其皇后王氏同茔异穴的合葬陵园，位于今陕西省咸阳市渭城区正阳镇张家湾后沟村北的咸阳塬上，地跨咸阳市渭城区、泾阳县、高陵县三县区。

【译文】

后元三年（公元前141年）春正月，下诏说：“农业，是天下的根本。黄金珠玉，饥不可食，寒不可衣，用它和货币以通有无，又无法识别与使用。近年有时收成不好，朕认为是从事商业的人过多，而从事农业的人过少的缘故。现令郡国务必要劝励农民从事农桑，多植树，可以丰衣足食。如有官吏雇佣利用民力开采黄金珠玉的，以盗赃论处。吏二千石者对此放任不管者，与其同罪。”

皇太子行冠礼，赏赐百姓中为父亲继承人的爵位一级。

正月二十七日，景帝逝世于未央宫。遗诏赐各侯王、列侯马八匹，吏二千石者黄金二斤，其他吏民每户百钱。遣散宫人各归其家，免除终身徭役。二月六日，葬于阳陵。

【原文】

赞曰：孔子称“斯民，三代之所以直道而行[①]也”，信哉！周秦之敝，罔[②]密文峻，而奸轨不胜[③]。汉兴，扫除烦苛，与民休息。至于孝文，加之以恭俭，孝景遵业，五六十载之间，至于移风易俗，黎民醇厚。周云成康[④]，汉言文景[⑤]，美矣[⑥]！

【注释】

①三代：指夏、商、周。直道而行：沿着直的道路走。比喻办事公正。②罔：通“网”。③轨：同“宄”。奸轨：违法作乱的事情；也指违法作乱的人。不胜：不可胜数。④成康：指西周成王、康王之治世。⑤文景：指西汉文帝、景帝之治世。⑥美矣：史家赞扬之词。

【译文】

班固评论道：孔子说“今时的人，也能像夏、商、周三代时一样直道而行”，这是十分正确的。周、秦的弊端，是法网严密而律令苛峻，但违法犯罪的仍不可胜数。汉朝兴起，废除繁刑苛法，与民休息。到了汉文帝，加之以恭俭，景帝遵循前业，五六十年之间，就达到了移风易俗，民风淳厚境地。周朝赞美成康，汉代称道文景，多么美好的盛世啊！

【简析】

本篇记述汉景帝刘启在位十六年的政事。景帝在位期间，继续推行与民休息、轻徭薄赋政策，进一步减免田租，削弱诸侯势力，促进了社会安定与经济发展。景帝在汉代政治上继往开来，有一定的历史地位和作用。作者将文、景并称，盛赞“文景之治”。

武帝纪

——雄材大略，文治武功彪史册

【原文】

孝武皇帝[①]，景帝中子也，母曰王美人。年四岁立为胶东王。七岁为皇太子，母为皇后。十六岁，后三年正月，景帝崩。甲子，太子即皇帝位，尊皇太后窦氏曰太皇太后，皇后曰皇太后。三月，封皇太后同母弟田蚡、胜皆为列侯。

建元元年冬十月，诏丞相、御史、列侯、中二千石、二千石[②]、诸侯相举贤良方正直言极谏之士。丞相绾[③]奏："所举贤良，或治申、商、韩非、苏秦、张仪之言，乱国政，请皆罢。"奏可。

【注释】

①孝武皇帝：刘彻，景帝之子，王氏所生，公元前 141 年至公元前 87 年在位。②中二千石、二千石：汉官秩以万石为最高，中二千石次之，真二千石再次，后一级就是两千石，再下是比二千石。③绾：卫绾。

【译文】

孝武皇帝刘彻，是景帝中子，母亲是王美人。四岁时被立为胶东王。七岁时被立为皇太子，其母被立为皇后。十六岁时，景帝后元三年（公元前 141 年）正月，景帝驾崩。正月二十七日，太子即皇帝位，尊皇太后窦氏为太皇太后，皇后为皇太后。三月，封皇太后同母弟田

蚡、田胜均为列侯。

建元元年（公元前140年）冬十月，诏令丞相、御史、列侯、中二千石、二千石、诸侯相国推举贤良方正直言极谏之人。丞相卫绾上奏："所推举贤良，若是提倡申不害、商鞅、韩非、苏秦、张仪的言论，淆乱国政，请一律罢去。"皇上同意。

【原文】

夏四月己巳，诏曰："古之立教，乡里以齿[①]，朝廷以爵，扶世导民，莫善于德。然则于乡里先耆艾[②]，奉高年，古之道也。今天下孝子顺孙愿自竭尽以承其亲，外迫公事，内乏资财，是以孝心阙焉。朕甚哀之。民年九十以上，已有受鬻法[③]，为复子若孙[④]，令得身帅妻妾遂[⑤]其供养之事。"

【注释】

①齿：指年龄。②耆艾：年六十称耆，五十称艾。亦泛指老年人。此处指尊长、师长。③受鬻（yù）法：官府供应米粟给民众做粥饭的制度。④复：免除徭役。若：犹"或"。⑤遂：顺。

【译文】

夏四月初九日，下诏说："按照古代立的规矩，乡里以年纪为尊，朝廷以爵位为重，治国教民，要把德行置于显著地位。可以说在乡里注重尊重长者，奉养高年，这是自古以来的道理。今日天下的孝子贤孙虽然

愿意尽心尽力赡养自己的长辈，然而，外迫于公事，内乏于资财，因此孝心也就难以尽到。朕深为同情。百姓年届九十以上，朝廷已有供应米粟给民众做粥饭的制度。现增加免除其子或孙的徭役，使得他们可以带领妻子承担供养老人之责。”

【原文】

元光元年冬十一月，初令郡国举孝、廉[①]各一人。

五月，诏贤良曰：“贤良明于古今王事之体，受策察问，咸以书对，著之于篇，朕亲览焉。”于是董仲舒、公孙弘等出焉[②]。

春，诏问公卿曰：“朕饰子女以配单于，金币文绣赂之甚厚，单于待命加嫚，侵盗亡已。边境被害，朕甚闵[③]之。今欲举兵攻之，何如？”大行[④]王恢建议宜击。夏六月，御史大夫韩安国为护军将军，卫尉李广为骁骑将军，太仆公孙贺为轻车将军，大行王恢为将屯将军，太中大夫李息为材官将军，将三十万众屯马邑[⑤]谷中，诱致单于，欲袭击之。单于入塞，觉之，走出。六月，军罢。将军王恢坐首谋不进[⑥]，下狱死。

【注释】

①孝、廉：孝，指孝悌者；廉，指清廉之士。分别为统治阶级选拔人才的科目，始于汉代，在东汉尤为求仕者必由之途，后往往合为一科。亦指被推选的士人。②董仲舒：汉代著名思想家。公孙弘：儒者，曾为丞相。出：脱颖而出。③闵：通“悯”。④大行：大行令，汉代掌少数民族事务的官名。⑤马邑：县名。今山西朔县。⑥首谋不进：首先划谋，而临阵反惧不进击。

【译文】

元光元年（公元前134年）冬十一月，开始令郡国推举孝、廉各一人。

五月，诏贤良说：“贤良之士明了古今王事的兴衰，无论受策还是

察问，都请用文字写好，编辑成册，让朕阅览。”于是董仲舒、公孙弘等脱颖而出了。

元光二年（公元前133年）春，下诏问公卿说：“朕曾装饰美女嫁给匈奴单于，金币文绣赏赐甚厚，而单于承诏之后表现更加傲慢，侵掠不已。边境受害，朕深感不安。今想发兵攻讨，众卿以为如何？”大行令王恢建议应该出击。夏六月，任命御史大夫韩安国为护军将军，卫尉李广为骁骑将军，太仆公孙贺为轻车将军，大行令王恢为将屯将军，太中大夫李息为材官将军，率领三十万军队驻扎在马邑谷中，引诱单于入塞，准备偷袭。单于入塞后，发觉有异立即退回塞外。六月，收兵。将军王恢因犯“首谋不进”之罪，下狱而死。

【原文】

元光六年冬，初算商车①。

春，穿漕渠通渭②。

匈奴入上谷，杀略吏民。遣车骑将军卫青出上谷③，骑将军公孙敖出代④，轻车将军公孙贺出云中⑤，骁骑将军李广出雁门⑥。青至龙城⑦，获首虏七百级。广、敖失师而还。

元朔六年春二月，大将军卫青将六将军兵十余万骑出定襄，斩首三千余级。还，休士马于定襄、云中、雁门。赦天下。

夏四月，卫青复将六将军绝幕⑧，大克获。前将军赵信军败，降匈奴。右将军苏建亡军⑨，独身脱还，赎为庶人。

【注释】

①初算商车：开始对商贾的车辆征税。②漕渠：运河。渭：渭河。③上谷：郡名。治沮阳（在今河北怀来县东南）。④代：郡名。治代县（在今河北蔚县东南）。⑤云中：郡名。治云中（在今内蒙古呼和浩特市西南）。⑥雁门：郡名。治善无（在今山西右玉县东南）。⑦龙

城：匈奴单于祭天与大会各部之处。⑧绝幕：穿过沙漠。幕：通“漠”。⑨亡军：军队溃散。

【译文】

元光六年（公元前129年）冬，开始向商贾车船征税。

春，开凿运粮的漕渠通于渭水。

匈奴侵入上谷，掠杀吏民。皇上派车骑将军卫青出兵上谷，骑将军公孙敖出兵代，轻骑将军公孙贺出兵云中，骁骑将军李广出兵雁门。卫青至龙城，斩获敌人七百首级。李广与公孙敖战败而回。

元朔六年（公元前123年）春二月，大将军卫青率领六名将军及士兵十余万骑出兵定襄，斩敌首三千余级。回师后，兵马在定襄、云中、雁门等地休整。大赦天下。

夏四月，卫青再次率六名将军穿过沙漠，大获全胜。前将军赵信军败，投降了匈奴。右将军苏建部队溃散，只身逃回，花钱赎罪为平民。

【原文】

元狩五年夏四月乙巳，庙立①皇子闳为齐王，旦为燕王，胥为广陵王。初作诰②。

元鼎五年秋，遣伏波将军路博德出桂阳，下湟水；楼船将军杨仆出豫章，下浈水；归义越侯严为戈船将军，出零陵，下离水；甲为下濑将军，下苍梧。皆将罪人，江淮以南楼船十万人。越驰义侯遗别将巴蜀罪人，发夜郎兵，下牂柯江[③]，咸会番禺[④]。

【注释】

①庙立：于宗庙中策命。②诰：指敕封诸侯王的策文。③牂（zāng）柯江：今广西西南部之北盘江。④番（pān）禺：县名。今广东广州市。

【译文】

元狩五年（公元前118年）夏四月二十九日，在宗庙册立皇子刘闳为齐王，刘旦为燕王，刘胥为广陵王。开始作封拜王侯的策文——诰。

元鼎五年（公元前112年）秋，派遣伏波将军路博德兵出桂阳，下湟水；楼船将军杨仆出兵豫章下浈水；归义越侯严为弋船将军，出兵零陵，下淮水；甲为下濑将军，下苍梧。率领的都是罪人，使用江淮以南的楼船，共十万人。越人驰义侯遗另外率领巴蜀罪人，征发夜郎军队，下牂柯江，最终会师于番禺。

【原文】

元封元年冬十月，诏曰："南越、东瓯咸伏其辜，西蛮北夷颇未辑睦[①]，朕将巡边垂[②]，择兵振旅，躬秉武节，置十二部将军，亲帅师焉。"行自云阳，北历上郡、西河、五原，出长城，北登单于台，至朔方，临北河。勒兵十八万骑，旌旗径千余里，威震匈奴。遣使者告单于曰："南越王头已县[③]于汉北阙矣。单于能战，天子自将待边；不能，亟[④]来臣服。何但亡匿幕北[⑤]寒苦之地为！"匈奴詟[⑥]焉。还，祠黄帝于桥山，乃归甘泉。

【注释】

①辑睦：和睦。②垂：通“陲”。③县：通“悬”。④亟：急。⑤幕北：漠北。幕，通“漠”。古代泛指蒙古大沙漠以北地区。⑥詟（zhé）：丧胆，惧怕。

【译文】

元封元年（公元前110年）冬十月，皇上下诏说：“南越叛相、东瓯叛王俱已伏罪，然而南蛮北夷还未臣服，朕准备亲巡边陲，挥兵振旅，自秉武节，设置十二部将军，亲自带兵讨伐。”皇上从云阳出发，北经上郡、西河、五原，出长城，北登单于台，到朔方，临北河。率兵十八万骑，旌旗延绵千余里，威震匈奴。皇上派使者告诉单于说：“南越反王首级已悬于汉廷北阙了。单于如能接战，天子将亲自领兵于边廷严阵以待；单于如不能战，应速来臣服，何必逃亡躲藏在漠北寒苦的地区呢！”匈奴为之慑服。皇帝回师，祭祀黄帝于桥山，继而回到甘泉。

【原文】

四年冬十月，行幸雍，祠五畤。通回中道①，遂北出萧关②，历独鹿、鸣泽③，自代而还，幸河东④。春三月，祠后土。诏曰：“朕躬祭后土地祇，见光集于灵坛，一夜三烛⑤。幸中都宫⑥，殿上见光。其赦汾阴、夏阳、中都⑦死罪以下，赐三县及杨氏⑧皆无出今年租赋。”

【注释】

①回中道：道路名。在今陕西陇县至甘肃华亭之间。②萧关：在今宁夏固原县东南。③独鹿：山名。鸣泽：泽名。传说在西汉涿郡，在今河北省中部涿县一带。④河东：郡名。治安邑（今山西夏县西北）。⑤烛：照，亮。⑥中都宫：在太原郡。汉文帝为代王时之宫。⑦汾阴：县名。在今山西万荣县西。夏阳：县名。在今陕西韩城西。

中都：县名。在今山西平遥西南。⑧杨氏：疑为杨县。在今山西洪洞县东南。

【译文】

元封四年（公元前107年）冬十月，帝行幸至雍，祭祀五帝。修通回中大道，由此道北出萧关，经过独鹿、鸣泽，从代地回都，驾幸河东。春三月，祭祀后土神。下诏说："朕亲祭后土地神，见神光集于灵坛，一夜间三次显现。朕在中都宫，殿上也出现华光。为此特赦免汾阴、夏阳、中都中死罪以下的罪犯，赏赐以上三县及杨县今年不用缴纳租赋。"

【原文】

五年冬，行南巡狩，至于盛唐[①]，望祀虞舜于九嶷[②]。登灊天柱山[③]，自寻阳浮江[④]，亲射蛟江中，获之。舳舻千里，薄枞阳而出[⑤]，作《盛唐枞阳之歌》。遂北至琅邪，并[⑥]海，所过礼祠其名山大川。春三月，还至泰山，增封。甲子，祠高祖于明堂，以配上帝，因朝诸侯王、列侯，受郡国计[⑦]。夏四月，诏曰："朕巡荆扬，辑江淮物，会大海气，以合泰山。上天见象，增修封禅。其赦天下。所幸县毋出今年租赋，赐鳏寡孤独帛，贫穷者粟。"还幸甘泉，效泰畤[⑧]。

【注释】

①盛唐：山名。在今安徽怀宁县城内。②望祀：遥望祭祀。九嶷（yí）：山名。在今湖南南部。③灊（qián）：县名。在今安徽霍山县东北。天柱山：在今安徽霍山县南。④江：长江。⑤薄：迫近。⑥并：到达。⑦计：郡国所呈的计簿。⑧泰畤：古代天子祭天神之处。

【译文】

元封五年（公元前106年）冬，皇上到南方巡狩，行到南郡盛唐县，遥望祭祀舜于九嶷山，登临灊县的天柱山，从浔阳登舟巡江，亲射蛟于江中，捕获蛟龙。船队千里不绝，从枞阳县出发，作《盛唐枞阳之歌》。随后北至琅邪，直到海滨。对所经之处的名山大川都进行了礼祠。春三月，归程经泰山，对泰山加封。三月二十一日，祠汉高祖于明堂，以配享于上帝，顺便召见各侯王、列侯，接受郡国所上簿计。夏四月，下诏说："朕巡幸荆州、扬州，祭祀长江、淮河，会合海神之气，共致于泰山。上天显示灵象，朕增修封禅之仪。现大赦天下。途中所经过之县，免除今年租赋，鳏寡孤独者赏赐布帛，贫苦人家赏赐粮食。"返回后驾临甘泉宫，郊祀太一神。

【原文】

后元元年春正月，行幸甘泉，效泰畤，遂幸安定。

二月，诏曰："朕郊见上帝，巡于北边，见群鹤留止，以不罗罔①，靡所获献。荐②于泰畤，光景并见。其赦天下。"

夏六月，御史大夫商丘成有罪自杀。侍中仆射莽何罗③与弟重合侯通谋反，侍中驸马都尉金日磾、奉车都尉霍光、骑都尉上官桀讨之。

秋七月，地震，往往涌泉出。

二年春正月，朝诸侯王于甘泉宫，赐宗室。

二月，行幸盩厔五柞宫④。乙丑，立皇子弗陵⑤为皇太子。丁卯，帝崩于五柞宫，入殡于未央宫前殿。三月甲申，葬茂陵⑥。

【注释】

①罗罔：罗网，捕鸟的网。②荐：进献，祭献。③莽何罗：原姓马，东汉明德皇帝后恶其先人谋反，改其姓为莽。④盩厔（zhōu zhì）：县名。在今陵西周至县东。五柞宫：汉离宫名。在盩厔县东南。⑤弗陵：汉昭帝刘弗陵。⑥茂陵：西汉武帝刘彻的陵墓，位于陕西省咸阳兴平市。

【译文】

后元元年（公元前 88 年）春正月，驾至甘泉，郊祭天地之神，随后驾临安定。

二月，下诏说：“朕郊祭时出现上帝灵光，巡狩北边，见群鹤栖息，当时不是网罗捕杀之期，就没进行捕获献祭。祭祀泰山祠时，灵光及神影并现。因此大赦天下。”

夏六月，御史大夫商丘成畏罪自杀。侍中仆射莽何罗与其弟重合侯马通谋反，侍中驸马都尉金日磾、奉车都尉霍光、骑都尉上官桀出兵征讨。

秋七月，地震，时见泉水涌出。

后元二年（公元前 87 年）春正月，各侯王在甘泉宫朝见皇上，皇上赏赐宗室。

二月，驾临盩厔县五柞宫。二月十二日，立皇子弗陵为皇太子。十四日，武帝驾崩于五柞宫，入殡于未央宫前殿。三月初二日，葬于茂陵。

【原文】

赞曰：汉承百王之弊，高祖拨乱反正，文景务在养民，至于稽古礼文之事，犹多阙焉。孝武初立，卓然罢黜百家①，表章

《六经》[②]。遂畴咨[③]海内，举其俊茂[④]，与之立功。兴太学，修郊祀，改正朔，定历数，协音律，作诗乐，建封禅，礼百神，绍[⑤]周后，号令文章，焕焉可述。后嗣得遵洪业，而有三代之风。如武帝之雄材大略，不改文景之恭俭以济斯民，虽《诗》《书》所称何有加焉！

【注释】

①百家：指诸子百家。②表章：同“表彰”。《六经》：《诗》《书》《易》《礼》《乐》《春秋》的合称。③畴咨：访问，访求。④俊茂：才俊，俊秀。⑤绍：连续，继承。

【译文】

班固评论道：汉朝承继群雄战乱之弊端，汉高祖拨乱反正，文帝、景帝把休养生息作为首务，对于稽古礼文的文治事业，还缺乏建树。汉武帝初期，毅然罢黜百家，独尊儒术。其后遍察全国，举荐贤才，给他们以立功建业之机。兴太学，修郊祀，改正朔，定历数，协音律，作诗乐，建封禅，礼百神，继承了周朝传统，发布的号召或命令，拟定的文书章程，焕然可述。后继者得以继承祖先洪业，而有夏、商、周三代帝王之风范。像汉武帝这样的雄才大略，不改文帝、景帝那样恭谨俭约以普济苍生的政策，即使是《诗经》《尚书》上所称道的帝王又能超过多少呢？

【简析】

本篇记述汉武帝刘彻在位五十四年间的大事。汉武帝在位期间，加强皇权，颁行推恩令，不拘一格选用人才；裁抑丞相职权，以近侍臣参与决策，形成内朝与外朝之制；征伐匈奴，通使西域，力服“四夷”；广置郡县，改革币制，官营盐铁，实行均输、平准制度；重视水利，治理黄河；尊崇儒家，罢黜百家，是中国历史上杰出的帝王。其文治武功，彪炳史册。本篇内容全面，文字简约，是反映汉武帝及时代面貌的重要篇章。

昭帝纪
——君臣相得，问民疾苦昭日月

【原文】

孝昭皇帝[①]，武帝少子也。母曰赵倢伃[②]，本以有奇异得幸，及生帝，亦奇异。武帝末，戾太子败，燕王旦、广陵王胥行骄嫚，后元二年二月上疾病，遂立昭帝为太子，年八岁。以侍中奉车都尉霍光为大司马大将军，受遗诏辅少主。明日，武帝崩。戊辰，太子即皇帝位，谒高庙。帝姊鄂邑公主益汤沐邑，为长公主[③]，共养省中[④]。大将军光秉政，领尚书事，车骑将军金日磾[⑤]、左将军上官桀副焉。

夏六月，赦天下。

【注释】

①孝昭皇帝：刘弗陵，武帝之子，公元前87年至公元前74年在位。②倢伃（jié yú）：一作“婕妤”。妃嫔的称号，汉武帝时设置。③长公主：皇帝的姊妹称长公主。④共：通“供”。省中：宫禁中。⑤金日磾（jīn mì dī）：字翁叔，是驻牧武威的匈奴休屠王太子，汉武帝因获休屠王祭天金人，故赐其姓为金。金日磾在维护国家统一和社会安定方面建立了不朽的功绩，是中国历史上一位有远见卓识的少数民族政治家。

【译文】

汉昭帝，是汉武帝的小儿子。母亲是赵婕妤，因为有奇异之气得宠，等到生昭帝的时候，也有奇异之处。武帝末年，戾太子刘据被废，燕王刘旦、广陵王刘胥都行为骄慢，后元二年（公元前 87 年）二月武帝病重，遂立昭帝为太子，时年八岁。任侍中奉车都尉霍光为大司马大将军，受武帝遗诏辅佐少主。次日武帝驾崩。二月十五日，太子即皇帝位，祭奠高祖祠庙。昭帝姐姐鄂邑公主增封汤沐邑，尊为长公主，供养在皇宫中。大将军霍光主持国政，领尚书事，车骑将军金日磾、左将军上官桀为其副手。

夏六月，大赦天下。

【原文】

始元元年春二月，黄鹄下建章宫太液池中。公卿上寿①。赐诸侯王、列侯、宗室金钱各有差。

已亥，上耕于钩盾弄田②。

益封燕王、广陵王及鄂邑长公主各万三千户。

夏，为太后起园庙云陵。

益州廉头、姑缯、牂柯谈指、同并二十四邑皆反。遣水衡都尉吕破胡募吏民及发犍为、蜀郡奔命③击益州，大破之。

【注释】

①寿：祝贺。②钩盾：钩盾令。少府属官，主管皇宫池台苑囿游玩之所。钩盾官署设在未央宫。弄田：天子示耕之田。③奔命：应急出战的部队。

【译文】

始元元年（公元前 86 年）春二月，黄鹄栖息于建章宫太液池中。公卿以为是祥瑞的象征，上表祝贺。皇上按等级赏赐各侯王、列侯、宗室数目不等的金钱。

三月二十三日，昭帝亲耕于钩盾弄田。

加封燕王、广陵王与鄂邑长公主各一万三千户。

夏，为太后在云陵起建园庙。

益州所属的廉头、姑缯、牂柯的谈指、同并等二十四邑联合起兵反叛。朝廷派水衡都尉吕破胡召募吏民并征发犍为、蜀郡的应急部队立即开赴益州前线，大破叛军。

【原文】

二年春正月，大将军光、左将军桀皆以前捕斩反虏重合侯马通功封，光为博陆侯，桀为安阳侯。

以宗室毋在位者，举茂才刘辟强、刘长乐皆为光禄大夫，辟强守长乐卫尉。

三月，遣使者振贷贫民毋种、食者[①]。秋八月，诏曰："往年灾害多，今年蚕麦伤，所振贷种、食勿收责[②]，毋令民出今年田租。"

冬，发习战射士诣朔方，调故吏将屯田[③]张掖郡。

【注释】

①振：通"赈"。毋种、食：没有种子、粮食。②责：通"债"。③将：带兵。屯田：中国历代封建王朝组织劳动者在官地上开垦耕作的农业生产组织形式。有军屯与民屯之分，以军屯为主。

【译文】

始元二年（公元前85年）春正月，大将军霍光、左将军上官桀都因捕斩反贼重合侯马通有功加封，霍光为博陆侯，上官桀为安阳侯。

从不在位的宗室中，举荐刘辟强、刘长乐为光禄大夫，刘辟强为长乐宫卫尉。

三月，派使者赈贷没有种子和粮食的贫民。秋八月，下诏说："往年灾害多，今年桑蚕与麦子受损，所赈贷的种子、粮食不予收债，并免去今年田租。"

冬，调遣熟习作战与射箭的兵士到朔方，派遣曾有官职的将领带兵于张掖郡屯田。

【原文】

六年春正月，上耕于上林。

二月，诏有司问郡国所举贤良文学民所疾苦。议罢盐铁榷酤[①]。

移中监[②]苏武前使匈奴，留单于庭十九岁乃还，奉使全节，以武为典属国[③]，赐钱百万。

【注释】

①罢盐铁榷（què）酤：历史上著名的盐铁会议。桓宽《盐铁论》记述了这次会议的内容。榷酤：汉以后历代政府所实行的酒专卖制度；也泛指一切管制酒业取得酒利的措施。②移（yí）中监：官名。掌管鞍马鹰犬射猎等事。移园之中有马厩，故名。③典属国：官名。掌管民族事务，成帝时并入大鸿胪。

【译文】

始元六年（公元前81年）春正月，昭帝亲耕于上林苑。

二月，诏有司询问郡国所荐举的贤良文学之士，向他们调查了解

民间疾苦。决定终止盐、铁、酒的专卖权与专利权。

移中监苏武，武帝时曾出使匈奴，被匈奴拘禁十九年方始放回，不辱使命，保全气节，任命苏武为典属国，赐钱一百万。

【原文】

元凤元年春，长公主共养劳苦，复以蓝田益长公主汤沐邑。

泗水戴王前薨，以毋嗣，国除。后宫[①]有遗腹子煖，相、内史不奏言，上闻而怜之，立煖为泗水王。相、内史皆下狱。

九月，鄂邑长公主、燕王旦与左将军上官桀、桀子骠骑将军安、御史大夫桑弘羊皆谋反，伏诛。初，桀、安父子与大将军光争权，欲害之，诈使人为燕王旦上书言光罪。时上年十四，觉其诈。后有谮[②]光者，上辄怒曰："大将军国家忠臣，先帝所属[③]，敢有谮毁者，坐之。"光由是得尽忠。

【注释】

①后宫：指泗水王之后宫。②谮（zèn）：诬陷，中伤。③属：通"嘱"，托付、托孤之意。

【译文】

元凤元年（公元前80年）春，皇上觉得长公主有供养劳苦之恩，再增加蓝田为她的汤沐邑。

泗水戴王不久前去世，因其无子，其封国被撤销。后发现泗水王后宫有遗腹子刘煖，泗水相、内史没有如实上奏，昭帝得知真情后甚为怜悯，封其为泗水王。泗水相及内史均被判入狱。

九月，鄂邑长公主、燕王刘旦与左将军上官桀、上官桀之子骠骑将军上官安、御史大夫桑弘羊等谋反，俱被杀。原先，上官桀、上官安父子与大将军霍光争权，想加害于霍光，就诈使人以燕王刘旦之名上书朝廷揭发霍光的罪名。此时昭帝年仅十四岁，发觉其中有诈。后又有人诬告霍光，昭帝大怒道：“大将军是国家忠臣，受先帝重托，再敢有诬告者，定要问罪。”霍光由此得以竭尽忠诚。

【原文】

六年春正月，募郡国徒筑辽东玄菟城①。夏，赦天下。诏曰：“夫谷贱伤农，今三辅、太常谷减贱，其令以叔②粟当今年赋。”

元平元年春二月，诏曰：“天下以农桑为本。日者省用，罢不急官③，减外繇④，耕桑者益众，而百姓未能家给⑤，朕甚愍焉。其减口赋钱⑥。”有司奏请减什三⑦，上许之。

夏四月癸未，帝崩于未央宫。六月壬申，葬平陵⑧。

【注释】

①玄菟（tú）城：在今朝鲜北部咸兴境。②叔：通“菽”。③不急官：不大需要之官。④繇：通“徭”。⑤家给：家家自给自足。⑥口赋钱：汉代政府向十四岁及以下的儿童征收的人头税，亦称口钱、口赋钱。⑦什三：十分之三。⑧平陵：昭帝陵，又置县。在今陕西咸阳市西。

【译文】

元凤六年（公元前75年）春正月，招募郡国犯人筑辽东玄菟城。夏，大赦天下。下诏说：“大凡谷贱则伤农，今三辅、太常各地粮价下跌，特令两地可以用粮食作赋钱交纳。”

元平元年（公元前74年）春二月，昭帝下诏书说：“天下以农桑为本。以前节省开支，裁减冗员，减少额外赋徭，于是从事农桑的人数增加，但百姓仍不能自给自足，朕深感痛心。现决定减去口赋钱。”有司奏请减免税款的十分之三，皇上同意。

夏四月十七日，昭帝驾崩于未央宫。六月七日，葬于平陵。

【原文】

赞曰：昔周成[①]以孺子继统，而有管、蔡四国流言之变[②]。孝昭幼年即位，亦有燕、盍[③]、上官逆乱之谋。成王不疑周公，孝昭委任霍光，各因其时以成名，大矣哉！承孝武奢侈余敝师旅[④]之后，海内虚耗，户口减半，光知时务之要，轻繇薄赋，与民休息。至始元、元凤[⑤]之间，匈奴和亲，百姓充实。举贤良文学，问民所疾苦，议盐铁而罢榷酤，尊号曰“昭”，不亦宜乎！

【注释】

①周成：周成王。②管、蔡四国：管、蔡、商、奄四国。流言：成王幼弱，周公摄政，四国传言说周公将不利于幼弱的成王。③盍：应为“盖”，指盖长公主。④师旅：指用兵打仗。⑤始元、元凤：都是昭帝的年号。始元共六年（公元前86—前81年），元凤共六年（公元前80—前75年）。

【译文】

班固评论道：昔日周成王以幼年继承大统，而有管、蔡等四国的流言，诬蔑摄政辅佐幼主的周公。昭帝也是幼年即位，亦有燕、盖、上官等人谋逆，诋毁摄政辅佐幼主的霍光。成王不疑周公，昭帝委任霍光。君臣都顺应时代而成就英名，了不起啊！昭帝承汉武帝好大喜功、穷兵黩武之后，国内经济萧条，人口减少一半，而霍光能了解当务之急，轻徭薄赋，与民休息。至始元、元凤年间，外与匈奴和亲，内使百姓充实。并推举贤良文学之士，询问民间疾苦，罢除盐铁酒类专卖，谥号为“昭”，真是十分恰当啊！

【简析】

本篇记述汉昭帝刘弗陵在位十三年间的史事。从汉武帝“外攘夷狄，内兴功业”，造成“海内虚耗，户口减半”，而后至于宣帝“中兴”，这与当时采取的“轻徭薄赋，与民休息”的政策，以及与匈奴和亲，问民间疾苦，以公田赋贫民，招抚流民从事生产，注意吏治，社会安定，民安其业等一系列政治、经济措施是分不开的。这是一个关键的转折期，昭帝即位时年仅八岁，只能委政于霍光。霍光是昭宣时期政治上的关键人物。汉业中兴，与武帝托孤得人及霍光“知时务之要”同样是分不开的。

宣帝纪
——权臣辅政，中兴之主有奇功

【原文】

孝宣皇帝①，武帝曾孙，戾太子孙也。太子纳史良娣，生史皇孙。皇孙纳王夫人，生宣帝，号曰皇曾孙。生数月，遭巫蛊事，太子、良娣、皇孙、王夫人皆遇害。曾孙虽在襁褓②，犹坐收系郡邸狱③。而邴吉为廷尉监，治巫蛊于郡邸。怜曾孙之亡辜，使女徒复作淮阳赵征卿、渭城胡组更乳养④，私给衣食，视遇甚有恩。

蛊事连岁不决。至后元二年，武帝疾，往来长杨、五祚宫。望气者言长安狱中有天子气，上遣使者分条⑤中都官狱系者，轻重⑥皆杀之。内谒者令郭穰夜至郡邸狱，吉拒闭，使者不得入，曾孙赖吉得全。因遭大赦，吉乃载曾孙送祖母史良娣家。

【注释】

①孝宣皇帝：刘询，戾太子刘据之孙。公元前 74 年至公元前 49 年在位。②襁褓（qiǎng bǎo）：包裹婴儿的被子和带子。泛指 1 岁以下

幼童。③郡邸（dǐ）狱：汉代王侯、郡守府邸中所设的监狱；一说是皇宫中专门收押郡守级犯人的监狱。属大鸿胪。当时因巫蛊事件关押的犯人较多，故皇曾孙寄押在郡邸狱。④复作：男女徒一年刑。更：更替，轮流。⑤条：通知。⑥轻重：之前当有“无”字。

【译文】

孝宣皇帝，武帝曾孙，戾太子的孙子。戾太子纳史良娣，生史皇孙，史皇孙纳王夫人，生宣帝，号为曾皇孙。生下数月，就遭遇“巫蛊事件”，戾太子、史良娣、史皇孙、王夫人都被杀害。曾皇孙虽在襁褓之中，也被收监入郡邸狱中。当时丙吉为廷尉属官，负责处理郡邸狱的巫蛊事件。他对曾皇孙的无辜遭遇极为同情，就令被判入狱一年的女犯淮阳赵征卿、渭城胡组二人轮流喂乳，并私下供给衣食，待其甚为有恩。

巫蛊事件接连数年不能结案。到后元二年（公元前 87 年），武帝有病，来往于长杨宫、五柞宫。观望云气的星相官说长安狱中有天子之气，武帝派使者分别通知京师诸官府对因巫蛊事件入狱的罪犯，不论轻重均处死。内谒者令郭穰夜到郡邸狱检查，丙吉将狱门关闭，使者不能入内，曾孙赖丙吉得以保全。后逢大赦，丙吉就用车载着曾皇孙送到其祖母史良娣家中。

【原文】

后有诏掖庭养视[①]，上属籍宗正[②]。时掖庭令张贺尝事戾太子，思顾旧恩，哀曾孙，奉养甚谨，以私钱供给教书。既壮，为取暴室啬夫[③]许广汉女，曾孙因依倚广汉兄弟及祖母家史氏。受《诗》于东海澓中翁，高材好学，然亦喜游侠，斗鸡走马，具知闾里奸邪，吏治得失。数上下诸陵，周遍三辅，常困于莲勺卤中[④]。尤乐杜、鄠[⑤]之间，率常在下杜[⑥]。时会朝请，舍长安尚冠里[⑦]。身足下有毛，卧居数有光耀。每买饼，所从买家辄大雠[⑧]，亦以是自怪。

元平元年四月，昭帝崩，毋嗣。大将军霍光请皇后征昌邑王[⑨]。六月丙寅，王受皇帝玺绶，尊皇后曰皇太后。癸巳，光奏王贺淫乱，请废。

【注释】

①养视：抚养照看。②属籍宗正：由宗正登记入宗室簿。③取：通“娶”。暴室：掖庭中主染织的官署。啬夫：佐史之称。④莲勺：县名。在今陕西蒲城南。卤中：盐池。⑤杜：县名。在今陕西西安市东南。鄠：县名。今陕西户县。⑥下杜：城名。在杜、鄠之间，今西安市南。⑦尚冠里：汉长安中里名。⑧雠：售。⑨昌邑王：刘贺。

【译文】

后有诏书派掖庭官负责供养探视，并令宗正将其录入皇家宗谱。此时的掖庭令张贺曾服侍戾太子，怀念戾太子的旧恩，同情曾皇孙，就对曾皇孙体贴入微，用自己的钱供给曾皇孙读书。曾皇孙长大后，张贺为其娶了宫廷染房主管许广汉之女为妻，曾皇孙因而依靠广汉兄

弟及祖母家史氏。他跟随东海澓中翁学《诗经》，秉赋过人又学而不厌，且具有路见不平、拔刀相助的性格，斗鸡走马，熟知闾巷里奸邪之事与吏治得失。他多次到祖宗陵墓之地去凭吊，遍游京都三辅之区，还曾在莲勺县盐池中被人困辱。特别爱在杜县、鄠县之间流连，大多时在下杜。当时赶上到朝廷举行朝请，就住在长安尚冠里。他全身及脚下长毛，睡觉时常放出光彩。每到一家饼店买饼，这家饼店就会生意兴隆，他自己对此也感到很奇怪。

元平元年（公元前 74 年）四月，昭帝去世，无子。大将军霍光请皇后召昌邑王为帝。六月一日，昌邑王受皇帝的玉玺及皇服，尊皇后为皇太后。六月二十八日，霍光上奏皇太后说昌邑王行为淫乱，请予废除。

【原文】

秋七月，光奏议曰："礼，人道亲亲故尊祖，尊祖故敬宗。大宗毋嗣，择支子孙贤者为嗣。孝武皇帝曾孙病已[①]，有诏掖庭养视，至今年十八，师受《诗》《论语》《孝经》，操行节俭，慈仁爱人，可以嗣孝昭皇帝后，奉承祖宗，子万姓[②]。"奏可。遣宗正德至曾孙尚冠里舍，洗沐，赐御府衣。太仆以軨猎车[③]奉迎曾孙，就齐[④]宗正府。庚申，入未央宫，见皇太后，封为阳武侯[⑤]。已而群臣奉上玺绶，即皇帝位，谒高庙。

【注释】

①病已：宣帝原名病已，后改名询。②子万姓：天子以万姓为子，故有此语。③軨（líng）猎车：轻便小车。④齐：通"斋"。⑤封为阳武侯：因不能以庶人直接立为天子，先封为侯。

【译文】

秋七月，霍光奏议说："礼制，要求人要重视血统关系，所以就尊重自己的祖先，尊重祖先就会敬奉祖宗的事业。昭帝无嗣，应选择分支子孙中贤德的为继承人。孝武皇帝有个曾孙名叫病已，原有诏令由掖庭照看。至今已十八岁，从师学习《诗经》《论语》《孝经》，操行节俭，慈仁而爱人，可以做昭帝的继承人，奉承祖宗大业，统驭天下万民。”皇太后表示同意。派宗正刘德到曾孙尚冠里住处，沐浴，赐皇家衣冠。太仆用軨猎车奉迎曾皇孙先到宗正府斋戒行礼。七月二十五日，进入未央宫，朝见皇太后，先封为阳武侯。随后郡臣奉上传国宝玺和皇帝服，即皇帝位，晋谒高庙。

【原文】

九月，大赦天下。

十一月壬子，立皇后许氏。赐诸侯王以下金钱，至吏民鳏寡孤独各有差。皇太后归长乐宫。初置屯卫①。

本始元年春正月，募郡国吏民訾②百万以上徙平陵。遣使者持节诏郡国二千石谨牧养民而风德化③。

大将军光稽首归政，上谦让委任焉。论定策功，益封大将军光万七千户，车骑将军光禄勋富平侯安世万户。

【注释】

①屯卫：统禁卫兵。此处指长乐宫的屯卫。②訾：通“赀”，财产。③风德化：进行风俗德化教育。

【译文】

九月，大赦天下。

十一月十九日，立皇后许氏。赏赐各侯王以下金钱，从吏民至鳏寡孤独都有一定的赏赐。皇太后搬入长乐宫。开始设置屯卫。

本始元年（公元前73年）春正月，招募郡国吏民资产在一百万以

上的迁移到昭帝墓地平陵。派出使者持朝廷符节晓谕郡国吏二千石者要谨慎对待百姓，加强风俗德化教育。

大将军霍光向宣帝叩请还政于君，宣帝谦让再三，仍委霍光以大任。论功行赏，增封大将军霍光一万七千户，车骑将军光禄勋富平侯张安世万户。

【原文】

匈奴数侵边，又西伐乌孙[①]。乌孙昆弥及公主因国使者上书[②]，言昆弥愿发国精兵击匈奴，唯天子哀怜，出兵以救公主。秋，大发兴调关东轻车锐卒，选郡国吏三百石伉健[③]习骑射者，皆从军。御史大夫田广明为祁连将军，后将军赵充国为蒲类将军，云中太守田顺为虎牙将军，及度辽将军范明友、前将军韩增，凡五将军，兵十五万骑，校尉常惠持节护乌孙兵，咸击匈奴。

二年春正月癸亥，皇后许氏崩。戊辰，五将军师发长安。夏五月，军罢。祁连将军广明、虎牙将军顺有罪，下有司，皆自杀。校尉常惠将乌孙兵入匈奴右地[④]，大克获，封列候。

【注释】

①乌孙：西域国名。在天山山脉一带。②昆弥：乌孙王之号。公主：指汉朝嫁与乌孙王的公主。③伉健：体格强健。④右地：匈奴西部。

【译文】

匈奴多次侵犯边界，又西侵乌孙国。乌孙昆弥王及嫁给昆弥王的汉公主通过出使乌孙的汉朝使者向朝廷上书，说乌孙王希望朝廷派遣精兵攻打匈奴，希望天子哀怜，出兵以救公主。秋，朝廷动员与选派关东轻车锐卒，还挑选各郡国位在三百石的强健而善于骑射的吏员，都从军西征。任命御史大夫田广明为祁连将军、后将军赵充国为蒲类将军、云中太守田顺为虎牙将军，与度辽将军范明友、前将军韩增共五位将军，率兵十五万骑，校尉常惠持符节指挥乌孙兵，共击匈奴。

本始三年（公元前71年）春正月十三日，皇后许氏去世。十八日，五将军兵发长安。夏五月，收兵。祁连将军田广明、虎牙将军田顺因有罪，交军法机构处置，都自杀了。校尉常惠率领乌孙兵攻入匈奴西面，大获全胜，被封为列侯。

【原文】

四年春正月，诏曰："盖闻农者兴德之本也，今岁不登，已遣使者振贷困乏。其令太官损膳省宰[①]，乐府减乐人，使归就农业。丞相以下至都官令丞上书入谷[②]，输长安仓，助贷贫民。民以车船载谷入关者，得毋用传[③]。"

三月乙卯，立皇后霍氏。赐丞相以下至郎吏从官金钱帛各有差。赦天下。

【注释】

①宰：屠工。②入谷：谓纳谷于官府，以买官或赎罪。③传：出入关的信符。

【译文】

本始四年（公元前70年）春正月，下诏说："听说农业发达是国家兴旺的根本，今年农业歉收，已派遣使者赈贷困乏之人。现特令御厨节省馔膳和裁减屠工，乐府减少乐工，让他们去从事农业。丞相以下至中央各署官员都要上报捐助谷物数字，全部输入长安仓，以帮助朝廷赈贷贫民。民间有用车船运载谷物入关的，无须盘查。"

三月十一日，立皇后霍氏。赏赐丞相以下至郎吏从官金钱绢帛各有不等。大赦天下。

【原文】

二年春三月庚午，大司马大将军光薨。

上始亲政事，又思报大将军功德，乃复使乐平侯山领[①]尚书事，而令群臣得奏封事[②]，以知下情。五日一听事，自丞相以下各奉职奏事，以傅奏[③]其言，考试功能。侍中尚书功劳当迁及有异善[④]，厚加赏赐，至于子孙，终不改易。枢机周密，品式备具，上下相安，莫有苟且之意也。

【注释】

①山：霍山，霍光之兄孙。领：兼任之意。②奏封事：此指群臣上奏去副封之制，这是皇帝限制霍山的权力，以便直接了解下情。③傅：通"敷"。傅奏：陈奏，向君上报告。④异善：特殊贡献。

【译文】

地节二年（公元前68年）春三月初八日，大司马大将军霍光去世。

皇上开始亲政，又因思念大将军霍光的功德，就委任霍光侄孙乐平侯霍山兼任尚书事，同时令群臣还要常向皇帝报告工作，以便皇帝掌握下情。五天听取一次工作汇报，从丞相以下各署奉职奏事，以陈奏其情况与措施，考察其政绩与能力。侍中尚书应当迁升及有特殊贡献者，要厚加赏赐，其职事可以传至子孙，不易其位。由此就形成朝廷机构设置完备，人员配置得当，上下同心同德，无人有苟且偷安之意。

【原文】

秋七月，大司马霍禹谋反。诏曰：“乃者，东织室令史张赦使魏郡豪李竟报[①]冠阳侯霍云谋为大逆，朕以大将军故，抑而不扬，冀其自新。今大司马博陆侯禹与母宣成侯夫人显及从昆弟[②]冠阳侯云、乐平侯山、诸姊妹婿度辽将军范明友、长信少府邓广汉、中郎将任胜、骑都尉赵平、长安男子冯殷[③]等谋为大逆。显前又使女侍医淳于衍进药杀共哀后，谋毒太子，欲危宗庙。逆乱不道，咸伏其辜。诸为霍氏所诖误未发觉在吏者，皆赦除之。”八月己酉，皇后霍氏废。

九月，诏曰：”朕惟百姓失职不赡，遣使者循行郡国问民所疾苦。吏或营私烦扰，不顾厥咎[④]，朕甚闵之。今年郡国颇被水灾，已振贷。盐，民之食，而贾[⑤]咸贵，众庶重困，其减天下盐贾。”

【注释】

①豪：豪强。报：传言。②从昆弟：下脱“子”字。霍云、霍山都是霍禹之子侄。③男子：汉时对一般人之称。冯殷：即冯子都，霍光家奴。④厥咎：错误。⑤贾：通“价”。

【译文】

地节四年（公元前66年）秋七月，大司马霍禹谋反。皇上下诏说：“以前，东织室令张赦派魏郡豪强李竟举报冠阳侯霍云谋反，朕念在霍光大将军的功绩，想把大事化小，希望他能自己洗心革面。现在大司马博陆侯霍禹与其母宣成侯夫人显及从昆弟子冠阳侯霍云、乐平侯霍山、诸姊妹婿度辽将军范明友、长信少府邓广汉、中郎将任胜、骑都尉赵平、长安男子冯殷等共同谋反。霍禹之母又指使女侍医淳于

衍进药毒杀恭哀后，还准备毒杀太子，想篡夺汉家政权。该等逆乱不道，俱已按律伏法。凡为霍氏所蒙蔽裹胁而没有具体犯罪事实的一般官员，一律赦免。”八月初一日，皇后霍氏被废。

九月，下诏说：“朕恐百姓失去常业而生活困苦，特派使者循行郡国访问民间疾苦。有些官吏营私烦扰百姓，不顾水深火热中的百姓，朕极表同情。今年各郡国遭受水灾，已经下令赈贷。盐，是千家万户所必需的，但价格甚高，更增加了百姓的困难，现令降低天下盐价。”

【原文】

黄龙元年春正月，行幸甘泉，郊泰畤。

诏曰：“盖闻上古之治，君臣同心，举措曲直，各得其所。是以上下和洽，海内康平，其德弗可及已。朕既不明，数申诏[①]公卿大夫务行宽大，顺民所疾苦，将欲配三王[②]之隆，明先帝之德也。今吏或以不禁奸邪为宽大，纵释有罪为不苛，或以酷恶为贤，皆失其中[③]。奉诏宣化如此，岂不谬哉！方今天下少事，繇役省减，兵革不动，而民多贫，盗贼不止，其咎安在？上计[④]簿，具文[⑤]而已，务为欺谩，以避其课。三公不以为意，朕将何任[⑥]？诸请诏省卒徒自给者皆止。御史察计簿，疑非实者，按之，使真伪毋相乱。”

【注释】

①申诏：申令告诫。②三王：指夏禹、商汤、周武王。③中（zhòng）：恰当，合适。④上计，即由地方行政长官定期向上级呈上计文书，报告地方治理状况。⑤具文：空文；徒具形式而不起实际作用的规章制度。⑥任：相信，信赖。

【译文】

黄龙元年（公元前49年）春正月，皇上驾临甘泉宫，郊祭天地。

下诏说："曾闻上古帝王治理天下，君臣同心，判断是非，俱合矩度。所以上下和洽，海内康平，其圣德是很难企及的。朕虽然不太聪敏，但也多次申令告诫公卿要以宽大为怀，关心与解决百姓疾苦，是想创造夏禹、商汤、周武三王一样的太平盛世，发扬列祖列宗的德泽。今日官吏中有的以不禁奸邪为宽大，以纵释有罪为不苛，有的则以酷吏为贤能，这都是片面而不正确的。如此奉诏宣化，是十分荒谬的！当今天下安定，徭役减省，兵革不动，然而百姓仍多贫苦，盗贼蜂起，其错误何在呢？地方向朝廷上报的情况，文实不符，谎言骗上，以避免被追究。三公对此不以为意，朕又能相信谁呢？凡上书请求减少随从与差役骗取其费用以自肥的都收手吧。御史在审查各地上报的材料时，发现有可疑之处的，要查证，不能让其以假乱真。"

【原文】

三月，有星孛于王良、阁道①，入紫宫②。

夏四月，诏曰："举廉吏，诚欲得其真也。吏六百石位大夫，有罪先请，秩禄上通，足以效其贤材，自今以来毋得举③。"

冬十二月甲戌，帝崩于未央宫。癸巳，尊皇太后曰太皇太后。

【注释】

①王良、阁道：皆星名。②紫宫：星座名。紫宫有十五星。③毋得举：指吏六百石者不得复举为廉吏。

【译文】

三月，有彗星出现在王良星、阁道星区之间，后进入紫宫星区。

夏四月，下诏说："举荐廉吏，是为了提倡廉洁奉公。官吏六百石位为大夫，他们若犯罪要处理时，得先向朝廷请示，品级薪俸可以随职位的提升而上升，这些足以体现他的贤能了。从现在起，对于吏六百石者不得复举为廉吏。"

冬十二月初七日，宣帝驾崩于未央宫。二十六日，尊皇太后为太皇太后。

【原文】

赞曰：孝宣之治，信赏必罚，综核名实，政事文学法理之士咸精其能，至于技巧工匠器械，自元、成间鲜[①]能及之，亦足以知吏称其职，民安其业也。遭值匈奴乖乱[②]，推亡固存[③]，信[④]威北夷，单于慕义，稽首称藩。功光祖宗，业垂后嗣，可谓中兴，侔德殷宗、周宣[⑤]矣。

【注释】

①元、成间：元帝、成帝之时。鲜：少。②乖乱：变乱，动乱。③推亡固存：推翻行亡道之国，巩固行存道之邦。④信：应为“申”。⑤侔：相等。殷宗：殷高宗。周宣：周宣王。

【译文】

班固评论道：孝宣皇帝治理国家，有功必赏，有罪必罚，综核名实，政事、文学、法理之士都能精通专业，发挥专长，至于技巧工匠器械，在元帝、成帝年间是极少能比的，从此可知宣帝时期是吏称其职、民安其业的时代。遭受匈奴侵扰叛乱，推翻行亡道之国，巩固行存道之邦，申天威于北夷，使单于仰慕高义，俯首称藩。光宗耀祖，业垂后嗣，可谓中兴之主，德行可与殷高宗和周宣王媲美啊！

【简析】

本篇记述汉宣帝刘询在位二十五年间的政事。宣帝幼遭巫蛊之祸，生长于民间，被霍光等迎立为帝，初委政于霍光，后加强皇权。汉宣帝能够做到“吏称其治，民安其业”，这与霍光“知时务之要”及宣帝自己出身下层、熟知民间事有关。后来由于皇权与权臣的矛盾，在朝廷内部，最终酿成了霍氏被族诛的历史悲剧，这是封建统治者内部反复出现而不得解决的老问题。在对外关系上，呼韩邪单于向汉朝“称藩”，消除了匈奴对汉朝的威胁，同时也加强了中原与西域的经济、文化交流。在经济上，招抚流亡，假民公田，设常平仓，减免租赋，促使生产恢复，百姓安定。虽然宣帝末年已有宦官、外戚弄权之祸，汉室皇权也有走下坡路的趋势，但汉室“中兴”，于宣帝而言确属功莫大焉。

元帝纪
——多艺好儒，优游不断败中兴

【原文】

孝元皇帝[①]，宣帝太子也。母曰共哀许皇后，宣帝微时生民间。年二岁，宣帝即位。八岁，立为太子。壮大，柔仁好儒。见宣帝所用多文法吏[②]，以刑名绳[③]下，大臣杨恽、盖宽饶等坐刺讥辞语为罪而诛，尝侍燕[④]从容言：“陛下持刑太深，宜用儒生。”宣帝作色[⑤]曰：“汉家自有制度，本以霸王道杂之，奈何纯任德教，用周政[⑥]乎！且俗儒不达时宜，好是古非今，使人眩于名实，不知所守，何足委任！”乃叹曰：“乱我家者，太子也！”繇是疏太子而爱淮阳王[⑦]，曰：“淮阳王明察好法，宜为吾子。”而王母张倢伃尤幸。上有意欲用淮阳王代太子，然以少依许氏，俱从微起，故终不背焉。

黄龙元年十二月，宣帝崩。癸巳，太子即皇帝位，谒高庙。尊皇太后曰太皇太后，皇后曰皇太后。

【注释】

①孝元皇帝：刘奭（shì），汉宣帝之子，公元前49年至公元前33年在位。②文法吏：这是战国以来随着官僚制度的建立而形成的一种官僚类型，其主要特点是尊奉主上晓习法律并善于合乎法律规范地处理纷繁复杂的公文和具体事务。③刑名：即刑名之学，指战国时以管仲、李悝、商鞅、申不害为代表的法家学派，主张循名责实，慎赏明罚。绳：处治。④燕：通“宴”。⑤作色：怒气发作。⑥周政：周朝之政，指仁政。⑦淮阳王：刘钦。

【译文】

孝元皇帝，是汉宣帝的太子。母亲是共哀许皇后，宣帝微贱时生于民间。当他两岁时，宣帝继承帝位。八岁时，被立为太子。成年后，宽厚仁爱而喜好儒术。见宣帝所起用的多是文法吏，他们以刑名之术治理天下，大臣杨恽、盖宽饶等都因犯言语讥刺君上之罪而被诛戮，元帝曾在侍宴时从容进言：“陛下持刑太深，应用儒生。”宣帝动怒说：“汉家自有制度，本以王霸二道交替使用，为何要专行仁政，效法周朝呢？况且一般儒生不能用所学结合实际，喜欢厚古薄今，使人惑乱于名实，不知所从，那怎么能委以重任！”并因此而感叹道：“乱我刘家朝纲的，将是太子啊！”由是疏远太子而亲近淮阳王。宣帝说：“淮阳王明于察断而爱学法律，应继承我的事业。”淮阳王的母亲张婕妤更为得宠。宣帝有意用淮阳王取代太子，但由于自少年时便依靠许氏，俱出身微贱，所以最终还是不肯背弃许皇后而另立太子。

黄龙元年（公元前 49 年）十二月，宣帝驾崩。二十六日，太子即皇帝位，到高庙祭祀。尊皇太后为太皇太后，皇后为皇太后。

【原文】

初元元年春正月辛丑，孝宣皇帝葬杜陵[①]。赐诸侯王、公主、列侯黄金，吏二千石以下钱帛，各有差。大赦天下。三月，封皇太后兄侍中中郎将王舜为安平侯。丙午，立皇后王氏。以三辅、太常、郡国公田及苑可省者振业[②]贫民，赀不满千钱者赋贷种、食。封外祖父平恩戴侯同产[③]弟子中常侍许嘉为平恩侯，奉戴侯后。

夏四月，诏曰："朕承先帝之圣绪，获奉宗庙，战战兢兢。间者地数动[④]而未静，惧于天地之戒，不知所繇。方田作时，朕忧蒸庶[⑤]之失业，临[⑥]遣光禄大夫褒等十二人循行天下，存问耆老鳏寡孤独困乏失职之民，延登贤俊，招显侧陋，因览风俗之化。相、守二千石诚能正躬劳力，宣明教化，以亲万姓，则六合之内和亲，庶几乎无忧矣。《书》不云乎？'股肱[⑦]良哉，庶事[⑧]康哉！'布告天下，使明知朕意。"又曰："关东今年谷不登，民多困乏。其令郡国被灾甚者毋出租赋。江海陂湖园池属少府者以假贫民，勿租赋。赐宗室有属籍者马一匹至二驷[⑨]，三老、孝者帛五匹，弟者、力田三匹，鳏寡孤独二匹，吏民五十户牛酒。"

【注释】

①杜陵：宣帝刘询的陵墓，位于西安市三兆村南。②振业：使农业振兴。③戴侯：许广汉。同产：同母所生。④地数动：多次地震。⑤蒸庶：百姓、民众。⑥临：指帝王上朝。⑦股肱：股肱之臣。⑧庶事：众事。⑨二驷：马八匹。

【译文】

初元元年（公元前48年）春正月初四日，葬汉宣帝于杜陵。赏赐各侯王、公主、列侯黄金，官吏二千石以下钱帛，各有不等。大赦天下。三月，封皇太后兄侍中中郎将王舜为安平侯。初十日，立皇后王氏。以三辅、太常、郡国公田及皇家御苑可以借用的就借给贫民耕种，家产不满千钱的借贷给种子与粮食。封外祖父平恩戴侯的同母弟之子中常侍许嘉为平恩侯，以作戴侯之后。

夏四月，下诏说："朕继承先帝的神圣事业，获奉宗庙，战战兢兢。近来数次发生地震，害怕这是上天示给以的警戒，而又不知其原因。正当农时季节，朕担心百姓中有的无力耕种，当廷派遣光禄大夫褒等十二人循行于天下，慰问耆老鳏寡孤独困乏而失其常业的百姓，延请贤俊，招询隐士，以观览风俗教化。丞相、郡守二千石的果能以身作则勤于政事，宣明朝廷教化，亲近百姓，这样就会使天下和睦相亲，朕就没什么可担心的了。《尚书》中不是说过吗？'股肱之臣良善，众事就能安宁！'将此布告天下，使百姓清楚地知道朕的意思。"诏书中又说："关东今年谷物歉收，百姓多数困乏。现令郡国受灾严重的免出租赋。江海陂湖园池属于少府的可以借给贫民谋生，不出租税。赏赐刘氏宗族名在谱籍的马一匹至八匹，三老、孝子赏帛五匹，悌者、力田的赏帛三匹，鳏寡孤独的帛二匹，吏民每五十户赏牛、酒若干。"

【原文】

六月，以民疾疫，令大官[①]损膳，减乐府员，省苑马，以振困乏。

九月，关东郡国十一大水，饥，或人相食，转旁郡钱谷以相救。诏曰："间者阴阳不调，黎民饥寒，无以保治，惟德浅薄，不足以充入旧贯之居[②]。其令诸宫馆希御幸者勿缮治，太仆减谷食马[③]，水衡省肉食兽[④]。"

二年春正月，行幸甘泉，郊泰畤。赐云阳民爵一级，女子百户牛酒。

【注释】

①大：通“太”。太官：汉少府属官有太官令、太官丞，主管饮食。②旧贯之居：指先帝之宫室。③减谷食马：减少喂马的谷物。④水衡：即水衡都尉，汉官名。掌上林苑，兼保管皇室财物及铸钱。省肉食兽：节省喂兽的肉。

【译文】

六月，因民间瘟疫流行，下令太官节省宫廷膳食开支，裁减乐府人员，减少御苑马匹，以省下的财物赈济困乏地区。

九月，关东郡国十一处发生水灾，饥荒严重，有的地方人相食，下令调运附近的钱谷以救灾。下诏说：“近来阴阳不调，黎民饥寒，失去生活保障，只因朕的德行浅薄，不足以担任治理天下的重任而居停于先帝的宫室。现令各官馆准备迎驾的处所不必修缮，太仆减少饲马的粮食，水衡减少饲养珍禽异兽的肉量。”

初元二年（公元前 47 年）春正月，驾临甘泉，郊祭于泰畤。赏赐云阳臣民爵位一级，赏赐女子每百户牛、酒若干。

【原文】

诏罢黄门[①]乘舆狗马，水衡禁囿、宜春下苑[②]、少府佽飞[③]外池、严籞[④]池田假与贫民。

夏四月丁巳，立皇太子。赐御史大夫爵关内侯，中二千石右庶长[⑤]，天下当为父后者爵一级，列侯钱各二十万，五大夫[⑥]十万。

六月，关东饥，齐地人相食。秋七月，诏曰：“岁比灾害，民有菜色[⑦]，惨怛[⑧]于心。已诏吏虚仓廪，开府库振救，赐寒者衣。今秋禾麦颇伤。一年中地再动。北海水溢，流杀人民。阴阳不和，其咎安在？

公卿将何以忧之？其悉意陈朕过，靡有所讳。”

【注释】

①黄门：指宦官。汉代给事内廷有黄门令、中黄门诸官，皆由宦者任之，故称。②宜春下苑：苑名。在今西安市东南。少府：官名。掌山海池泽收入及皇室手工业制造，为皇帝的私府。③佽（cì）飞：官名。属少府，掌弋射。④严蘌（yù）：为弋射特设的禁苑。⑤右庶长：爵名，第十一级。⑥五大夫：爵名，第九级。⑦菜色：无粮而食菜，人脸变成青灰色。⑧惨怛：忧伤，悲痛。

【译文】

下诏免去黄门的车辆与狗马，水衡所禁止开采的园囿、宣春下苑、少府的猎场水池、射苑中的池田，都借与贫民谋生。

夏四月二十八日，立皇太子。赐御史大夫官爵为关内侯，中二千石官爵为左庶长，百姓为父亲继承人的赏爵一级。列侯赏钱二十万，五大夫赏钱十万。

六月，关东发生严重饥荒，齐地人相食。秋七月，下诏说：“连年灾害，民有菜色，朕深感悲痛。已命令有关官员空出仓廪、打开府库以赈济，赐受寒者衣物。今秋禾麦受灾很重。一年中几次地震。北海涨潮，淹死百姓。阴阳不和，其过失何在呢？公卿认为应如何处置？希望尽情批评朕的过失，不必有所隐讳。”

【原文】

冬，诏曰：“国之将兴，尊师而重傅。故前将军望之傅朕八年，道以经书，厥功茂[①]焉。其赐爵关内侯，食邑八百户，朝朔望[②]。”

十二月，中书令弘恭、石显等谮望之，令自杀。

【注释】

①茂：美。②朝朔望：朔（初一）望（十五日）之日朝见，其他

时间则免朝。

【译文】

冬，下诏说："国家要想兴盛，就要尊师重教。原前将军萧望之为朕师傅八年，教导经书，其功甚大，现赐爵为关内侯，食邑八百户，每月只在初一与十五入朝。"

十二月，中书令弘恭、石显等人诬告萧望之，元帝令望之自杀。

【原文】

六月，诏曰："盖闻安民之道，本繇阴阳。间者阴阳错谬，风雨不时。朕之不德，庶几群公有敢言朕之过者。今则不然，偷合苟从[①]，未肯极言，朕甚闵焉。永惟烝庶之饥寒，远离父母妻子，劳于非业[②]之作，卫[③]于不居之宫，恐非所以佐阴阳之道也。其罢甘泉、建章宫卫，令就农。百官各省费。条奏毋有所讳。有司勉之，毋犯四时之禁。丞相御史举天下明阴阳灾异者各三人。"于是言事者众，或进擢召见，人人自以得上意。

【注释】

①偷合苟从：指苟且迎合以取悦于人。②非业：非生产事业。③卫：守卫，警卫。

【译文】

初元三年夏（公元前46年）六月，下诏说："朕曾听说安民之道，在于协调阴阳。近来阴差阳错，风雨不调。朕德行有亏，总希望诸公卿中有能无所顾忌地指出朕的过失。而今实则不然，苟且迎合，不肯极力进谏，朕深感不安。朕经常挂怀黎民的饥寒，他们有的远离父母妻子，干着不是他本业的活儿，守卫那些并无人居住的宫殿，这恐怕不符合阴阳协理之道啊！现决定撤除甘泉宫、建章宫的守卫，令卫卒务农。百官各省开支，呈奏不必有所顾忌。有关官员要恪尽职守，不

要贻误农时。丞相御史举荐天下明了阴阳灾异者各三人。”从此提批评建议的人多起来了，有的被提拔召见，人人都自以为能深明天子之意。

【原文】

四年春正月，行幸甘泉，郊泰畤。三月，行幸河东，祠后土。赦汾阴徒。赐民爵一级，女子百户牛酒，鳏寡高年帛。行所过①无出租赋。

永光元年春正月，行幸甘泉，郊泰畤。赦云阳徒。赐民爵一级，女子百户牛酒，高年帛。行所过毋出租赋。

建昭三年夏，令三辅都尉、大郡都尉秩皆二千石②。

六月甲辰，丞相玄成薨。

秋，使护西域骑都尉甘延寿、副校尉陈汤桥发戊己校尉屯田吏士及西域胡兵攻郅支单于③。冬，斩其首，传诣京师，县（悬）蛮夷邸④门。

【注释】

①行所过：天子行幸所过之处。②郡都尉：郡都尉秩初为比二千石，今大郡都尉增至二千石。③桥：通“矫”。西域：汉时指玉门关以西、巴尔喀什湖以东及以南的广大地区。戊己校尉：汉官名，掌管西域屯田。郅支单于：匈奴五单于之一，逃窜于西域，败亡。④县：通“悬”。蛮夷邸：接待各族使者的客馆。

【译文】

始元四年（公元前45年）春正月，驾临甘泉，郊祭泰畤。三月驾临河东，祭祀后土。赦免汾阴犯人。赏赐臣民爵一级，女子每百户牛酒若干，鳏寡高年帛若干。车驾所经之地免交今年租税。

永光元年（公元前43年）春正月，驾临甘泉，郊祭泰畤，赦免云阳犯人。赏赐臣民爵一级，女子每百户牛、酒若干，高年赐帛。御驾所经过之处免交今年租税。

建昭三年（公元前36年）夏，下令三辅都尉、大郡都尉爵级都为二千石。

六月十九日，丞相韦玄成去世。

秋，朝廷派驻护西域骑都尉甘延寿、副校尉陈汤，矫以朝廷之命调动戊己校尉、屯田将士及西域胡兵攻郅支单于。冬，斩其首级，传到京师，悬于蛮夷邸门外以示众。

【原文】

秋七月庚子，复太上皇寝庙园、原庙、昭灵后、武哀王、昭哀后、卫思后园①。

竟宁元年春正月，匈奴呼韩邪单于来朝。

皇太子冠。赐列侯嗣子爵五大夫，天下为父后者爵一级。

三月癸未，复孝惠皇帝寝庙园、孝文太后、孝昭太后寝园。

五月壬辰，帝崩于未央宫。

毁太上皇、孝惠、孝景皇帝庙。罢孝文、孝昭太后、昭灵后、武哀王、昭哀后寝园。

秋七月丙戌，葬渭陵②。

【注释】

①原庙：汉高祖在长安城中已自有庙，惠帝于渭北作庙，称“原

庙”。昭灵后：汉高祖之母。武哀王：汉高祖之兄。昭哀后：汉高祖之姊。卫思后：戾太子之母卫子夫。②渭陵：元帝陵，在汉长安北，今咸阳市渭城区周陵镇新庄村东南。

【译文】

秋七月二十八日，恢复太上皇寝庙园、祖原庙、昭灵后、武哀王、昭哀后、卫思后园陵。

竟宁元年（公元前33年）春正月，匈奴呼韩邪单于来朝。

皇太子行冠礼。赐列侯嗣子之爵为五大夫，赐天下为父亲继承人的爵一级。

三月十四日，恢复惠帝寝庙陵园、孝文太后、孝昭太后寝园。

五月二十五日，元帝驾崩于未央宫。

毁掉了太上皇、孝惠、孝景皇帝的寺庙。罢了孝文、孝昭太后、昭灵后、武哀王、昭哀后的寝园。

秋七月十九日，葬元帝于渭陵。

【原文】

赞[①]曰：臣外祖[②]兄弟为元帝侍中。语臣曰元帝多材艺，善史书[③]，鼓琴瑟，吹洞箫，自度曲[④]，被歌声[⑤]，分刌节度[⑥]，穷极幼眇[⑦]。少而好儒，及即位，征用儒生，委之以政，贡、薛、韦、匡[⑧]迭为宰相。而上牵制文义，优游不断，孝宣之业衰焉。然宽弘尽下，出于恭俭，号令温雅，有古之风烈[⑨]。

【注释】

①赞：此赞乃班固之父班彪所作。②臣：班彪自称。外祖：指金敞。③史书：为当时之古隶书法，由篆向隶蜕化时期。④度（duó）：估计，这里是会意之意。⑤被（pī）歌声：以曲为歌声。⑥分刌（cǔn）节度：调节音律。分刌：划分，分切。⑦幼（yòu）眇：即“要妙”，微

妙曲折。⑧贡、薛、韦、匡：贡禹、薛广德、韦贤、匡衡。⑨风烈：风操；风范。

【译文】

班彪评论道：臣外祖兄弟曾为元帝侍中。曾对臣说过元帝兴趣广泛，精于古隶书法，会弹琴鼓瑟，能吹洞箫，能按曲谱，为之配上新词，节拍分明，穷极奥妙。少年时即尊崇儒术，及继承帝位，征用儒生，委以政事，贡禹、薛广德、韦贤、匡衡等儒生相继为丞相。但是元帝为文义所牵制，优柔寡断，宣帝中兴之业遂衰。然而他又待下宽弘，处事恭俭，号令温雅，颇有古代贤王之遗风。

【简析】

本篇叙述汉元帝刘奭在位十六年间的史事。汉元帝“多材艺”但缺乏政治才能：“好儒”而征用儒生，任用贡禹、薛广德、韦贤、匡衡等为丞相，于政无所建树；委政宦官，重用外戚，使得中书令弘恭、石显擅权，外戚许氏、史氏纵恣；

各地屡遭水旱之灾，官府缺乏解救之法，宣帝中兴之业已然呈现衰象。赞语中指出元帝多艺好儒，然“牵制文义，优游不断”，以致中兴不继，颇为中肯。

成帝纪

——耽于酒色，穆穆天子渐失权

【原文】

孝成皇帝[①]，元帝太子也。母曰王皇后，元帝在太子宫生甲观画堂[②]，为世嫡皇孙。宣帝爱之，字曰太孙，常置左右。年三岁而宣帝崩，元帝即位，帝为太子。壮好经书，宽博谨慎。初居桂宫[③]，上尝急召，太子出龙楼门，不敢绝驰道[④]，西至直城门，得绝乃度[⑤]，还入作室门。上迟之[⑥]，问其故，以状对。上大说，乃著令，令太子得绝驰道云。其后幸酒[⑦]，乐燕乐[⑧]，上不以为能。而定陶恭王有材艺，母傅昭仪又爱幸，上以故常有意欲以恭王为嗣。赖侍中史丹护太子家，辅助有力，上亦以先帝尤爱太子，故得无废。

【注释】

①孝成皇帝：汉成帝刘骜，字太孙，公元前32年至公元前7年在位。②甲观：汉代楼观名，犹言第一观，为皇太子所居。后泛指太子宫。画堂：皆在太子宫，画堂是有彩画的堂室。③桂宫：在长安城中，近北宫，不是太子宫。④绝：横行穿过。驰道：天子所行之道。⑤度：通“渡”。⑥迟之：责其迟到。⑦幸酒：好酒。⑧乐燕乐：喜欢燕私之乐。

【译文】

孝成皇帝，是元帝的太子。母亲是王皇后，元帝为太子时，生成帝于甲观画堂之中，为嫡皇孙。宣帝十分喜爱他，替他取字为太孙，经常带在身边。三岁时祖父宣帝去世，元帝继位，成帝被立为太子。成年后好读经书，宽博谨慎。原先居于桂宫，元帝有时紧急召见，太子出龙楼门，不敢横穿天子所行的驰道，西至直城门，到城门前才横穿以过，又回头到作室门。元帝见他老是迟到，询问原因，成帝将不敢穿越天子驰道而绕道的情况告知，元帝十分高兴，于是下令说太子可以横越驰道。后来好酒，喜私乐，元帝认为他没有才能。而定陶恭王多才多艺，其母傅昭仪又受宠，所以元帝有意立恭王为太子。仰赖侍中史显护佑太子，辅助有力，而元帝又因宣帝特别喜欢太子，所以才没有废了他。

【原文】

竟宁元年五月，元帝崩。六月己未，太子即皇帝位，谒高庙。尊皇太后曰太皇太后，皇后曰皇太后。以元舅[①]侍中卫尉阳平侯王凤为大司马大将军，领尚书事。

七月，大赦天下。

建始元年春正月乙丑，皇曾祖悼考庙[②]灾。

诏曰："乃者火灾降于祖庙，有星孛[③]于东方，始正而亏，咎孰大焉！《书》云：'惟先假王正厥事。'群公孜孜[④]，帅先百寮，辅朕不逮。崇宽大，长和睦，凡事恕己，毋行苛刻。其大赦天下，使得自新。"

【注释】

①元舅：长舅。②悼考庙：宣帝父史皇孙庙。③孛（bèi）：光芒强盛的彗星。④孜孜：勤勉，不懈怠。

【译文】

竟宁元年（公元前33年）五月，元帝驾崩。六月二十二日，太子登皇帝位，参拜高祖庙。尊皇太后为太皇太后，皇后为皇太后。以大舅父侍中卫尉阳平侯王凤为大司马、大将军，领尚书事。

七月，大赦天下。

建始元年（公元前32年）正月初一日，皇曾祖悼考庙发生火灾。

皇上下诏说："前时火灾降于祖庙，彗星出现于东方，开始登基就被上天示警，可见过失是严重的！《尚书》中说：'古代至道之君遇灾，就正其德行以应天象。'望众公卿勤于政事，率领群僚，以辅朕的不足。崇尚宽大，提倡和睦，凡事推己及人，对人不要苛刻。现大赦天下，使犯人能够改过自新。"

【原文】

二年春正月，罢雍五畤。辛巳，上始郊祀长安南郊。诏曰："乃者徙泰畤、后土于南郊、北郊，朕亲饬躬[①]，郊祀上帝。皇天报应，神光并见。三辅长无共张繇[②]役之劳，赦奉郊县长安、长陵及中都官耐罪[③]徒，减天下赋钱，算四十。"

三年春三月，赦天下徒。赐孝弟力田爵二级。诸逋[④]租赋所振贷勿收。

四年春，罢中书宦官，初置尚书员五人。

【注释】

①饬躬：正己，正身。②共：通"供"。张：通"帐"。繇：通"徭"。③耐罪：古代剃去鬓须的刑罚。耐：同"耏"。④逋：逃亡。

【译文】

建始二年春（公元前31年）正月，罢去雍地五处祭祀天地之所。二十三日，成帝开始在长安南郊进行郊祭，下诏说："前者迁移泰畤、后土于南郊、北郊，朕虔诚恭敬，郊祀上帝，皇天感应，神光交现。三辅地区长年有供帐服役之劳，赦免奉郊祀的长安县、长陵县及中都官中判鬓须之罪的罪犯。减少天下赋税钱，算赋减四十钱。”

建始三年（公元前 30 年）春三月，大赦天下囚徒。赏赐孝悌力田爵二级。赦免天下囚徒，赏赐孝悌力田爵二级，对于逃避租赋所欠的赈贷免收。

建始四年（公元前 29 年）春，罢去中书宦官，开始设置尚书，设员五人。

【原文】

河平元年春三月，诏曰：“河决东郡，流漂二州[①]，校尉王延世堤塞辄平，其改元为河平。赐天下吏民爵，各有差。”

四年春正月，匈奴单于来朝。

赦天下徒，赐孝弟力田爵二级。诸逋租赋所振贷勿收。

三月癸丑朔，日有蚀之。

遣光禄大夫博士嘉等十一人行举濒河[②]之郡水所毁伤困乏不能自存者，财振贷[③]。其为水所流压死，不能自葬，令郡国给槥椟[④]葬埋。已葬者与钱，人二千。避水它郡国，在所冗食之[⑤]，谨遇以文理，无令失职。举惇厚有行能直言之士。

【注释】

①二州：指兖州、豫州之地。②行举：巡行了解情况。濒河：靠近黄河。③财赈贷：视其受害轻重情况而区别赈贷。财：通“裁”。④槥椟（huì dú）：小棺。⑤在所冗食之：流民所到之处，官府免费供给衣食。

【译文】

河平元年（公元前 28 年）春三月，下诏说：“黄河决口于东郡，

淹没兖、豫二州，校尉王延世筑堤堵口而黄河归故道，故改元为‘河平’。赏赐天下吏民爵级，各有差等。”

河平四年（公元前25年）春正月，匈奴单于来京朝见。

赦免天下囚徒，赏赐孝悌力田爵二级，对于逃避租赋所欠的赈贷免收。

三月初一日，出现日偏食。

遣光禄大夫博士嘉等十一人巡行于黄河两岸的郡国，了解因水患毁伤困乏而无法生存的情况，根据受害轻重予以赈贷。被水淹死不能自葬的，令郡国供给薄棺葬埋。已经葬埋的折钱付给，每人二千。因逃水灾在其他郡国的，由所在地散发粮食，要认真地登记与关心他们，不让他们失其常业。举荐敦厚有高行能直言的人。

【原文】

鸿嘉元年春二月，诏曰：“朕承天地，获保宗庙，明有所蔽，德不能绥，刑罚不中，众冤失职，趋阙告诉[①]者不绝。是以阴阳错谬，寒暑失序，日月不光，百姓蒙辜，朕甚闵焉。《书》不云乎？‘即我御事，罔克耆寿，咎在厥躬。’[②]方春生长时，临遣谏大夫理等举三辅、三河[③]、弘农冤狱。公卿大夫、部刺史明申敕守相，称朕意焉。其赐天下民爵一级，女子百户牛酒，加赐鳏寡孤独高年帛。逋贷未入者勿收。”

四年春正月，诏曰：“数敕有司，务行宽大，而禁苛暴，讫今不改。一人有辜，举宗拘系，农民失业，怨恨者众，伤害和气，水旱为灾，关东流冗[④]者众，青、幽、冀部尤剧，朕甚痛焉。未闻在位有恻然者，孰当助朕忧之！已遣使者循行郡国。被灾害什四[⑤]以上，民赀不满三万，勿出租赋。逋贷未入，皆勿收。流民欲入关，辄籍内[⑥]。所之郡国，谨遇以理，务有以全活之。思称朕意。”

【注释】

①告诉：告状而诉冤苦。②“《书》不云”等句：引文见《尚书·文侯之命》，意为我周家用事者，缺少耆老贤者，使国危亡，咎责在我。③临遣：天子亲临敕遣。三河：指河东、河内、河南三郡。④流冗：流散而失业。⑤什四：十分之四。⑥籍内：录其名籍而纳之。内：通“纳”。

【译文】

鸿嘉元年（公元前20年）春二月，下诏说：“朕承天地之恩，得保祖宗祠庙，明不足以详察民情，德不足以绥定四方，刑罚失当，不少人含冤失其常业，到朝廷上访上诉者源源不绝。是以阴阳错谬，寒暑失序，日月无光，百姓遭灾，朕深为不安。《尚书》中不是说过吗？‘在我主持国政时，没有老臣贤者辅弼，这是我自己的过失。’目前正是春耕季节，特派谏大夫理等察举三辅、三河、弘农冤狱。公卿大夫、部刺史应晓谕郡守国相，要不负朕对他们的重托。现赏赐天下民爵一级，女子百户牛、酒若干，加赐鳏寡孤独高年帛若干，逃贷未交的免收。”

鸿嘉四年（公元前17年）春正月，下诏说：“朕多次指示有关机构，要务行宽大，禁止苛暴刑罚，而至今不改。一人犯罪，全族拘系，农民失其常业，怨恨者多，由此而伤害天地的和谐之气，以致水旱为灾，关东流散而失业者甚多，青州、幽州、冀州更为严重，朕甚为痛心。然而却未听说在位公卿对此而表示难过的，谁能与朕分忧啊！朕已派遣使者到各地检查，凡属灾害在四成以上，百姓的资产不满三万的，可不出租赋。逃避税赋未交的，都予免收。流民要想入关，登记后就允许进入。流民所到的郡国，要给予关心和引导，要保证不死一人。望你们理解朕的心意。”

【原文】

永始元年春正月癸丑，太官凌室火。戊午，戾后园阙火。

三年春正月己卯晦，日有蚀之。诏曰："天灾仍[1]重，朕甚惧焉。惟民之失职，临遣大中大夫嘉等循行天下，存问耆老，民所疾苦。其与部刺史举惇朴逊让有行义者各一人。"

绥和元年春正月，大赦天下。

二月癸丑，诏曰："朕承太祖鸿业，奉宗庙二十五年，德不能绥理宇内，百姓怨望者众。不蒙天祐，至今未有继嗣，天下无所系心。观于往古近事之戒，祸乱之萌，皆由斯焉。定陶王欣于朕为子，慈仁孝顺，可以承天序，继祭祀。其立欣为皇太子。封中山王舅谏大夫冯参为宜乡侯，益中山国[2]三万户，以慰其意。赐诸侯王、列侯金，天下当为父后者爵，三老、孝弟力田帛，各有差。"

三月丙戌，帝崩于未央宫。皇太后诏有司复长安南北郊。四月己卯[3]，葬延陵[4]。

【注释】

①仍：频。②中山国：汉诸侯国名，都卢奴（今河北定县）。③己卯：应为"己未"。④延陵：汉成帝陵名。在今陕西咸阳市西北。

【译文】

永始元年（公元前16年）春正月二十二日，太官凌室发生火灾。二十七日，戾后园偏楼也发生火灾。

永始三年（公元前14年）春正月三十日，日偏食。皇帝下诏说："天灾频繁加重，朕深感惶恐。担心百姓失其常业，特派遣大中大夫嘉等人循行于天下，询问年老德厚的人，了解民间的疾苦。可会同部刺史举荐淳朴逊让有德行高义者各一人。"

绥和元年（公元前8年）春正月，大赦天下。

二月初九日，下诏说："朕继承太祖鸿业，奉祖宗宗庙已二十五年，薄德不足以安定四海，百姓多有怨望。未得上天保佑，至今未生太子，天下无寄托的核心。从古往今来的历史教训来看，祸乱的萌生，多是因继承人的问题而引起。定陶王刘欣是朕的嗣子，慈仁孝顺，可以奉天承运，继献祭祀。现决定立刘欣为太子。封中山王舅谏大夫冯参为宜乡侯，增加中山国食邑三万户，以安慰其意。赏赐各侯王、列侯黄金，天下为父继承人的赐以爵级，三老、孝悌力田赏赐田帛，各有不等。"

三月十八日，成帝驾崩于未央宫。皇太后诏令有关机构恢复长安南北郊祭。五月十一日，葬于延陵。

【原文】

赞[①]曰："臣之姑[②]充后宫为婕妤，父子昆弟侍帷幄，数为臣言成帝善修容仪，升车正立，不内顾[③]，不疾言[④]，不亲指[⑤]，临朝渊嘿[⑥]，尊严若神，可谓穆穆[⑦]天子之容者矣！博览古今，容受直辞。公卿称职，奏议可述。遭世承平，上下和睦。然湛[⑧]于酒色，赵氏乱内，外家擅朝，言之可为於邑[⑨]。建始以来[⑩]，王氏始执国命，哀、平短祚，

莽遂篡位，盖其威福所由来者渐矣！

【注释】

①赞：此赞是班彪所作。②臣之姑：班彪之姑，即班婕妤。③不内顾：不向内四顾。④不疾言：不很快地说话。⑤不亲指：不用手指着别的地方。⑥渊嘿：深沉不多言。⑦穆穆：端庄盛美貌。⑧湛：通“耽”，沉溺。⑨於邑：短气貌。⑩建始以来：成帝即位以来。建始为成帝第一个年号。

【译文】

班彪评论道：臣的姑母充成帝后宫被封为婕妤，父子兄弟在接待与侍奉她时，她多次对臣说成帝十分注意仪表，上车正立，端坐前视，不疾言厉色，不指手画脚，临朝严肃深沉寡言，尊严如同神明，可称得上庄严天子的容仪！成帝博古通今，能采纳直言。公卿称职，其奏议文采斐然可观。恰逢升平盛世，上下和睦。但由于成帝沉溺于酒色，以致赵飞燕姊妹乱于内宫，王氏外戚专擅朝政，说起来令人扼腕叹息。从成帝即位以来，王氏开始操纵国柄，哀帝与平帝在位时间不长，王莽于是得以篡位，王家的威福大概就是从成帝时开始逐步形成的。

【简析】

本篇叙述汉成帝刘骜在位二十五年间的史事。汉成帝善修容仪，博古通今，也能采纳直言。但由于其“耽于酒色”，以致赵飞燕、赵合德姊妹专宠后宫；外戚王氏辅政，逐渐专权，终至篡位。正如班彪所论：“建始以来，王氏始执国命，哀、平短祚，莽遂篡位，盖其威福所由来者渐矣！”这一分析确实抓住了西汉衰亡的重要线索。

哀帝纪
——拨乱反正，大略难施空余恨

【原文】

孝哀皇帝[①]，元帝庶孙，定陶恭王子也。母曰丁姬。年三岁嗣立为王，长好文辞法律。元延四年入朝，尽从傅、相、中尉[②]。时成帝少弟中山孝王亦来朝，独从傅，上怪之，以问定陶王，对曰："令[③]，诸侯王朝，得从其国二千石。傅、相、中尉皆国二千石，故尽从之。"上令诵《诗》，通习，能说[④]。他日问中山王："独从傅在何法令？"不能对。令诵《尚书》，又废[⑤]。及赐食于前，后饱；起下，袜系解[⑥]。成帝由此以为不能，而贤定陶王，数称其材。时王祖母傅太后随王来朝，私赂遗上所幸赵昭仪及帝舅票骑将军曲阳侯王根。昭仪及根见上亡子，亦欲豫自结为长久计，皆更称[⑦]定陶王，劝帝以为嗣。成帝亦自美其材，为加元服[⑧]而遣之，时年十七矣。明年，使执金吾任宏守大鸿胪，持节征定陶王，立为皇太子。谢曰："臣幸得继父守藩为诸侯王，材质不足以假充太子之宫。陛下圣德宽仁，敬承祖宗，奉顺神祇，宜蒙福祐子孙千亿之报。臣愿且得留国邸[⑨]，旦夕奉问起居，俟有圣嗣，归国守藩。"书奏，天子报闻。后月余，立楚孝王孙景为定陶王，奉恭王祀，所以奖厉太子专为后之谊[⑩]。

【注释】

①孝哀皇帝：汉哀帝刘欣，公元前 7 年至公元前 1 年在位。②尽

从：都随从入朝。傅、相、中尉：皆官名，这里指定陶国的三位官员。③令：汉律令。④能说：能解说其义。⑤废：忘记。⑥袜系解：袜带松开。⑦更称：相继称扬。⑧加元服：加冠。⑨国邸：定陶王在京师的府邸。⑩厉：通“励”。谊：通“义”。

【译文】

孝哀皇帝，是汉元帝的庶孙，定陶恭王的儿子。母亲是丁姬。三岁时嗣立为王，成人后爱好文辞法律。元延四年（公元前 9 年）入都朝见成帝，他的傅、相、中尉都一同前来。此时成帝的少弟中山孝王也来朝见，却只有傅同来。上甚不解，就问定陶王，定陶王答道：“朝廷有令，各侯王来朝，其封国爵在二千石的官吏应一同前来。傅、相、中尉都是二千石，所以都应同来。”皇上叫他背诵《诗经》，都很熟悉，且能解说其义。又一日，成帝问中山王：“只要傅同来是根据哪条法令？”中山王无言以对。叫他背诵《尚书》，中间又遗忘了。成帝请他吃饭，别人吃完了他还在吃，离席时，连袜带都掉下来了。成帝看到这些就认为中山王是个无能的人，从而对定陶王十分喜欢，经常夸他的才能。此时定陶王的祖母傅太后陪同来朝，私下馈赠礼物给成帝所宠爱的赵昭仪及帝舅骠骑将军、曲阳侯王根。赵昭仪及王根见皇上无子，也想早日与一位合适的王子建立关系作长远打算，就都极力夸奖定陶王，劝成帝立他为太子。成帝也很欣赏定陶王的才能，就在朝中为他举行成人加冠礼后遣他回封地定陶，此时定陶王已十七岁了。第二年，皇上派执金吾任宏代理大鸿胪，持御诏召定陶王，立为皇太子。定陶王上书谢诏说：“小臣有幸得继承先父守藩为诸侯王，才能德行都不足以进入太子之宫。陛下圣德宽仁，敬承祖宗，奉顺神祇，理应受天之福多子多孙。臣愿暂居京都馆舍，晨昏奉问皇上起居，待皇上有圣嗣之后，就归封国守藩。”书上奏后，天子说知道了。一个多月后，下诏立楚孝王孙刘景为定陶王，奉定陶恭王祭祀，这是为了奖励太子重视宗嗣的品行。

【原文】

绥和二年三月，成帝崩。四月丙午，太子即皇帝位，谒高庙。尊皇太后曰太皇太后，皇后曰皇太后。大赦天下。赐宗室王子有属[①]者马各一驷，吏民爵，百户牛酒，三老、孝弟力田、鳏寡孤独帛。太皇太后诏尊定陶恭王为恭皇。

五月丙戌，立皇后傅氏。诏曰："《春秋》'母以子贵'，尊定陶太后曰恭皇太后，丁姬曰恭皇后，各置左右詹事[②]，食邑如长信宫、中宫[③]。"追尊傅父为崇祖侯、丁父为褒德侯[④]。封舅丁明为阳安侯，舅子满为平周侯。追谥满父忠为平周怀侯，皇后父晏为孔乡侯，皇太后弟侍中光禄大夫赵钦为新成侯。

【注释】

①属：亲属。②詹事：官名。秦汉置詹事，秩二千石，掌皇后、太子家事。③长信宫：成帝之母王太后居于此宫。中宫：皇后之宫。④傅父：傅太后之父。丁父：丁太后之父。

【译文】

绥和二年（公元前 7 年）三月，成帝驾崩。四月初四日，太子继承帝位，拜谒高祖庙。尊皇太后为太皇太后，皇后为皇太后。大赦天下。赏赐宗室王子尚在五服之内的驷马，吏民加爵，每百户牛酒若干，三老、孝悌力田、鳏寡孤独各赐布帛。太皇太后下诏尊定陶恭王为恭皇。

五月十九日，立傅氏为皇后。下诏说："《春秋》有言'母以子贵'，现尊定陶太后为恭皇太后，丁姬为恭皇后，各设左右省视官员，食邑与太皇太后、皇后相同。"追赠傅太后之父为崇祖侯，恭皇后丁姬之父为褒德侯。封舅父丁明为阳安侯，舅父子丁满为平周侯。追谥丁满之父丁忠为平周怀侯，皇后父傅晏为孔乡侯，皇太后之弟侍中光禄大夫赵钦为新成侯。

【原文】

六月，诏曰："郑声[①]淫而乱乐，圣王所放[②]，其罢乐府。"

又曰："制节谨度以防奢淫，为政所先，百王不易之道也。诸侯王、列侯、公主、吏二千石及豪富民多畜奴婢，田宅亡限，与民争利，百姓失职，重困不足。其议限列[③]。"有司条奏："诸王、列侯得名田[④]国中，列侯在长安及公主名田县道，关内侯、吏民名田，皆无得过三十顷。诸侯王奴婢二百人，列侯、公主百人，关内侯、吏民三十人。年六十以上，十岁以下，不在数中[⑤]。贾人皆不得名田、为吏，犯者以律论。诸名田畜奴婢过品[⑥]，皆没入县官。齐三服官[⑦]、诸官织绮绣，难成，害女红之物，皆止，无作输。除任子令[⑧]及诽谤诋欺法。掖庭宫人年三十以下，出嫁之。官奴婢五十以上，免为庶人。禁郡国无得献名兽。益吏三百石以下奉[⑨]。察吏残贼酷虐者，以时退。有司无得举赦前往事。博士弟子父母死，予宁[⑩]三年。"

【注释】

①郑声：郑卫之音，春秋战国时期郑、卫地区的汉族民间音乐。②放：弃。③议限列：令条列而为限禁。④名田：即以名占田，百姓向国家登记户口并呈报所占田亩数。⑤不在数中：不在限数内。⑥过品：超过等级限额。⑦齐三服官：官署名。泛指主制御服官员。⑧任子令：凡是二千石以上做官满三年，就可以保举儿子或兄弟一人做"郎"。任：保。⑨奉：通"俸"。⑩予宁：予告归。

【译文】

六月，下诏说："郑卫之音淫而乱乐，圣人所弃，现在罢免乐府。"

诏文又说："制节谨慎适度以防止奢淫，是为政的首要任务，是历代不可改易的常法。各侯王、列侯、公主、吏二千石及豪富之民奴婢众多，田宅无限，与民争利，使百姓失其常业，处于严重困境。应制定限禁的条例。”有关官员条呈上奏：“各王、列侯在其封国占有的田地，未就封地留在长安的列侯及公主在各县道占有的田地，关内侯、吏民占有的田地，都不得超过三十顷。各侯王拥有奴婢不得超过二百人，列侯、公主不得超过百人，关内侯、吏民不得超过三十人。年六十以上、十岁以下的奴婢，不在此限额之中。商人都不允许占田、为吏，犯者按法论处。凡是占田与畜奴婢超过限额的，都没收入官府。齐三服官、诸官所织的绮绣，技术复杂难成的损害女红之物，都停止制作，以后也不用献纳。撤销任二千石职达三年可以保举一子为郎以及诽谤欺诬论罪之法。内宫宫人在三十岁以下的，可以出而嫁之。官家奴婢五十岁以上的，免去奴婢籍而为平民。郡国不许献珍禽异兽。增加吏禄在三百石以下的俸禄。主持考察的官吏残暴酷虐的，发现后即时免职。有关官员不得加重或赦免以前已作处置的旧案。博士弟子父母死，赐与归家三年的服丧期。”

【原文】

建平元年春正月，赦天下。侍中骑都尉新成侯赵钦、成阳侯赵䜣皆有罪，免为庶人，徙辽西①。

太皇太后诏外家王氏田非冢茔，皆以赋②贫民。

二月，诏曰：“盖闻圣王之治，以得贤为首。其与大司马、列侯、将军、中二千石、州牧、守、相举孝弟惇厚能直言通政事，延于侧陋③可亲民者，各一人。

三月，赐诸侯王、公主、列侯、丞相、将军、中二千石、中都官郎吏金钱帛，各有差。

冬，中山孝王太后媛、弟宜乡侯冯参有罪，皆自杀。

【注释】

①辽西：郡名。治阳乐（今辽宁义县西）。②赋：给与。③侧

陋：形容地位微贱。

【译文】

建平元年（公元前6年）春正月，大赦天下。侍中骑都尉新成侯赵钦、成阳侯赵䜣皆有罪，贬为平民，流放到辽西。太皇太后下诏说："外戚王氏家田地不是坟墓的，都交给贫民耕种。"

二月，皇上下诏说："曾闻圣王得以国泰民安，实以能启用贤才为要。现诏付大司马、列侯、将军、中二千石、州牧、守、相等举荐孝悌淳直能直言通晓政事的，虽地位低微但能亲近百姓的，可各荐一人。"

三月，赐各侯王、公主、列侯、相、丞相、将军、中二千石、中都官郎吏金钱布帛，各有不等。

冬，中山孝王太后冯媛、太后弟宜乡侯冯参有罪，均自杀。

【原文】

四年春，大旱。关东民传行西王母筹[①]，经历郡国，西入关至京师。民又会聚祠西王母，或夜持火上屋，击鼓号呼相惊恐。

二月，封帝太太后[②]从

弟侍中傅商为汝昌侯，太后同母弟子侍中郑业为阳信侯。

三月，侍中附马都尉董贤、光禄大夫息夫躬、南阳太守孙宠皆以告东平王封列侯。

六月，尊帝太太后为皇太太后。

秋八月，恭皇园北门灾。

冬，诏将军、中二千石举明兵法有大虑[3]者。

【注释】

①行筹：以筹码计数。此处指行筹占卜。②帝太太后：定陶傅太后。这是仅见于中国古代的太后位号，为等同于皇太后的变体位号。③大虑：深谋远虑。

【译文】

建平四年（公元前3年）春，大旱。关东民间流行行西王母筹占卜吉凶，经历郡国，向西入关流传到长安。群众又聚集祭祀西王母，有的夜间持火上屋，击鼓号呼，令人惊恐。

二月，封帝太太后从弟侍中傅商为汝昌侯，太后同母弟之子侍中郑业为阳信侯。

三月，侍中驸马都尉董贤、光禄大夫息夫躬、南阳太守孙宠都因告发东平王有功而封为列侯。

六月，尊帝太太后为皇太太后。

秋八月，恭皇园北门发生火灾。

冬，诏令将军、中二千石举荐熟谙兵法、能深谋远虑之人。

【原文】

元寿元年春正月辛丑朔，日有蚀之。诏曰："朕获保宗庙，不明不敏，宿夜忧劳，未皇[1]宁息。惟阴阳不调，元元不赡[2]，未睹厥咎。娄[3]敕公卿，庶几有望[4]。至今有司执法，未得其中，或上暴虐，

假势获名，温良宽柔，陷于亡灭。是故残贼弥长，和睦日衰，百姓愁怨，靡所错躬[5]。乃正月朔，日有蚀之，厥咎不远，在余一人。公卿大夫其各悉心勉帅百寮，敦任仁人，黜远残贼，期于安民。陈朕之过失，无有所讳。其与将军、列侯、中二千石举贤良方正能直言者各一人。大赦天下。”

【注释】

①皇：通“遑”，闲暇。②元元：平民，老百姓。赡：足。③娄：通“屡”。④有望：望其励精为治。⑤靡所错躬：无所置身。错：通“措”。

【译文】

元寿元年（公元前2年）春正月初一，出现日偏食。皇上下诏说：“朕继承大统，不明不敏，深夜忧劳，顾不得休息。可仍是阳阴不调，百姓不足，不知过错在何处。屡令公卿，望其励精图治，至今有关官员执法，没有正确执行，有的残暴凶虐，借势获名，而温良宽柔的人，却受到摧残而亡灭。所以残害之风日烈，和睦之气日衰，百姓愁苦怨恨，不知如何立身。于是正月初一，发生了日食，其过不远，责任都由朕承担。公卿大夫都要尽心尽力为百僚表率，重用仁人，贬黜残暴小人，以期安定百姓。列举朕的过失，要做到知无不言。可与将军、列侯、中二千石举荐贤良方正能直言之士，各举一人。大赦天下。”

【原文】

丁巳，皇太太后傅氏崩。

三月，丞相嘉有罪，下狱死。

二年春正月，匈奴单于、乌孙大昆弥[1]来朝。二月，归国，单于不说。

夏四月壬辰晦，日有蚀之。

五月，正三公官分职[②]。大司马卫将军董贤为大司马，丞相孔光为大司徒，御史大夫彭宣为大司空，封长平侯。正司直、司隶，造[③]司寇职，事未定。

六月戊午，帝崩于未央宫。秋九月壬寅，葬义陵[④]。

【注释】

①大昆弥：乌孙君主之号。②正：修改。分职：分掌各自的职务。③造：创设。④义陵：汉哀帝陵名。在咸阳北。

【译文】

正月十七日，皇太太后傅氏驾崩。

三月，丞相王嘉有罪，下狱而死。

元寿二年（公元前 1 年）春正月，匈奴王单于、乌孙大昆弥来朝。二月，回国，单于很不高兴。

夏四月三十日，出现日偏食。

五月，修改三公分管职权。大司马卫将军董贤为大司马，丞相孔光为大司徒，御史大夫彭宣为大司空，封长平侯。修改司直、司隶职事，创设司寇职，未作最后确定。

六月初三日，哀帝驾崩于未央宫。秋九月十八日，葬于义陵。

【原文】

赞曰：孝哀自为藩王及充太子之宫，文辞博敏，幼有令闻[①]。睹孝成世禄去王室[②]，权柄外移，是故临朝娄诛大臣，欲强主威[③]，以则武、宣[④]。雅性不好声色，时览卞躬武戏[⑤]。即位痿痹[⑥]，末年浸剧[⑦]，飨国不永，哀哉！

【注释】

①令闻：好名声。②王室：指王太后一家。③欲强主威：想要加

强君主的威严。④则：法，效法。武、宣：武帝、宣帝。⑤卞：徒手搏斗。武戏：角力。⑥痿痹（wěi bì）：病名。肢体不能动作或丧失感觉。⑦浸剧：逐渐加剧。

【译文】

班固评论道：汉哀帝从为藩王到被立为太子，文辞博敏，从小名声很好。目睹汉成帝时爵禄尽入王家，权柄转入外戚之手，所以哀帝执政时屡诛大臣，意图加强君主的威严，效法武帝、宣帝。哀帝生性不爱声色，有时看看搏斗角力之戏。即位时身患痿痹之疾，以后逐渐加重，以致在位时间不长就驾崩了，可惜啊！

【简析】

本篇叙述汉哀帝刘欣在位六年间的史事。汉哀帝博学敏捷，少有才名。二十岁即位，年轻志大，不好声色。鉴于皇权削弱的现状，故临朝屡诛大臣，以抑制外戚王氏。能够采用贤才，极力革除弊端，更大胆采取限制自诸侯王下至吏民名田及奴婢数量的措施，但因遭贵戚权臣的抵制，效果不大，外戚仍然势盛。哀帝由于身患痿痹之疾早丧，未能从容施展抱负，西汉王朝的命运每况愈下，令人扼腕叹息。

平帝纪
——短命傀儡，一生无为作嫁衣

【原文】

孝平皇帝[①]，元帝庶孙，中山孝王子也。母曰卫姬，年三岁[②]嗣立为王。元寿二年六月，哀帝崩，太皇太后诏曰："大司马贤[③]年少，不合众心。其上印绶，罢。"贤即日自杀。新都侯王莽为大司马，领尚书事。秋七月，遣车骑将军王舜、大鸿胪左咸使持节迎中山王。辛卯，贬皇太后赵氏为孝成皇后，退居北宫，哀帝皇后傅氏退居桂宫。孔乡侯傅晏、少府董恭等皆免官爵，徙合浦。九月辛酉[④]，中山王即皇帝位，谒高庙，大赦天下。

帝年九岁，太皇太后临朝，大司马莽秉政，百官总己[⑤]听于莽。诏曰："夫赦令者，将与天下更始，诚欲令百姓改行洁己，全其性命也。往者有司多举奏赦前事，累增罪过，诛陷亡辜，殆非重信慎刑，洒心自新之意也。及选举者，其历职更事有名之士，则以为难保[⑥]，废而弗举，甚谬于赦小过举贤材之义。对诸有臧及内恶未发而荐举者，皆勿案验。令士厉精乡进[⑦]，不以小疵妨大材。自今以来，有司无得陈赦前事置奏上[⑧]。有不如诏书为亏恩，以不道[⑨]论。定著令，布告天下，使明知之。"

【注释】

①孝平皇帝：汉平帝刘衎（kàn），公元1年至公元6年在位。②三

岁：又说为“二岁”。③贤：董贤。④辛酉：“辛酉”下脱“朔”字。⑤总己：总摄己职，指谓总揽大权。⑥难保：自己曾有罪过而不可保。⑦厉：通“励”。乡：通“向”。⑧置奏上：写奏章上陈。⑨不道：刑律名。颜师古注引曰：“律：杀不辜一家三人为不道。”

【译文】

孝平皇帝，是汉元帝的孙子，中山孝王的儿子。母亲是卫姬。两岁时继位为王。元寿二年（公元前1年）六月，哀帝驾崩，太皇太后下诏说：“大司马董贤年纪太轻了，不受大家欢迎，应交还印绶，撤销其官职。”董贤当日自杀。任命新都侯王莽为大司马，掌尚书事。秋七月，派车骑将军王舜、大鸿胪左咸持太皇太后诏迎中山王。七月三十日，贬皇太后赵氏为孝成皇后，退居于北宫，哀帝皇后傅氏退居桂宫。孔乡侯傅晏、少府董恭等都予免职，迁徙到合浦。九月初一日，中山王登皇帝位，晋谒高祖庙，大赦天下。

平帝时年九岁，太皇太后临朝听政，大司马王莽操持国政，百官总摄己职以听取王莽的指示。下诏说：“朝廷发布赦免令，是打算与天下重新开始，真心地希望百姓能洗心革面，以保全其品行与性命的。以往有关官员在量刑时多把赦令前所犯的过失重提，累增犯法者的罪过，甚至株陷无辜之人，违背了朝廷重信慎刑、希望有罪过的人改过自新的本意。对于举荐的人才，也因为他在过去曾犯过某种错误，以为不可信任，就废置而不举荐，这就完全背离了赦小过、举贤才的原则。对于虽有贪赃枉法及品行方面的错误但无人告发而被举荐的人，一律不必查究。要鼓励人才集中精力去追求进步，不能因小的缺点而妨碍一个难得的人才。从现在起，有关机构的官员不必陈奏赦免令之前所犯的过失。有不遵此诏书的为有亏皇恩，以不道罪论处。特明著此令，布告天下，使明知其事。”

【原文】

元始元年春正月，越裳氏重译[①]献白雉一，黑雉二，诏使三公以荐宗庙。

群臣奏言大司马莽功德比周公，赐号安汉公，及太师孔光等皆益封。

二月，置羲和官[②]，秩二千石；外史、闾师[③]，秩六百石。班[④]教化，禁淫祀[⑤]，放郑声。

乙未，义陵寝神衣在柙中[⑥]，丙申旦，衣在外床上，寝令以急变闻[⑦]。用太牢祠。

夏五月丁巳朔，日有蚀之。大赦天下。公卿、将军、中二千石举敦厚能直言者各一人。

六月，使少傅左将军丰[⑧]赐帝母中山孝王姬玺书，拜为中山孝王后。赐帝舅卫宝、宝弟玄爵关内侯。赐帝女弟四人[⑨]号皆曰君，食邑各二千户。

封周公后公孙相如为褒鲁侯，孔子后孔均为褒成侯，奉其祀。追谥孔子曰褒成宣尼公。

罢明光宫及三辅驰道。

【注释】

①越裳：古南方国名。重译：辗转翻译。言其路途遥远。②羲和官：古官名。典天地四时。③外史：古官名。掌书外令。闾师：古官名。掌四郊之民。④班：宣布。⑤淫祀：指不合礼制的祭祀。⑥义陵：哀帝陵。寝：古

帝王陵墓上的正殿，是祭祀处所。神衣：已死帝王之衣。柙（xiá）：柜。⑦寝令：官名。掌陵园。急变：非常的变故。闻：报告。⑧丰：甄丰。⑨女弟：妹。四人：应为“三人”。

【译文】

元始元年（公元1年）春正月，越裳氏不远千里献上白雉一只、黑雉二只，诏令三公以此物献于宗庙。

群臣奏言大司马王莽功德像周公辅成王一样崇高，特赐号为安汉公，对太师孔光等都加封。

二月，设置羲和官，禄为二千石；设外史、闾师，禄为六百石。颁布朝廷教化之令，禁止不合礼制规定的祭祀，摒除淫靡之乐。

二月七日，哀帝陵寝中的神衣还在柜中，八日的早晨，却出现在外床上，寝令以非常之变奏明朝廷。平帝用太牢之礼进行祭祷。

夏五月初一，出现日偏食。大赦天下。诏令公卿、将军、中二千石举荐敦厚能直言的人才各一人。

六月，派少傅左将军甄丰赐平帝母中山孝王王姬以玺书，晋封为中山孝王王后。赐帝舅卫宝及其弟卫玄爵关内侯。赐平帝妹妹三人称号为君，各食汤沐邑二千户。

封周公后公孙相如为褒鲁侯，孔子后孔均为褒成侯，奉周公与孔子的祭祀。追谥孔子为褒成宣尼公。

罢去明光宫及三辅驰道。

【原文】

天下女徒已论①，归家，顾山钱月三百②。复③贞妇，乡一人。置少府海丞、果丞④各一人，大司农部丞⑤十三人，人部一州，劝农桑。

太皇太后省⑥所食汤沐邑十县，属大司农，常别计其租入，以赡贫民。

秋九月，赦天下徒。

【注释】

①论：定罪。②顾山钱：女徒本当于山上伐木，故其雇人代役谓之“雇山”。顾：通“雇”。③复：免赋役。④海丞：官名。主海税，属少府。果丞：官名。掌诸果实，属少府。⑤部丞：官名。汉武帝时置，主郡国均输、盐铁等。⑥省：让出，减去。

【译文】

天下女犯已定罪的，令其归家，每月出钱三百以雇人伐木。免除贞妇赋役，每乡一人。设置少府海丞、果丞各一人；大司农部丞十三人，每人负责一个州，劝勉发展农桑。

太皇太后减去所食汤沐邑十县，交予大司农，经常另外计算其税收所得，用以救济贫民。

秋九月，大赦天下囚徒。

【原文】

二年春，黄支国献犀牛。

诏曰：“皇帝二名，通于器物，今更名①，合于古制。使太师光②奉太牢告祠高庙。”

郡国大旱，蝗，青州尤甚，民流亡。安汉公、四辅、三公、卿大夫、吏民为百姓困乏献其田宅者二百三十人，以口赋贫民③。遣使者捕蝗，民捕蝗诣吏，以石斗受钱④。天下民赀不满二万，及被灾之郡不满十万，勿租税。民疾疫者，舍⑤空邸第，为置医药。赐死者一家六尸以上葬钱五千，四尸以上三千，二尸以上二千。罢安定呼池苑⑥，以为安民县。起官寺市里⑦，募徙贫民，县次给食⑧。至徙所，赐田宅什器，假与犁、牛、种、食。又起五里于长安城中，宅二百区，以居贫民。

【注释】

①二名：以二字为名。汉平帝本名箕子。箕，是使用的器具，故

云“通于器物”。更名：改名衎。②光：孔光。③以口赋贫民：按人口计算给予贫民。④以石斗受钱：谓量蝗多少而赏钱。⑤舍：住。⑥安定：郡名。治襄平（在今宁夏固原东）。呼池苑：呼沱苑，疑是边塞养马处所。⑦官寺：指由政府敕设，或接受政府封赐食禄等经济上的援助，且由国家管理、监督的寺院。市：街市。里：指居民之里。⑧县次给食：所徙贫民每到一县皆供应饮食。

【译文】

元始二年（公元2年）春，黄支国贡献犀牛。

下诏说：皇帝原名箕子，与用器名相同，今改名为衎，以合于古制。派太师孔光奉太牢祭献高祖祠庙。

郡国发生大旱灾、蝗灾，青州最为严重，百姓到处逃荒。安汉公、四辅、三公、卿大夫、吏民等为帮助百姓解决困难而捐献房屋与土地的有二百三十人，按照人口分配给贫民。派遣使者负责灭蝗，百姓将捕杀的蝗虫送交官府，称量后按数领钱。天下的百姓家资不满二万的，以及受灾的郡县资产不满十万的，都免交租税。灾民中的病人，安置在捐献的邸舍房屋中，提供药品和治疗。赐给一家死六人以上的葬钱五千，死四人以上的三千，死二人以上的二千。撤销安定的呼池苑，改为安民县，起建官寺、街市、居里，招募贫民迁居于此，由官府发给口粮。到迁移处以后，由官府分配给土地、房屋与用具，并借给犁、牛、种子、口粮。又起五个居民里于长安城中，修建住宅二百区，以供贫民居住。

【原文】

四年春正月，郊祀高祖以配天，宗祀孝文以配上帝。

二月丁未，立皇后王氏[①]，大赦天下。

五年春正月，祫祭明堂[②]。诸侯王二十八人、列侯百二十人、宗室子九百余人征[③]助祭。礼毕，皆益户，赐爵及金帛，增秩补吏，各有差。

【注释】

①王氏：王莽之女。②祫（xiá）祭：集合远近祖先的神主于太祖庙大会祭。明堂："明正教之堂"，是"天子之庙"。③征：征召。此处为参加之意。

【译文】

元始四年（公元4年）春正月，郊祭高祖以配享于天，宗祀文帝以配享于上帝。

二月初七日，立皇后王氏，大赦天下。

元始五年（公元5年）春正月，祫祭明堂，各侯王二十八人、列侯一百二十人、宗室子弟九百余人参加助祭。礼毕，都增加封地户口，赏赐爵级及金帛，增加俸禄与补缺，各有差等。

【原文】

羲和刘歆等四人使治明堂、辟雍[①]，令汉与文王灵台、周公作洛同符[②]。太仆王恽等八人使行风俗，宣明德化，万国齐同。皆封为列侯。

征天下通知逸经、古记、天文、历算、钟律、小学、《史篇》、方术、《本草》[③]及以《五经》、《论语》、《孝经》、《尔雅》教授者，在所为驾一封轺传[④]，遣诣京师。至者数千人。

冬十二月丙午，帝崩于未央宫。大赦天下。有司议曰："礼，臣不殇[⑤]君。皇帝年十有四岁，宜以礼敛，加元服。"奏可。葬康陵[⑥]。诏曰："皇帝仁惠，无不顾哀[⑦]，每疾一发，气辄上逆，害于言语，故不及有遗诏。其出媵妾[⑧]，皆归家得嫁，如孝文时故事。"

【注释】

①辟雍：皇家所设校学，同时也是尊儒学、行典礼的场所。②同

符：相符。③逸经：指散逸的儒家经书。古记：历史记录。钟律：音律。小学：解说文字形、音、义的学问。《史篇》：《史籀篇》，相传为周代教学童识字的字书。方术：医方，指方技而言。《本草》：《神农本草》，古代中药类的书籍。④在所：所在地。为驾一封轺传：以一马驾轺车而乘传。⑤殇：未成年而死，指短命。⑥康陵：汉哀帝陵。在汉长安城北，或说在咸阳西。⑦顾哀：顾念怜爱。⑧媵（yìng）妾：皇后成婚时的陪嫁者。

【译文】

羲和官刘歆等四人负责主管明堂、辟雍，以使汉室与周文王作灵台、周公作洛邑相符合。太仆王恽等八人到各地循行了解风俗，宣传朝廷德政，使天下万国整齐相同。这些人都被封为列侯。

下诏征召天下能精通逸经、古纪、天文、历算、钟律、小学、《史篇》、方术、《本草》以及教授《五经》、《论语》、《孝经》、《尔雅》的，从所在地乘传车，派到京师。到京师者达数千人。

元始五年（公元6年）冬十二月十六日，平帝驾崩于未央宫。大赦天下，有司奏道："按礼制臣无短寿之君。皇帝今年十四岁了，应按礼制入殓，行加冠礼。"太皇太后同意。葬于康陵。

太皇太后下诏说："皇帝仁惠，顾念哀怜百姓。每次发病，气往上涌，不能言语，故来不及留下遗诏。现遣返皇宫陪嫁婢妾，回家后可以另嫁，和文帝时一样。"

【原文】

赞曰：孝平之世，政自莽出，褒善显功，以自尊盛。观其文辞，方外百蛮，亡思不服①；休徵嘉应②，颂声并作。至乎变异见于上，民怨于下，莽亦不能文③也。

【注释】

①亡思不服：心受感动无不归服。②休徵嘉应：指吉祥的征兆。③文：文饰。

【译文】

班固评论道：平帝之世，政皆从王莽所出。多褒善显功，以显示其尊盛。观其文辞，连方外蛮夷，都心受感动无不归服。各种美征嘉兆频现，颂扬之声并作。但事实上天现变异，下起民怨，这是王莽怎样也文饰不了的。

【简析】

本篇叙述汉平帝刘衎在位五年间的史事。汉哀帝于公元前1年8月15日病死后，王莽为便于弄权，不肯立年岁较长的君主，于9月17日迎立年仅9岁的刘衎为帝。公元6年，刘衎病逝，终年14岁。汉平帝的一生，是短暂的一生，也是可悲的一生，生时为王莽掌中的傀儡，死时则是含毒的冤鬼。王莽执政，独揽大权，"桂冠"一顶顶增加，"祥瑞"一件件出现，"新政"一项项出台，颂声彼起此兴，一切都是为了实现自己的帝王之梦铺路。本篇记述较为简略，欲知其详，需参照阅读《王莽传》。

表

《汉书》中的“表”共八篇，多依《史记》旧表而新增汉武帝以后之沿革。前六篇的记载包括汉初同姓诸侯之《诸侯王表》、异姓诸王之《异姓诸侯王表》、高祖至成帝之《功臣年表》等，借记录统治阶层来达到尊汉的目的。后两篇为《汉书》所增，包括《百官公卿表》和《古今人表》。其中《古今人表》一节，班固把历史著名人物以儒家思想为标准分为四类九等表列出来，《百官公卿表》则详细介绍了秦汉之官制。

表与纪、传血脉相连。各表之序表明旨要，很值得注意。制表要求胸有全局，独运匠心，明确义例，眉目清晰。正史之作，以制表为难，故二十四史中，无表者竟达十五史。

限于篇幅，本书节选两篇表序。

异姓诸侯王表
——异姓封国，廿六王置废兴亡

【原文】

昔《诗》《书》述虞夏之际，舜禹受禅，积德累功，洽于百姓，摄位行政，考[①]之于天，经数十年，然后在位。殷周之王，乃繇卨稷[②]，修仁行义，历十余世，至于汤武，然后放杀[③]。秦起襄公，章文、缪[④]，献、孝、昭、严[⑤]，稍蚕食六国，百有余载。至始皇，乃并天下。以德若彼，用力如此其艰难也。

【注释】

①考：检查，查核。②繇：通“由”。卨（xiè）：通“契”。商代的始祖。稷：后稷，周代的始祖。③放杀：放逐杀戮。④章：同“彰”，彰明。文：秦文公。缪：同“穆”，秦穆公。⑤孝：秦孝公，用商鞅以变法。昭：昭襄王。严：庄襄王。因避汉明帝讳，改“庄”为“严”。

【译文】

古代的《诗经》《尚书》中记载说，虞夏之际，舜和禹接受禅让，积德累功，与百姓关系融洽，始摄位行政，接受上天的考核，经数十年，然后在位。殷周之王，是由契和后稷，修仁行义，历十余世，至于汤武，然后遭放逐杀戮。秦起襄公，历经文公、穆公、献公、孝公、昭襄王、庄襄王励精图治，开始蚕食六国，共有一百多年。至始皇，

才统一天下。即使像他们这样以德治国，可见也是历经了很多周折才奠定了今天这样的局面。

【原文】

秦既称帝，患周之败，以为起于处士横议①，诸侯力争，四夷交侵，以弱见夺。于是削去五等②，堕城销刃③，箝语④烧书，内锄雄俊，外攘胡粤⑤，用壹威权，为万世安。然十余年间，猛敌横发乎不虞，适戍强于五伯⑥，闾阎逼于戎狄⑦，响应瘤于谤议，奋臂威于甲兵。乡秦之禁，适所以资豪桀而速自毙也。是以汉亡尺土之阶，繇一剑之任，五载而成帝业。书传⑧所记，未尝有焉。何则？古世相革，皆承圣王之烈，今汉独收孤秦之弊。镌金石者难为功，摧枯朽者易为力，其势然也。故据汉受命，谱十八王，月而列之；天下一统，乃以年数。讫于孝文，异姓尽矣。

【注释】

①处士：不在朝做官之士。横议：肆意议论。②五等：指公、侯、伯、子、男五等爵。③销刃：销毁兵器。④箝（qián）语：谓禁民私议。⑤粤：通“越”。⑥适：通“谪”。伯：通“霸”。⑦闾阎逼于戎狄：乡民对秦的威胁比戎狄还严重。⑧书传：著作，典籍。

【译文】

秦始皇称帝之后，考虑到周朝之所以败亡，认为是由于那些不在朝做官的人妄加议论，诸侯势力太大，四夷交相入侵，权力逐渐被削弱而灭亡。于是削去五等爵位，摧毁城池，销毁兵器，禁民私议，烧毁禁书，对内铲除豪杰之士，对外抗击胡粤入侵，统一威权，以为这样就可以万世安固了。然而仅仅十余年间，凶猛的敌人突然发难，罪徒之伍比春秋五霸还要强大，普通乡民比外来戎狄的威胁还要严重，天下响应比诽谤私议还要惨烈，赤手空拳比甲兵士卒还要威武。从前秦朝的禁令，正是由于有利于豪杰之士从而加速了自身灭亡的步伐。因此大汉虽无尺土之阶，仅凭一剑之力，五年就成就了帝业。这是古代的典籍记载中从来没有过的事情。为什么呢？古代的权力更替，大都继承了圣王的功业，现在大汉却是独收孤秦之弊。镌刻金石者难以成功，摧枯拉朽者易为着力，形势使然。因此自汉立国时，共封了十八位异姓王，按月份排列；天下一统之后后封的，就按年代计算。到孝文时为止，异姓王就没有再封了。

【简析】

本篇是结合《史记》中的《秦楚之际月表》与《汉兴以来诸侯王年表》的内容，稍加修改而成。它以时间为经，以王国为纬，分别记述了汉元年（公元前206年）一月至文帝后元七年（公元前157年）项羽所封十八王和刘邦所封异姓八王的置废兴亡。其中可以汉五年（公元前202年）刘邦称帝为分界线，分前、后两部分。前部分按月记事，由其按月、分栏、记事内容，因为是项羽分封的，这里只是突出了汉的地位。后部分按年

记事，自汉元年至文帝后元七年长沙国除为止，续记异姓诸侯王的置废兴亡。

本篇表序简要地说明了立表宗旨及本表主要内容，是全篇的眼目，但它未对异姓诸侯王的兴废原因及历史作用予以说明，稍有欠缺。

诸侯王表
——强弱之变，百年封侯明鉴戒

【原文】

昔周监于二代[①]，三圣[②]制法，立爵五等，封国八百，同姓五十有余。周公、康叔建于鲁、卫，各数百里；太公于齐，亦五侯九伯[③]之地。《诗》载其制曰：“介人惟藩，大师惟垣。大邦惟屏，大宗惟翰。怀德惟宁，宗子惟城。毋俾城坏，毋独斯畏[④]。”所以亲亲贤贤，褒表功德，关诸盛衰，深根固本，为不可拔者也。故盛则周、邵相其治[⑤]。致刑错；衰则五伯扶其弱，与共守。自幽、平之后，日以陵夷，至乎厄岖[⑥]河洛之间，分为二周，有逃责之台[⑦]，被窃铁[⑧]之言。然天下谓之共主，强大弗之敢倾[⑨]。历载八百余年，数极德尽，既于王赧[⑩]，降为庶人，用天年终。号位已绝于天下，尚犹枝叶相持，莫得居其虚位，海内无主，三十余年[⑪]。

【注释】

①监：通“鉴”。二代：谓夏、商。②三圣：周文王、周武王、周公。③五侯：五等诸侯。九伯：九州之伯。④介人：武士，甲士，指

军队。藩：篱笆。大师：大众，指人民。垣：墙也。大邦：大国诸侯。屏：屏障。大宗：王室同宗。翰：同“干”，栋梁之意。怀德：有德。宗子：长子，此处谓太子。毋俾：勿使。毋独斯畏：不要独怕太子。斯，指太子。⑤周、邵：周公、召公。邵，同“召”。⑥厄：狭窄。岖：倾侧不平。⑦逃责之台：逃债台（“责”通“债”）。周赧王负债，无能偿还，被债主迫急，乃逃于此台，后人因以名之。⑧铁（fū）：铡刀，刑戮之具。窃铁：意谓有铁而不能用，比喻失去统治能力。⑨弗之敢倾：诸侯虽然强大而不敢倾覆周室。⑩既于王赧：到了周赧王时。⑪三十余年：指周初亡至秦统一六国这段时间（公元前256—前221年）。

【译文】

过去周朝吸取夏、商两代的教训，文王、武王及周公制定法规，立公、侯、伯、子、男五等爵位，分封八百诸侯国，其中与天子同姓的有五十多个。周公、康叔建藩于鲁国、卫国，方圆各有数百里；姜太公在齐国建藩，也是五等诸侯、九州之长的地方。《诗经》里记载那时的制度说：“把军队作为藩篱，把太师作为垣墙。把大国诸侯作为屏蔽，把王室同姓作为柱干。能够合乎德政天下就安宁，分封宗室之子城堡就坚固。城堡不可以毁坏，宗室不可以孤立。”所以亲人和贤人一并受封，褒扬表彰有功有德之人，这是关系到国家盛衰、天下稳定的根本，是不能更改的。因而周朝强盛时有周公、召公参与治国，达到无人犯法、刑法搁置不用的境界；衰落时有五霸扶助，一同保守天下。自从幽王、平王之后，国家一天天衰微，甚至于夹在狭窄不平的黄河和洛水之间，分裂成东周与西周两个国家，留下了逃债台、被窃铁的传言。然而天下仍称之为共同的主人，强大的诸侯也不敢灭亡它。历经八百余年，气数与功德总算失尽，到了赧王时，天子被降为庶人，随后自然亡故。虽然称号和王位在天下之内失去，仍像有枝叶维持似的，无人敢占据空虚的王位，海内没有天子，长达三十多年。

【原文】

秦据势胜之地，骋狙诈[①]之兵，蚕食山东，一切[②]取胜。因矜其所习，自任私知，姗[③]笑三代，荡灭古法，窃自号为皇帝，而子弟为匹夫，内亡骨肉本根之辅，外亡尺土藩翼之卫。陈、吴奋其白挺[④]，刘、项[⑤]随而毙之。故曰，周过其历[⑥]，秦不及期[⑦]，国势然也。

【注释】

①狙诈：诈伪。②一切：一鼓作气。③姗：通“讪”，诽谤。④陈、吴：陈胜、吴广。挺：疑作“梃”，大棒。⑤刘、项：刘邦、项羽。⑥过其历：超过其存在的年限。⑦不及期：谓不及百年。百年曰“期”。

【译文】

秦朝凭借优越的地势，驱驰着诡诈的军队，吞并山东六国，一鼓作气取得了胜利。因而秦始皇夸赞自己熟知天下，自以为一人通晓立国之业，毁谤嘲笑三代，清除消灭古代之法，偷偷地把皇帝的称号给了自己，可子弟却是平民，在内没有同本同根的骨肉相辅佐，在外没有有土有地的藩邦相拱卫。陈胜、吴广以木棍奋起，刘邦、项羽随即灭亡了秦朝。因此说，周朝享国太久，秦朝没有达到百年，都是国势造成这样的呀。

【原文】

汉兴之初，海内新定，同姓寡少，惩戒[1]亡秦孤立之败，于是剖裂疆土，立二等之爵。功臣侯者百有余邑，尊王子弟，大启九国。自雁门以东，尽辽阳，为燕、代。常山以南，太行左[2]转，度河、济，渐于海[3]，为齐、赵。谷、泗以往，奄[4]有龟、蒙，为梁、楚。东带江、湖，薄会稽[5]，为荆吴[6]。北界淮濒，略庐、衡，为淮南。波[7]汉之阳，亘九嶷，为长沙。诸侯比境，周匝三垂[8]，外接胡越。天子自有三河、东郡、颍川、南阳，自江陵以西至巴蜀，北自云中至陇西，与京师内史凡十五郡，公主、列侯颇邑其中。而藩国大者夸[9]州兼郡，连城数十，宫室百官同制京师，可谓挢枉[10]过其正矣。虽然，高祖创业，日不暇给，孝惠享国又浅，高后女主摄位，而海内晏如，亡狂狡之忧；卒折诸吕之难，成太宗之业者，亦赖之于诸侯也。

【注释】

①惩戒：以前失为戒。②左：指东。③渐：浸入。海：指渤海。④奄：覆盖。⑤薄：迫近。会稽：山名。在今浙江绍兴东南。⑥荆吴：高帝六年（公元前201年）为荆国，十年（公元前197年）更名吴，实为一国。⑦波：通“陂”，陂泽。⑧垂：通“陲”。三陲：这里指汉之北、东、南三边。⑨夸：通“跨”。⑩挢枉：矫枉，矫正弯曲。比喻纠正偏邪。过正：超过了限度，弯向另一方。矫枉过正：比喻纠正谬误超过了应有的限度。

【译文】

汉朝兴起初年，天下刚刚平定，同姓宗室稀少，高祖吸取灭亡的秦朝因孤立无援而败亡的教训，于是开始割裂疆土，设立王、侯二等爵。功臣封侯者有一百余座城邑，王室子弟更为尊贵，拥有比九国还大的领地。自雁门往东，到辽水北岸，是燕国和代国。常山往南，太

行山往东，过河水与济水，一直到东海，是齐国和赵国。谷水、泗水一带，包括龟山和蒙山，是梁、楚二国。东含长江、太湖，靠近会稽，是吴国。北临淮河，包括庐山与衡山，是淮南国。汉水往南，到九嶷山，是长沙国。各诸侯国一个连一个，环绕在北、东、南三面，外接胡地和南越。天子自己则有河东、河南、河内、东郡、颍川、南阳，从江陵往西到巴蜀，北边从云中到陇西，包括京师共十五郡，其中又有公主、列侯的封邑。大的藩国跨几州兼有几郡，连接数十城，宫室、百官制度同京师一样，可以说是矫枉过正了。即使这样，高祖创立基业，一天也没有闲暇，惠帝在位又短，高后以女人摄政，海内却安然无恙，没有狂妄狡诈之徒可忧；后来摧毁吕氏的祸难，成就文帝的帝业，也是依赖于诸侯之力。

【原文】

然诸侯原本以大，末流滥以致溢，小者淫荒越法，大者睽孤[①]横逆，以害身丧国。故文帝采贾生[②]之议分齐、赵，景帝用晁错之计削吴、楚。武帝施主父之册，下推恩之令，使诸侯王得分户邑以封子弟，不行黜陟，而藩国自析。自此以来，齐分为七，赵分为六，梁分为五，淮南分为三。皇子始立者，大国不过十余城。长沙、燕、代虽有旧名，皆亡南北边[③]矣。景遭七国之难，抑损诸侯，减黜其官。武有衡山、淮南之谋，作左官之律[④]，设附益之法[⑤]，诸侯惟得衣食税租，不与[⑥]政事。

【注释】

①睽孤：乖戾。②贾生：贾谊。③亡南北边：此意谓汉于长沙之南，燕、代之北，皆置郡。④左官之律：规定仕于诸侯者，低于朝廷官员。左官：汉代以右为尊，故称仕于诸侯者为左官。⑤附益之法：规定凡阿媚诸侯者，以重法治之。附益：附会，夸大其词，谓阿

媚诸侯。⑥与：干预。

【译文】

然而诸侯本来就国大势大，低等的也因滥封导致数量太多。小一些的荒淫违法，大一点的横行无道，以致害了自己和国家。因此，文帝采用贾谊的建议分割齐国和赵国，景帝采用晁错的计谋削弱吴、楚等国。武帝实施主父偃的策略，下达推恩令，使诸侯王得以分一部分户数和城邑封给子弟，不用废黜迁徙，藩国自己就分崩离析了。自此以后，齐国分成七个小国，赵国分成六个，梁国分成五个，淮南国分成三个。皇子开始封为王时，大一点的不超过十座城池。长沙、燕、代等国虽还有旧名，但都没有以前南北的边界了。景帝遭受七国灾难，就抑制削弱诸侯，罢黜减少各国官吏。武帝时有衡山、淮南二王的谋反，就设立降低诸侯官吏地位的法律，严惩阿媚诸侯的违法之徒，各诸侯只能得到衣食税租，不能参与政事。

【原文】

至于哀、平之际，皆继体苗裔[①]，亲属疏远，生于帏墙之中，不为士民所尊，势与富室亡异。而本朝短世，国统三绝[②]，是故王莽知汉中外殚微[③]，本末俱弱，亡所忌惮，生其奸心；因母后[④]之权，假伊周之称，颛[⑤]作威福庙堂之上，不降阶序[⑥]而运天下。诈谋既成，遂据南面之尊，分遣五威之吏[⑦]，驰传天下，班行符命[⑧]。汉诸侯王厥角稽首[⑨]，奉上玺韨，惟恐在后，或乃称美颂德，以求容媚，岂不哀哉！是以究其终始强弱之变，明监[⑩]戒焉。

【注释】

①继体苗裔：始封的诸侯之后裔。苗裔：后代，子孙。②国统三绝：意思是成帝、哀帝、平帝皆早崩，又无继嗣。③殚微：衰竭孱弱。④母后：指元后王政君。⑤颛：通“专”。⑥阶序：台阶与中堂两侧的厢屋。⑦五威之吏：王莽即帝位后，置五威将。每一将各置左、右、前、后、中五帅，将持节，称太一之使；帅持幢，称五帝之使，统称五威将帅。五威，谓威镇五方。⑧班行：宣传；散布。班：通“颁”。符命：指上天预示帝王受命的符兆。⑨厥：顿。角：额角。稽首：跪拜时头至于地。⑩监：“鉴”。鉴戒：亦作“鉴诫”，引为教训，使人警惕。

【译文】

到了哀帝、平帝的时候，诸侯都是继承先世的后裔，同天子血缘关系已经疏远。他们生在宫室之中，不被士人百姓尊崇，势力已与富家无异了。而天子又都早逝，连续三朝没有子嗣，所以王莽知道汉朝里外都岌岌可危，本末俱弱，就无所顾忌，生出奸心；凭着姑母太后的权威，假称伊尹、周公欺骗人心，在朝堂上作威作福，不出朝堂就使天下运转。奸诈的计谋一成功，就篡夺了皇帝的尊位，分别遣送五威将帅迅速传告天下，颁布上天预示帝王受命的符兆。汉朝诸侯王跪

拜在地，奉上玉玺绶带，唯恐落在后面，有的还歌功颂德、献媚讨好，真是可悲啊！所以我探究诸侯从头至尾由强到弱的变化，引以为戒。

【简析】

本篇表列西汉二百年间刘姓诸侯王的置废兴衰。本表以诸侯王为经，以诸侯王的世系为纬，立了号谥、属、始封、子、孙、曾孙、玄孙、六世、七世等栏，以记刘姓诸侯王的世系及其存亡继绝，详略得当。

本篇表序总结了汉代分封诸侯的历史经验以及西汉灭亡的原因。作者之所以“究其终始强弱之变”，是为了“明监戒”，就是为了后人借鉴与警戒。但作者认为导致西汉覆亡的原因是削藩过甚，不免有些牵强。西汉衰亡是由经济、政治以及阶级关系上的种种矛盾所造成的，并不像作者说的那么简单。

志

《汉书》中的“志”共分十篇，专记典章制度的兴废沿革。

《汉书》“十志”，是在《史记》“八书”的基础上加以发展而成的：并《史记》的“礼书”“乐书”为“礼乐志”，“律书”“历书”为“律历志”；改“天官书”为“天文志”，“封禅书”为“郊祀志”，“河渠书”为“沟洫志”，“平准书”为“食货志”。又新增刑法、五行、艺文、地理四志。

书志，在正史中是各种典章制度、礼乐文化等专史，学术价值突出，与纪、表、列传等的特点不同。《汉书》“十志”的特点是“详赡”，各志内容多贯通古今，而不专叙假述西汉一代事迹，内容十分丰富，学术价值极高，在二十四史书志中名列前茅，为许多后来者所不可企及。

限于篇幅，本书节选其二。

礼乐志
——久旷大仪，礼乐未立皇权倾

【原文】

《六经》之道同归，而《礼》《乐》之用为急。治身者斯须[①]忘礼，则暴嫚入之矣；为国者一朝失礼，则荒乱及之矣。人函天地阴阳之气，有喜怒哀乐之情。天禀[②]其性而不能节也，圣人能为之节而不能绝也，故象天地而制礼乐，所以通神明，立人伦[③]，正情性，节万事者也。

人性有男女之情，妒忌之别[④]，为制婚姻之礼；有交接长幼之序，为制乡饮[⑤]之礼；有哀死思远之情，为制丧祭之礼；有尊尊敬上之心，为制朝觐之礼。哀有哭踊[⑥]之节，乐有歌舞之容，正人足以副其诚，邪人足以防其失。故婚姻之礼废，则夫妇之道苦[⑦]，而淫辟之罪多；乡饮之礼废，则长幼之序乱，而争斗之狱蕃；丧祭之礼废，则骨肉之恩薄，而背死忘先者众；朝聘[⑧]之礼废，则君臣之位失，而侵陵之渐起。故孔子曰：“安上治民，莫善于礼；移风易俗，莫善于乐。”礼节[⑨]民心，乐和民声，政以行之，刑以防之。礼、乐、政、刑四达而不悖，则王道备矣。

【注释】

①斯须：须臾，稍微。②禀：承受，领受。③人伦：谓社会等级关系。④情、别：疑“情”与“别”误倒。⑤乡饮：指乡饮酒礼，古时乡大夫向君王荐举贤能之士，并为之设宴送行，其间的饮酒酬酢都

有一定仪式。⑥踊：跳。指非常悲伤。⑦苦（gǔ）：通“盬”，不牢固。⑧朝聘：古代诸侯亲自或派使臣按期朝见天子的礼仪。⑨节：节制。

【译文】

《六经》所说的道理都是达到同一目标，而采用《礼》和《乐》则尤为迫切。进行自我修养的人一旦忘记了礼，就会染上凶恶轻慢的毛病；治理国家的人一旦失去了礼，那么荒废紊乱就会到来。人包含有天地阴阳之气，有喜怒哀乐的感情。上天秉持它的特性却不能有所节制，圣人能够加以节制地利用从而不会断绝，所以就依照天地的规律制作了礼乐，用来通达神灵，建立人伦秩序，端正人的性情，调节万事万物。

人的本性有男女的差别，有妒嫉他人的感情，因此制定了嫁娶的礼仪；人的本性有长辈和晚辈交往的次序，所以制定了乡饮酒礼；人的本性有哀悼死者思念远祖的感情，因此制定了祭祀死者的礼仪；有尊重尊长敬重主上的心意，因此制定了朝见君王的礼仪。悲痛有哭悼哀丧的礼节，高兴有歌唱和舞蹈的仪容，正直的人足以称诚心诚意，邪恶的人足以用来防止过失。因此，如果将嫁娶的礼仪废除了，那么夫妻关系就不牢固了，而男女间放荡淫乱的罪过就多了；如果乡饮酒礼被废除了，那么长辈和晚辈的次序就混乱了，而互相争斗的官司也就多了；如果丧祭的礼仪被废除了，那么骨肉间的恩情也就淡薄了，而背弃死者忘掉祖先的人就会越来越多；如果朝见皇帝的礼仪被废除了，那么君和臣的位置就会出现紊乱，而侵犯欺凌的现象就会逐渐发生。所以孔子说："安定国家治理百姓，没有比礼更好的方式；改变风气转换习俗，没有比乐更好的方法。"礼能节制百姓的思想，乐能调和百姓的声音，用政令来实行它，用刑法来防患它。礼、乐、政令、刑法四样都通行无阻，那么王道就具备了。

【原文】

王者必因前王之礼，顺时施宜，有所损益，即①民之心，稍稍制作，至太平而大备。周监于二代，礼文尤具，事为之制，曲为之防②，故称礼经③三百，威仪④三千。于是教化浃洽⑤，民用和睦，灾害不生，祸乱不作，囹圄⑥空虚，四十余年。孔子美之曰："郁郁乎文哉！吾从周。"及其衰也，诸侯逾越法度，恶礼制之害己，去其篇籍⑦。遭秦灭学，遂以乱亡。

汉兴，拨乱反正，日不暇给，犹命叔孙通制礼仪，以正君臣之位。高祖说而叹曰："吾乃今日知为天子之贵也！"以通为奉常⑧，遂定仪法，未尽备而通终。

【注释】

①即：就，因。②事、曲：王念孙曰："大事曰事，小事曰曲。"③礼经：指礼仪。④威仪：礼仪细节。⑤浃（jiā）洽：普遍沾润。⑥囹圄（líng yǔ）：牢狱。⑦篇籍：书卷文籍。⑧奉常：官名。秦代九卿之一，后来称太常。

【译文】

帝王一定要根据前代帝王的礼仪，顺应时代的要求加以施行，进行增删，按照百姓的想法，逐渐制作，至天下太平时就完备了。周朝借鉴夏、殷二代，礼制尤为齐全，大事都设立制度，小事就加以防范，所以称作礼节的仪式有三百条，礼仪的细节有三千条。于是教化遍及天下，民用和睦，灾害不生，没有祸乱，监狱空虚，这样的状况保持了四十多年。孔子赞美说："礼仪太完备了！我要学习周朝。"等到周朝衰落的时候，诸侯超越法律限度，憎恶礼制损害了自己的利益，就删去其中相关的书卷文籍。又逢秦朝毁灭各家学说，礼乐从此散乱流失。

汉朝建立后，开始治理乱世，使之恢复正常安定，虽然没有一天空闲，但高祖仍命叔孙通制定礼仪，用来端正君臣的地位。高祖高兴地赞叹道："我今天才知道做天子的尊贵！"任命叔孙通为奉常，就此制定礼仪法度，但还没有完全齐备叔孙通就去世了。

【原文】

至文帝时，贾谊以为"汉承秦之败俗，废礼义，捐廉耻，今其甚者杀父兄，盗者取庙器，而大臣特以簿书不报期会①为故，至于风俗流溢②，恬③而不怪，以为是适④然耳。夫移风易俗，使天下回心而乡道，类非俗吏之所能为也。夫立君臣，等上下，使纲纪有序，六亲和睦，此非天之所为，人之所设也。人之所设，不为不立，不修则坏。汉兴至今二十余年，宜定制度，兴礼乐，然后诸侯轨道⑤，百姓素朴，狱讼衰息"。乃草⑥具其仪，天子说焉。而大臣绛、灌⑦之属害之，故其议遂寝⑧。

【注释】

①簿书：文件材料。期会：约定期限，也泛指政令的施行。②流

溢：淫泆。③恬：安静。④适然：适当。谓事所当然。⑤轨道：谓循行正道。⑥草：简略。⑦绛、灌：绛侯周勃、灌婴。⑧寝：止。

【译文】

到文帝时，贾谊认为“汉朝承袭了秦朝的坏习俗，不讲礼义，不顾廉耻，现在更有甚者去杀害父亲兄长，盗窃的人偷走宗庙的器物，而大臣也以文案簿书不报告政令的实行为理由，以致于邪风横行，大家心安理得而不觉得奇怪，以为本来就是这样。可见，改变风气转换习俗，使天下人都回心转意走向正道，大概不是庸俗的官吏所能办得到的。设立君主和臣子，使上下有别，使国家制度有次序，使六亲和睦，这不是上天安排的，而是靠人们自我设立的。既然是人们自我设立的，那么不去做就不能树立，不修明就会败坏。汉朝建立到现在有二十多年了，理应制定制度，提倡礼乐，然后诸侯才能走上正轨，百姓就能简朴无华，官司逐渐消失”。于是贾谊创立了礼仪，文帝感到很高兴。但大臣周勃、灌婴之辈忌妒他，所以他的建议最终没有被采用。

【原文】

至武帝即位，进用英隽[1]，议立明堂，制礼服，以兴太平。会窦太后好黄老言[2]，不说儒术，其事又废。是时，上方征讨四夷，锐志武功，不暇留意礼文之事。

【注释】

①隽：通“俊”。②黄老言：道家学说。

【译文】

到汉武帝即位，他提拔任用才智杰出的人物，商讨建立宣明政教的明堂，制定礼仪和衣服的颜色，以此来振兴太平。哪知正巧窦太后喜好黄帝和老子的道家学说，不喜欢儒学，这件事又不了了之。这时候，皇上正在征讨四夷，致力于武力功业，没有时间留心礼节仪式之类的事情。

【原文】

至宣帝时，琅邪王吉为谏大夫，又上疏言：“欲治之主不世出[1]，公卿幸得遭遇其时，未有建万世之长策，举明主于三代之隆者也。其务在于簿书断狱听讼而已，此非太平之基也。今俗吏所以牧民者，非有礼义科指[2]可世世通行者也，以意穿凿[3]，各取一切[4]。是以诈伪萌生，刑罚无极，质朴日消，恩爱浸[5]薄。孔子曰‘安上治民，莫善于礼’，非空言也。愿与大臣延及儒生，述旧礼，明王制，驱[6]一世之民，济之仁寿之域[7]，则俗何以不若成康？寿何以不若高宗[8]？”上不纳其言，吉以病去。

【注释】

①不世出：意谓世上不常有。②科指：条例与宗旨。③穿凿：牵强附会。④一切：权宜。⑤浸：逐渐。⑥驱：放牧之意。⑦域：境地，境界。⑧高宗：殷王武丁。武丁在外长达五十九年，故曰寿。

【译文】

到了宣帝的时候，琅邪人王吉任谏大夫，他又给皇帝上书道："想治理好天下的君主并不是世代都有的，公卿百官有幸生逢其时，却没有建立万代基业的长远谋划，帮助圣明君主达到三代那样兴盛的人。他们的任务只是靠官署文书来判决官司听取诉讼而已，这不是天下太平的根本所在。现在庸俗的官吏所用来统治百姓的，没有可以世代通行的礼义条文，就用自己的想法去附会，各自只图一时的安定。因此狡诈虚伪萌生，刑罚无度，导致朴实之气日益消失，恩爱之情逐渐淡薄。孔子说'安定国家，治理百姓，没有比礼更好的方式了'，这不是空话。愿同大臣一起选拔儒生，继承旧时礼仪，彰明王者的制度，督促一代的百姓，达到仁爱长寿的境地，这样的礼俗又怎么会不如周成王、周康王时期呢？长寿又怎么不及殷高宗呢？"皇上没有采纳他的建议，王吉只好称病辞官。

【原文】

至成帝时，犍为郡于水滨得古磬十六枚，议者以为善祥。刘向因是说上[①]："宜兴辟雍，设庠序，陈礼乐，隆雅颂之声，盛揖攘之容，以风化天下。"成帝以向言下公卿议，会向病卒，丞相大司空奏请立辟雍。案行[②]长安城南，营表[③]未作，遭成帝崩，群臣引以定谥[④]。

【注释】

①因是：就这件事。说：劝说。②案行：巡视。③营表：建筑时度量地基的标志。④谥：谥号。

【译文】

到成帝的时候，犍为郡在河边挖到十六枚古磬，大家都认为这很吉祥。刘向就借这件事情劝说成帝道："应当兴建辟雍，设立庠序，陈设礼乐，使雅颂之声盛隆，使揖让的礼仪盛行，以此来教化天下。"成帝就把刘向的建议交给公卿讨论，正好刘向病逝，丞相大司空就请求皇上设立辟雍。刚巡视长安城的南边，确定地基的标志还没有制作好，成帝就驾崩了，群臣就引用这件事来为他确定谥号为"成"。

【原文】

及王莽为宰衡[①]，欲耀[②]众庶，遂兴辟雍，因以篡位，海内畔之。世祖[③]受命中兴，拨乱反正，改定京师于土中[④]。即位三十年，四夷宾服，百姓家给[⑤]，政教清明，乃营立明堂、辟雍。显宗[⑥]即位，躬行其礼，宗祀光武皇帝于明堂，养三老五更[⑦]于辟雍，威仪既盛美矣。然德化未流洽者，礼乐未具，群下无所诵说，而庠序尚未设之故也。孔子曰："辟如为山，未成一匮，止，吾止也。"今叔孙通所撰礼仪，与律令同录，臧于理官[⑧]。法家又复不传。汉典寝而不著，民臣莫有言者。又通没[⑨]之后，河间献王采礼乐古事，稍稍增辑，至五百余篇。今学者不能昭见，但推《士礼》以及天子，说义又颇谬异，故君臣长幼交接之道浸以不章。

【注释】

①宰衡：伊尹为阿衡，周公为太宰。汉平帝加封王莽为宰衡，言其可媲美伊尹、周公。②耀：眩惑；迷乱。③世祖：东汉光武帝。④土中：指洛阳。⑤家给：家家皆足。⑥显宗：东汉明帝。⑦三老五更：相传古代设三老五更之位，天子以父兄之礼养之。⑧理官：司法官。⑨没：通“殁”。

【译文】

等到王莽贵为宰衡，为了迷惑众人，就兴建辟雍，并因此而篡夺了帝位，国内人都开始反叛他。世祖光武帝受天命使衰落的汉朝重新兴盛，他治理乱世，使之恢复正常安定，把国都改定在洛阳。在位三十年，四夷臣服，百姓家家富足，政治教化清明，于是建立了明堂、辟雍。明帝即位后，亲自主持礼仪，在明堂祭祀光武皇帝，在辟雍奉养三老五更，礼仪细节既隆重又完美。但道德教化没有广泛传播，是因为礼乐没有具备，群臣百姓没有什么可颂扬赞说的，而且庠序还没有设立的缘故。孔子说：“比如造山，还差一匮之土，却停止不干了，我也不再去教导他了。”现在叔孙通所撰写的礼节仪式，和律令一同记录在册，被法官所收藏，但法家又没有再传下来。汉朝的典籍就再也不加著录，百姓臣子也不再提及。幸好叔孙通去世之后，河间献王选取一些礼乐旧事，慢慢增加辑录，达到五百多篇。但现在的学者却不能彰明，只是向天子推荐《士礼》，所说的道理又多有错误，因此君臣长幼相处的规则渐渐模糊而不得彰显。

【原文】

乐者，圣人之所乐也，而可以善民心。其感人深，其移风易俗易，故先王著[①]其教焉。

夫民有血气心知之性，而无哀乐喜怒之常，应感而动，然后心术形焉。是以纤微癄瘁[②]之音作，而民思忧；阐谐嫚易[③]之音作，而民康乐；粗厉猛奋[④]之音作，而民刚毅；廉直正诚之音作，而民肃敬；宽裕和顺之音作，而民慈爱；流辟邪散之音作，而民淫乱。先王耻其乱也，故制雅颂[⑤]之声，本之情性，稽之度数[⑥]，制之礼仪，合生气[⑦]之和，导五常[⑧]之行，使之阳而不散，阴而不集，刚气不怒，柔气不慑[⑨]，四畅交于中，而发作于外，皆安其位而不相夺，足以感动人之善心也，不使邪气得接焉，是先王立乐之方也。

【注释】

①著：明。②憔瘁：应为“噍杀”，形容乐声急促。③阐谐：宽舒和谐。嫚易：和缓，不急刻。④粗厉：粗犷严肃。猛奋：猛烈振奋。⑤雅颂：雅乐为朝廷的乐曲，颂乐为宗庙祭祀的乐曲，古代以二者为“正乐”。⑥度数：道理。⑦生气：阴阳之气。

⑧五常：五行，即金、木、水、火、土。或指五伦，即君臣、父子、夫妇、兄弟、朋友。⑨慑：恐惧，丧气。

【译文】

音乐，是圣人所喜欢的，它可以使百姓的思想变好。它感动人的力量深厚，使转变风气、转换习俗更加容易，因此先王就标榜它的教化作用。

人有感情、思想和智慧的本性，却没有哀、乐、喜、怒的常态，有感应就有内心活动，然后人们认识事物的方法和途径就形成了。因此，细微急促的乐声响起，人就思想忧虑；和谐舒缓的乐声响起，人就高兴；高亢激扬的乐声响起人就意志坚强；正直纯洁的乐声响起，人就肃然起敬；宽广流畅的乐声响起，人就仁慈爱人；淫邪散乱的乐声响起，人就邪恶混乱。先王为这种混乱感到耻辱，就制定了雅颂之乐，本着人的情性，考察音乐的道理，根据礼节仪式进行制作，配合阴阳之气的调和，引导五常的行动，使它外露而不离散，隐藏而不凝滞，刚气不怒，柔气不散，阴阳刚柔四者通畅汇合于一身，而散发在身外，使其都能安于自己的位置而不发生冲撞，这足以感动人的良心，不使邪气侵入，这是先王设立乐的方针。

【原文】

王者未作乐之时，因先王之乐以教化百姓，说乐其俗，然后改作，以章功德。《易》曰："先王以作乐崇德，殷荐之上帝，以配祖考[①]。"昔黄帝作《咸池》，颛顼作《六茎》，帝喾作《五英》，尧作《大章》，舜作《招》，禹作《夏》，汤作《濩》[②]，武王作《武》，周公作《勺》[③]。夫乐本情性，浃肌肤而臧骨髓，虽经乎千载，其遗风余烈尚犹不绝。至春秋时，陈公子完[④]奔齐。陈，舜之后，《招乐》存焉。故孔子适齐闻《招》，三月不知肉味，曰"不图为乐之至于斯[⑤]！"美之甚也。

【注释】

①作乐崇德：尊崇其德而创作音乐来歌颂之。殷：盛。荐：进。配：献。②濩（hù）。③勺：同“酌”，取。④公子完：即田敬仲。⑤图：想。斯：这个境界。

【译文】

帝王还没有创作音乐的时候，就用先王的音乐来教导百姓，使他们和悦安乐，在这之后再进行改动创作，用来彰明功业与德行。《易经》上说：“先王制作音乐来推崇德行，演奏盛大乐歌来祭祀上天，同时配献祖先。”以前，黄帝制作了《咸池》，颛顼制作了《六茎》，帝喾制作了《五英》，尧制作了《大章》，《舜》制作了《招》，禹制作了《夏》，汤制作了《濩》，武王制作了《武》，周公制作了《酌》。音乐是依照人的情性，穿透肌肤而深藏骨髓的，即使经过上千年，前人流传下来的功业和风尚仍然不会断绝。到春秋的时候，陈公子田完逃到齐国。陈，是舜的后代，《招乐》就保存在这里。因此，孔子到齐国后听到《招乐》，三个月不知道肉是什么味，说：“没有想到音乐能达到这样的境界！”可见孔子对它的评价很高。

【原文】

周道始缺，怨刺之诗起。王泽既竭，而诗不能作。王官失业，《雅》《颂》相错。孔子论而定之，故曰：“吾自卫反鲁，然后乐正，《雅》《颂》各得其所。”是时，周室大坏，诸侯恣行，设两观[①]，乘大路[②]。陪臣[③]管仲、季氏之属，三归《雍》彻[④]，《八佾》[⑤]舞廷。制度遂坏，陵夷[⑥]而不反，桑间、濮上，郑、卫、宋、赵之声并出，内则致疾损寿，外则乱政伤民。巧伪因而饰之，以营乱[⑦]富贵之耳目。庶人以求利，列国以相间。故秦穆遗戎而由余去[⑧]，齐人馈鲁而孔子行[⑨]。至于六国，魏文侯最为好古，而谓子夏曰：“寡人听古乐则欲寐，及闻郑、卫，余不知倦焉。”子夏辞而辨之，终不见纳，自此礼乐丧矣。

【注释】

①两观：宫门前两边的望楼。按当时礼制，诸侯只能设一观。②大路：天子所乘的车。③陪臣：诸侯之大夫，对天子自称陪臣。④三归：台观名。相传是管仲为自己修筑的。《雍》：乐名。古时贵族膳时所奏。彻：通“撤”。⑤八佾：古代天子专用的乐舞。一行八人，八行六十四人。佾（yì）：为古代乐舞的行列。⑥陵夷：逐渐衰落。⑦营乱：惑乱。⑧秦穆遗戎而由余去：秦穆公欲兼并西戎，赠送女乐，由余谏戎王不听，遂去戎而入秦。⑨齐人馈鲁而孔子行：齐人送给鲁国女乐，季桓子受之，三日不朝，孔子离去。

【译文】

周朝开始大行无道的时候，怨恨讽刺之类的诗歌开始兴起。帝王的恩泽枯竭后，诗歌就不能再写了。帝王的官员失去官职，《雅》《颂》之诗出现混杂现象，孔子加以研究然后确定，所以他说：“我从卫国回到鲁国，然后音乐就被纠正了，《雅》和《颂》有了各自原有的用途。”

这时候，周王朝严重衰败，诸侯恣意横行，设立了两观，坐天子的车。诸侯的臣子管仲、季氏之流，还在三归台宴饮撤膳时演奏《雍》乐，在室内舞蹈《八佾》。制度于是被败坏，逐渐衰落下去而无复兴之望，桑间、濮上，郑、卫、宋、赵的靡靡之音一同出现，对内则造成疾病减少寿命，对外则扰乱政治伤害百姓。奸巧虚假之徒用它来修饰自己，以扰乱富贵之人的耳目。平民百姓用它来求取利益，各诸侯国用它来互相离间。所以秦穆公把女乐给西戎后由余就离开了，齐人赏给鲁国女乐后孔子就出走了。到了六国的时候，魏文侯最为好古，但他对子夏说："寡人听到古乐就想打瞌睡，等到听郑、卫之音的时候，我就不知道疲倦了。"子夏责备他并且与其辩论，但最终不被接受，从此以后礼乐就丧失掉了。

【原文】

汉兴，乐家有制氏①，以雅乐声律世世在大乐官，但能纪其铿锵②鼓舞，而不能言其义。高祖时，叔孙通因秦乐人制宗庙乐。大祝迎神于庙门，奏《嘉至》，犹古降神之乐也。皇帝入庙门，奏《永至》，以为行步之节，犹古《采荠》《肆夏》也。干豆③上，奏《登歌》，独上歌，不以筦④弦乱人声，欲在位者遍闻之，犹古《清庙》之歌也。《登歌》再终，下奏《休成》之乐，美神明既飨也。皇帝就酒东厢，坐定，奏《永安》之乐，美礼已成也。又有《房中祠乐》，高祖唐山夫人⑤所作也。周有《房中乐》，至秦名曰《寿人》。凡乐，乐其所生，礼不忘本。高祖乐楚声，故《房中乐》楚声也。孝惠二年，使乐府令夏侯宽备其箫管，更名曰《安世乐》。

【注释】

①制氏：善长乐事，得鲁乐之真传。②铿锵（kēng qiāng）：形容音乐钟鼓及其他金属器声音响亮。③干豆：古时将干肉置于豆中以祭

祀天地祖先。干：干肉。豆：祭器。④筦（guǎn）：同“管”，古代绕丝的竹管。⑤唐山夫人：汉高祖之姬，姓唐山。

【译文】

汉朝建立后，乐家有位制氏，因为懂得正乐和音律而世代任太乐官，但只能记下乐曲的节奏与舞蹈，却不能说出它们的含义。高祖的时候，叔孙通依靠秦朝的乐人制作宗庙音乐。太祝在庙门迎接神灵，演奏《嘉至》之乐，就像古代使神降临的音乐。皇帝进入庙门，演奏《永至》之乐，作为行走的节奏，就像古代的《采荠》《肆夏》之乐。献上祭品，演奏《登歌》之乐，只有皇上一人歌唱，不用管弦伴奏，这是希望参加的人都能听到，就像古代的《清庙》之歌。《登歌》演奏两遍后，再奏《休成》之乐，赞美神明已经享受了祭祀。皇帝到东厢去饮酒，坐好后，演奏《永安》之乐，赞美祭礼已完成。又有《房中祠乐》，是汉高祖的唐山夫人所创作的。周朝有《房中乐》，到秦时改叫《寿人》。凡音乐，喜欢它的出现，注重礼仪才能忘记根本。高祖喜欢楚国的音乐，所以《房中乐》有楚国音乐的旋律。孝惠二年（公元前 194 年），让乐府令夏侯宽加入箫管伴奏，改名为《安世乐》。

【原文】

高庙奏《武德》《文始》《五行》之舞；孝文庙奏《昭德》《文始》《四时》《五行》之舞；孝武庙奏《盛德》《文始》《四时》《五行》之舞。诸帝庙皆常奏《文始》《四时》《五行舞》云。高祖六年又作《昭容乐》《礼容乐》。《昭容》者，犹古之《昭夏》也，主出《武德舞》①。《礼容》者，主出《文始》《五行舞》。舞人②无乐者，将至至尊③之前不敢以乐也；出用乐者，言舞不失节，能以乐终也。大氐④皆因秦旧事焉。

【注释】

①主出《武德舞》：此谓《武帝舞》出，则奏《昭容乐》。②人：应为“入”之误。③至尊：君主，皇帝。④氐：通“抵”。

【译文】

高庙里演奏的是《武德》《文始》《五行》的舞蹈音乐；孝文庙里演奏的是《昭德》《文始》《四时》《五行》的舞蹈音乐；孝武庙里演奏的是《盛德》《文始》《四时》《五行》的舞蹈音乐。各帝庙都最常演奏的是《文始》《四时》《五行舞》等。高祖六年（公元前201年）时又制作了《昭容乐》《礼容乐》。《昭容乐》，就像古代的《昭夏乐》，主要是在跳《武德舞》时演奏。《礼容乐》，主要是在跳《文始》《五行舞》时演奏。舞蹈时没有音乐，是表明将到最为尊敬的人面前时不敢使用音乐；使用音乐，是为了舞蹈不失去节奏，能合着音乐结束。这大抵都是依照着秦朝的旧制而来的。

【原文】

初，高祖既定天下，过沛，与故人父老相乐，醉酒欢哀，作《风起》[①]之诗，令沛中僮儿百二十人习而歌之。

至孝惠时，以沛宫为原庙[②]，皆令歌儿习吹以相和，常以百二十人为员。文、景之间，礼官肄[③]业而已。至武帝定郊祀之礼，祠太一于甘泉，就乾位也；祭后土于汾阴，泽中方丘也。乃立乐府，采诗夜诵，有赵、代、秦、楚之讴。以李延年为协律都尉，多举司马相如等数十人造为诗赋，略论律吕[④]，以合八音之调，作十九章[⑤]之歌。以正月上辛用事[⑥]甘泉圜丘，使童男女七十人俱歌，昏祠至明。夜常有神光如流星止集于祠坛，天子自竹宫而望拜，百官侍祠者数百人皆肃然动心焉。

【注释】

①《风起》：《大风歌》。②原庙：正庙之外别立之庙。③肄：习。④律吕：泛指音律、乐律、声律。律吕也称十二律。⑤十九章：《郊祀歌》十九章。⑥辛：斋戒自新。用事：郊祭。

【译文】

起初，高祖平定天下后，路过沛县，同旧时的朋友及父老乡亲相庆祝，喝醉酒后乐极生悲，就创作了《风起》一诗，命令沛县中的儿童一百二十人练习并演唱。到孝惠帝的时候，把沛宫作为原庙，叫唱歌的孩子全都练习吹奏用来相和，经常以一百二十人作为定员。文帝、景帝的时候，礼官只是练习现成的东西罢了。到武帝时确定了在郊外祭祀祖先的礼仪，在甘泉祭祀太一，位于京师西北的乾位；在汾阴祭祀土地神，是在水洼中的方形丘地。于是就建立乐府，搜集诗歌后就在夜晚歌诵，包括赵、代、秦、楚等地的歌曲。任命李延年为协律都尉，多次举荐司马相如等几十人创作诗赋，简要地讨论律吕，用来调和各种乐器的音调，创作出了十九章歌曲。在正月皇上于甘泉圜丘斋戒祭祀时，派少男少女七十人一同歌唱，从黄昏一直唱到天亮。夜间经常有神光如流星般汇聚在祭坛上空，天子就从用竹建造的宫室中遥望并拜祭，一同陪着祭祀的几百名官员无不肃然心动。

【原文】

至成帝时，谒者常山[①]王禹世受河间乐，能说其义。其弟子宋晔等上书言之，下大夫博士平当等考试。事下公卿，以为久远难分明，当议复寝。

是时，郑声尤甚。黄门名倡[②]丙强、景武之属富显于世，贵戚五侯定陵、富平[③]外戚之家淫侈过度，至与人主争女乐。哀帝自为定陶王时疾[④]之，又性不好音，及即位，下诏曰："惟世俗奢泰文巧，而郑卫之声兴。夫奢泰则下不孙[⑤]而国贫，文巧则趋末背本者众，郑卫之声兴则淫辟之化流，而欲黎庶敦朴家给，犹浊其源而求其清流，岂不难哉！孔子不云乎？'放郑声，郑声淫。'其罢乐府官。郊祭乐及古兵法武乐，在经[⑥]非郑卫之乐者，条奏[⑦]，别属他官。"然百姓渐渍[⑧]日久，又不制雅乐有以相变，豪富吏民湛沔自若[⑨]，陵夷[⑩]坏于王莽。

【注释】

①谒者：官名。掌宾赞。常山：郡名。治元氏（在今河北元氏西北）。②倡：古代对歌舞艺人的称谓。③五侯：指王谭、王商、王立、王根、王逢时等人，同日被封为侯。定陵：指淳于长。富平：指张放。④疾：憎恨。⑤孙：通"逊"。⑥在经：合乎常道。⑦条奏：分条奏闻。⑧渐渍（jiān zì）：浸润，引申为沾染、感化。⑨湛沔：与"沈湎"同，亦作"沉湎"，沉溺之意。自若：依然如故。⑩陵夷：衰落，衰败。

【译文】

到成帝的时候，谒者常山人王禹世代传授河间的音乐，并能够陈说它的含义。他的弟子宋晔等人就给皇上上书说了这件事，皇上就下令让大夫博士平当等人对其进行考试。

这个时候，郑国的音乐更加多了起来。宦官中有名的歌舞艺人丙彊、景武之流富贵显名于天下，贵戚五侯定陵淳于长、富平张放等和外戚的家族过分放纵奢侈，甚至同皇帝争夺歌舞伎。哀帝从任定陶王时就痛恨这些事，又加上本性不喜欢音乐，等到登上帝位，就下诏说：“由于世间习俗挥霍无度而又舞文弄墨，以致郑国和卫国的音乐兴盛。挥霍无度就会造成下面的人不恭顺以致国家贫困，舞文弄墨就会使背本趋末的人增多，郑国和卫国的音乐兴盛就会使放纵与邪恶的教化流行，如此还想使黎民百姓敦厚朴实家中能够自给自足，这就像使源头浑浊而又要求水流清澈一样，难道不是很困难吗！孔子不是说吗？‘远离郑国的音乐，郑国的音乐邪恶。’因此废除乐府官。郊祭的音乐以及古代兵法中的军乐，合乎常道而又不是郑国和卫国的音乐的，逐条上奏，再分别转告给其他的官员。”然而百姓所受感染的时间很长，又没有制作出正乐来相应加以转变，豪富官民依旧沉湎其中，逐渐衰落以至于败坏在王莽之手。

【原文】

今海内更始①，民人归本②，户口岁息③，平其刑辟④，牧以贤良，至于家给，既庶⑤且富，则须庠序⑥礼乐之教化矣。今幸有前圣遗制之威仪，诚可法象⑦而补备之，经纪⑧可因缘而存著也。孔子曰：“殷因于夏礼，所损益，可知也；周因于殷礼，所损益，可知也；其或继周者，百世可知⑨也。”今大汉继周，久旷大仪⑩，未有立礼成乐，此贾谊、仲舒、王吉、刘向之徒所为发愤而增叹也。

【注释】

①更始：除旧布新。②归本：还务农业。③息：孳息，繁育。④平：公平。刑辟：刑法，刑律。⑤庶：众多。⑥庠序：古代地方学校。后泛指学校。⑦法象：效法，模仿。⑧经纪：纲常，法度。⑨损益：废除和增加。百世可知：谓以后一百代也可预先知道。⑩旷：空缺，荒

废。大仪：指礼乐制度。

【译文】

现在国家正除旧布新，人民回归农业根本，户口年年增加，放宽刑法律令，任用善良贤能的人来统治国家，已经达到家家自给自足，既多又富，如此一来就要进行学校的礼乐教育感化。现在幸好有前代圣人遗留下来的制度中的礼仪细节，完全可以效法模仿并加以补充完备，法度可以因此而得以保存著录。孔子说："殷代因循夏代礼制，加以增减，可以相互了解；周代因循殷代礼制，加以增减，可以相互了解；后来有人继承周礼的，百年之中都可以相互了解。"现在大汉继承周室以来，很长一段时间空缺大的礼仪，没有建立礼乐制度，这就是贾谊、董仲舒、王吉、刘向等人发出愤慨而产生感叹的原因。

【简析】

本篇主要论述礼、乐的性质、作用及其发展历史。作者首先大谈"礼、乐之用"，说"象天地而制礼、乐，所以通神明，立人伦，正情性，节万事"，强调礼、乐的重要意义和万能作用。其中，礼的部分，详叙自古以来礼制的变化，同时说明汉朝各代帝王因不采用贾谊、董仲舒、王吉、刘向等有关制礼的建议，导致"礼乐未具"；乐的部分，详叙自古以来乐的变化，强调汉初因叔孙通"因秦乐人制宗庙乐"，导致汉的宗庙之乐"大抵皆因秦旧事"，最终是"久旷大仪，未有立礼成乐"，这对汉代礼乐制度显然寓含讽刺与感叹之意。

刑法志
——首开高论，古刑今法评得失

【原文】

夫人宵天地之[①]，怀五常之性，聪明精粹[②]，有生[③]之最灵者也。爪牙不足以供耆欲[④]，趋走不足以避利害，无毛羽以御寒暑，必将役物以为养，任智而不恃力，此其所以为贵也。故不仁爱则不能群[⑤]，不能群则不胜物[⑥]，不胜物则养不足。群而不足，争心将作，上圣[⑦]卓然先行敬让博爱之德者，众心说而从之。从之成群，是为君[⑧]矣；归而往之，是为王[⑨]矣。《洪范》曰："天子作民父母，为天下王。"

【注释】

①宵：通"肖"，类似。②精粹：细密、淳朴。③有生：指生物。④爪牙：借指人之手脚。耆：通"嗜"。⑤群：合群，组成集体。⑥不胜物：不能战胜万物。⑦圣：道德高尚的人。⑧君：原指群体的首领，后来指统治者。⑨王：原指受群众拥护者，后来也指统治者。

【译文】

人模仿天地的形状，具有仁、义、礼、智、信五种本性，聪慧明理细致淳朴，是有生命的动物中最具有灵性的。人的手和脚不足以供给嗜好和欲望，奔走不足以躲避侵害，没有毛皮与羽毛用来防御寒冷，所以人一定要役使万物来养活自己，使用智慧而不依仗武力，这就是

人所以尊贵的原因。因此人不仁爱就不能形成群体，不能形成群体就战胜不了万物，战胜不了万物供养就不充足。形成了群体但物质仍不充足，争夺的心理就将产生，前代的圣人特意率先讲求恭敬谦让和博爱的品德，民众心中高兴就跟从他们了。跟从他们的人形成了群体，他们就成了君主；都争着去归附他们，他们就成了帝王。《尚书·洪范》上说："天子做民众的父母，就成了天下的帝王。"

【原文】

圣人取类以正名①，而谓君为父母，明仁爱德让，王道之本也。爱待②敬而不败，德须威而久立，故制礼以崇敬，作刑以明威也。圣人既躬明哲③之性，必通天地之心，制礼作教，立法设刑，动缘④民情，而则天象地。故曰先王立礼，"则天之明，因地之性"也。刑罚威狱，以类天之震曜杀戮也；温慈惠和，以效天之生殖长育也。《书》云"天秩有礼""天讨有罪"⑤。故圣人因天秩而制五礼⑥，因天讨而作五刑⑦。大刑用甲兵，其次用斧钺；中刑用刀锯，其次用钻凿；薄刑用鞭扑。大者陈诸原野⑧，小者致之市朝⑨，其所繇来者上⑩矣。

【注释】

①类：类比。正名：确定名分。②待：同"恃"，依靠。③躬：亲身，引申为"禀赋"。明哲：洞察事理。④缘：遵循。⑤天秩有礼：遵守礼制者，上天按等级进用之。天讨有罪：有罪过者，上天必然惩罚之。⑥五礼：指吉、凶、宾、军、嘉等五种礼制。⑦五刑：这里指甲兵、斧钺、刀锯、钻凿、鞭扑等五种惩罚手段。也指墨、劓、剕、宫、大辟等五种刑法。⑧大者陈诸原野：征战时弃置尸体于疆场。⑨致之市朝：古时，官吏尸列于朝，平民尸弃于市。⑩上：通"尚"，久远。

【译文】

圣人选取类比的称谓以正名分，称君王为父母，懂得仁爱和谦让是王道的根本。仁爱依靠恭敬就不会败坏，恩德必须有威严才能长久存在，所以制定礼制来推崇恭顺，制定刑法来显明威严。圣人既然自身具有洞察事理的品性，一定通晓天地的思想，制定礼制兴办教育，建立法制设置刑法，行为顺乎民情，依照上天的法则管理大地。所以说前代君王建立礼制，是“根据上天的神明，依照大地的本性”。严苛的刑罚和威严的监狱，是模仿上天用雷电杀戮的威力；温和慈祥宽厚和谐，是效仿上天生长养育万物的能力。《尚书》上说“遵守礼制者，上天按等级进用之”“有罪过者，上天必然惩罚之”。所以圣人依照上天的次序制定了吉、凶、兵、军、嘉五礼，依照上天的讨罚原则制定了五刑。大刑用甲兵，稍轻一点儿的用斧钺；中刑用刀锯，稍轻一点儿的用钻凿；小刑用鞭扑。大型的刑罚要陈尸平原旷野，小型的刑罚要到街市和朝廷示众，这种情况由来已很久远了。

【原文】

自黄帝有涿鹿之战以定火灾[①]，颛顼有共工之陈以定水害[②]。唐虞之际，至治之极[③]，犹流共工，放讙兜，窜三苗[④]，殛鲧[⑤]，然后天下服。夏有甘扈之誓[⑥]，殷、周以兵定天下矣。

【注释】

①火灾：指炎帝侵凌之祸。按古代“五行”说，炎帝为火德，故有“火灾”之称。②颛顼（zhuān xū）：传说是古代部族的首领，号高阳氏。共（gòng）工：传说是古代部族之首领。按五行说，共工为水德，故言“水灾”。陈：军阵，引申为战役。③至治：治理最好。④窜：驱逐到远地。三苗：古部族名，在南方。⑤殛（jí）：诛死。鲧（gǔn）：禹之父，奉尧命治洪水，九年未成，被处死。⑥甘扈之誓：传说夏朝启与有扈氏战于甘（今陕西户县西），军前誓师。

【译文】

自从黄帝时有涿鹿之战平定了炎帝之乱，颛顼时有共工战役平定了共工之乱。唐虞的时候，即使天下太平到了极致，还依然流放了共工，放逐了欢兜，驱逐了三苗，诛杀了鲧，然后天下才归顺。夏代有启与有扈氏战于甘，到殷、周之时才用兵力平定天下。

【原文】

天下既定，戢臧[①]干戈，教以文德，而犹立司马之官[②]，设六军[③]之众，因井田[④]而制军赋。

五国[⑤]为属，属有长[⑥]；十国为连，连有帅；三十国为卒，卒有正；二百一十国为州，州有牧。连帅比年简车[⑦]，卒正三年简徒[⑧]，群[⑨]牧五载大简车徒，此先王为国立武足兵[⑩]之大略也。

【注释】

①戢（jí）臧：亦作“戢藏”，收藏。②司马：古官名，掌管军政

与军赋。③六军：据《周礼·夏官·司马》中说，一军为一万二千五百人，王有六军，大国三军，次国二军，小国一军。④井田：西周时期，道路和渠道纵横交错，把土地分隔成方块，形状像“井”字，因此称作“井田”。井田属周王所有，分配给庶民使用。领主不得买卖和转让井田，还要交一定的贡赋。⑤国：这里指城邑。属，及下文的连、卒、州，均为地方行政单位。⑥属有长：属长，及下文的连帅、卒正、州牧，均为各级地方长官。⑦简车：检阅兵车。⑧简徒：检阅步兵。⑨群：按前文应为“州”。⑩立武足兵：建立军功，加强军备。

【译文】

天下安定后，就收藏起武器，用礼义教化进行教育，但还是要设立司马之职，设置六军部队，划分井田，制定军赋。

五个封国为一属，每属都有长官；十个封国为一连，每连有统帅；三十国为一卒，每卒有正官；二百一十国为一州，每州有牧官。连官和帅官每年检阅兵车，卒官和正官每三年检阅步兵，州牧每五年大规模检阅兵车和步兵，这是先王为国家建立武装、加强军备的大方针。

【原文】

周道衰，法度堕[①]，至齐桓公任用管仲，而国富民安。公问行伯[②]用师之道，管仲曰："公欲定卒伍，修甲兵，大国亦将修之，而小国设备[③]，则难以速得志矣。"于是乃作内政而寓军令[④]焉，故卒伍定乎里，而军政成乎郊。连其什伍[⑤]，居处同乐，死生同忧，祸福共之，故夜战则其声相闻，昼战则其目相见，缓急足以相死。其教已成，外攘夷狄，内尊天子，以安诸夏。齐桓既没，晋文接之，亦先定其民，作被庐之法[⑥]，总帅诸侯，迭[⑦]为盟主。然其礼已颇僭差[⑧]，又随时苟合以求欲速之功，故不能充王制。二伯之后，浸以陵夷，至鲁成公作丘甲[⑨]，哀公用田赋，搜狩治兵大阅之事皆失其正[⑩]。

【注释】

①法度：法令制度。堕：同"隳"，毁坏。②伯：通"霸"。行霸：称霸。③设备：建立军备。④作内政：指改革政治。寓军令：意谓包括治军。⑤连其什伍：将军民以五人为伍、二伍为什的编制进行组织。⑥被庐之法：指晋文公在被庐（晋地）制定改革政治、整顿军队的法令，晋因此而国力强盛。⑦迭：更替。⑧僭（jiàn）差（cī）：僭越本分。差：等级。⑨丘甲：鲁国按田亩征发的兵赋制度。据说，按此制一丘要负担一甸（四丘）的兵赋，可见赋重。⑩搜狩：春�和冬狩，古代帝王春、冬时的射猎活动。正：正道，指先王之道。

【译文】

周代王道衰败后，法令制度均被毁坏，直到齐桓公任用管仲，国家才富强人民才安定。齐桓公询问称霸用兵的方法，管仲答道："您想安定军队，整治武备，大国也将这样做，而小国要想建立军备，就难以很快地达到目标。"于是就依靠制定内政来整治军队法令，因此在里中制定卒伍制度，军队政事就在郊野治理中完成。按十人、五人一组连在一起，共同生活同享欢乐，死生同忧，祸福共担，所以夜晚作战就可以相互听到声音，白天作战就可看到彼此，危急的时候足以为对方而死。这种制度的形成，对外排除了夷狄的侵扰，对内尊崇天子，安定国内诸侯。齐桓公死后，晋文公接替其位，也是先安定了他的人民，制定改革政治、整顿军队的法令，统率诸侯，取代齐桓公做了盟主。但他的礼制已大大超出本分，又随时苟合以求急功近利，所以不能算作是先王的法制。齐桓公、晋文公之后，渐渐衰落，到鲁成公时制定了按照丘地缴纳田赋的法令，哀公按照田亩收取租赋，狩猎、治理军队和盛大的阅兵等事情都失去了先王之道。

【原文】

春秋之后，灭弱吞小，并为战国，稍增讲武之礼，以为戏乐，用相夸视①。而秦更名角抵②，先王之礼没于淫乐中矣。雄桀之士因势辅时③，作为权诈以相倾覆，吴有孙武，齐有孙膑，魏有吴起，秦有商鞅，皆禽敌立胜，垂著篇籍。当此之时，合从连衡④，转相攻伐，代为雌雄。齐愍以技击⑤强，魏惠以武卒⑥奋，秦昭以锐士⑦胜。世方争于功利，而驰说者以孙、吴为宗⑧。时唯孙卿⑨明于王道，而非之曰："故齐之技击不可以遇魏之武卒，魏之武卒不可以直秦之锐士，秦之锐士不可以当桓、文之节制，桓、文之节制，不可以敌汤、武之仁义⑩。"

故曰："善师者不陈，善陈者不战，善战者不败，善败者不亡。"

【注释】

①视：通"示"。夸示：夸耀，显示。②角抵：类似今之摔跤。③因势辅时：顺应趋势，促进时局。④合从连衡：合纵连横。战国时，东方六国地连南北，联合抗秦，称"合纵"；秦与东方六国横向联合，以破坏六国合纵，称"连横"。⑤齐愍：齐湣王。技击：武术。⑥魏

惠：魏惠王。武卒：步兵。⑦秦昭：秦昭王。锐士：精锐之士。⑧驰说者：指游士说客。孙、吴：指孙武、吴起。宗：效法的对象。⑨孙卿：荀子。⑩遇、直、当、敌：皆抵挡之意。

【译文】

春秋以后，弱小国家被吞并灭亡，合并而形成战国时期，略微增加了一些讲习武事的礼仪，作为游戏取乐，用来互相夸耀。秦朝时改名为“角抵”，先王的礼仪淹没在不合正道的音乐之中。非凡杰出的人士根据时势把握时局，机变狡诈互相倾轧，吴国有孙武，齐国有孙膑，魏国有吴起，秦国有商鞅，都能擒敌取胜，名垂典籍篇章之中。在这个时候，各国合纵连横，转而互相攻击，迭相争霸。齐愍公凭借技击而强大，魏惠王凭借步兵而崛起，秦昭王凭借精锐的士兵而取胜。所有人都在为功利而相争，而游士说客都以孙武、吴起为尊奉对象。当时只有荀子懂得先王之道，就批判这种状况说：“齐国击刺的方法不能用以抵挡魏国的兵士，魏国的兵士不能抵挡秦国精锐的士兵，秦国精锐的士兵不能抵挡齐桓公、晋文公的节度法制之兵，齐桓公、晋文公的节度法制之兵不能抵挡商汤、周武王的仁义之师。”

所以说：“善于统率军队的人不摆阵法，善于布阵的人不进行战斗，善于战斗的人不会失败，善于失败的人不会灭亡。”

【原文】

汉兴，高祖躬①神武之材，行宽仁之厚，总揽英雄，以诛秦、项。任萧、曹之文，用良、平之谋，骋陆、郦之辩，明叔孙通之仪，文武相配，大略举焉。天下既定，踵秦而置材官②于郡国，京师有南北军③之屯。至武帝平百粤，内增七校④，外有楼船⑤，皆岁时讲肄，修武备云。至元帝时，以贡禹⑥议，始罢角抵，而未正治兵振旅之事也。

【注释】

①躬：亲身，引申为天生。②踵：跟从，继承之意。材官：步兵。③南北军：汉代保卫京师的军队，南军负责保卫皇宫，北军负责保卫京城。④七校：汉武帝曾设中垒、屯骑、步兵、越骑、长水、胡骑、射声、虎贲八校尉，秩皆二千石。胡骑不常设，故言七校尉。⑤楼船：战船名，代指水军。⑥贡禹（前127—前44）：字少翁，琅邪（今山东诸城）人。

【译文】

汉朝建立后，高祖依靠天生的神明威武的禀赋，行为宽厚仁慈，统领英雄豪杰，诛杀秦王、项羽。采用萧何、曹参的文治，使用张良、陈平的计谋，施展陆贾、郦食其的辩才，彰明叔孙通的礼仪，文武之道相互配合，大政方针都已齐全。天下安定后，仿照秦国在郡国设置材官，京师有南北二军驻扎。到武帝时平定百粤，又在内增设七校尉，

在外有水军，每年每季都加以讲授演习，修整军备。到元帝时，按照贡禹的建议，才废除角抵的游戏，但没有端正治理兵士重振军旅的方略。

【原文】

昔周之法，建三典以刑邦国[①]，诘四方：一曰，刑新邦用轻典；二曰：刑平邦[②]用中典；三曰，刑乱邦用重典。五刑，墨罪五百，劓罪五百，宫罪五百，刖罪五百，杀罪五百[③]，所谓刑平邦用中典者也。凡杀人者踣诸市[④]，墨者使守门，劓者使守关，宫者使守内，刖者使守囿，完者使守积[⑤]。其奴[⑥]，男子入于罪隶[⑦]，女子入舂槁[⑧]。凡有爵者，与七十者，与未龀者[⑨]，皆不为奴。

周道既衰，穆王眊荒[⑩]，命甫侯[⑪]度时作刑，以诘四方。墨罚之属千，劓罚之属千，髌罚之属五百，宫罚之属三百，大辟之罚其属二百。五刑之属三千，盖多于平邦中典五百章，所谓刑乱邦用重典者也。

【注释】

①三典：轻、中、重三种用刑的法规。刑：治理。②平邦：承平守成之国。③墨：又称“黥”，刺面涂墨。劓（yì）：割鼻。宫：男子去势，妇人幽闭。刖（yuè）：断足。杀：砍头。五百：指五百条款。④踣（bó）：仆倒。这里指陈尸示众。⑤完：又称“耐”，剃去鬓毛而服役。守积：看守库藏物资。⑥奴：指罚做奴隶的人。⑦入于罪隶：没入官府服劳役。⑧入舂槁：同“舂稾”，指在舂人、槁人（周官名）管辖下服役。⑨七十者：指七十岁以上的人。未龀（chèn）者：指尚未换牙的七八岁儿童。⑩眊（mào）荒：通“耄恍”，年老昏聩。⑪甫侯：吕侯，穆王的司寇。

【译文】

以前周代的法律，建立了轻典、中典、重典三类刑法来治理国家，责罚四方部族：一为治理新建之国用轻典，二为治理承平守成的国家用中典，三为治理特别混乱的国家用重典。五刑中墨刑有五百种，劓刑有五百种，宫刑有五百种，刖刑有五百种，死刑有五百种，这些就是治理承平守成的国家所用的中典。凡是杀人的人就在市上斩首示众，遭墨刑的人让他去守城门，遭劓刑的让他去守边关，遭宫刑的人让他去把守内宫，受刖刑的让他去看守苑囿，接受完刑的让他去看守仓库。那些罚做奴隶的犯人，男的没入官府为奴隶，女子没入官府在舂人、槁人管辖下服役。凡是有爵位的人，以及年满七十岁和七八岁以下的儿童，都不得没入官府为奴。

周朝衰落后，穆王年老昏聩，叫甫侯根据时势制定刑法，用来责罚天下。墨刑处罚的条款有一千条，劓刑处罚的条款有一千条，髌刑处罚的条款有五百条，宫刑处罚的条款有三百条，死刑处罚的条款有二百条。五刑的条款共有三千条，这些都比承平守成国家的中刑五百条的数目要多，这就是治理特别混乱的邦国所用的重典。

【原文】

春秋之时，王道寖坏，教化不行，子产相郑而铸刑书[①]。晋叔向非之。偷薄[②]之政，自是滋矣。孔子伤之，曰："导之以德，齐之以礼，有耻且格；导之以政，齐之以刑，民免而无耻[③]。""礼乐不兴，则刑罚不中；刑罚不中，则民无所错[④]手足。"孟氏使阳肤为士师[⑤]，问于曾子，亦曰："上失其道，民散[⑥]久矣。如得其情，则哀矜而勿喜。"

【注释】

①铸刑书：将刑书铸于鼎上。②偷薄：浇薄，不淳朴，不敦厚。③导：引导。齐：整治。耻：廉耻。格：归顺。免：指避免犯罪。④错：通"措"，安放，安排。⑤孟氏：孟孙氏，鲁大夫。阳肤：曾子之弟子。士师：狱官。⑥散：离散。

【译文】

春秋的时候，王道逐渐被破坏，政教风化无法实行，子产在郑国为相时将刑法铸于鼎上。晋国的叔向却反对这样做。浇薄的政治，就从此时开始蔓延。孔子对此感到痛心，说："用道德来诱导他们，用礼教来整顿他们，这样人民就会有廉耻之心，而且人心归服；用政令来诱导他们，用刑罚来整治他们，人民只是暂时地避免犯罪，却没有廉耻之心。""礼乐制度不兴起，刑罚就不会得当；刑罚不得当，百姓就连手脚都不知道摆在哪里才好。"孟孙氏任阳肤为狱官，阳肤就向曾子请教，曾子答道："在上位的人失去了规范，百姓早就离心离德了。你如果能够审出犯罪的实情，就应该加以同情和怜悯，而不要显得自鸣得意。"

【原文】

陵夷至于战国，韩任申子[①]，秦用商鞅，连相坐之法[②]，造参夷之诛[3]；增加肉刑、大辟，有凿颠、抽胁、镬亨[4]之刑。

至于秦始皇，兼吞战国，遂毁先王之法，灭礼谊之官，专任刑罚，躬操文墨[5]，昼断狱，夜理书，自程决事[6]，日县石之一[7]。而奸邪并生，赭衣[8]塞路，囹圄成市，天下愁怨，溃而叛之。

【注释】

①申子：申不害，战国时法家代表人物。②连相坐之法：连坐法。③参：通“三”。三夷之诛：诛三族。④颠：头顶。胁：腋下肋骨。亨：同“烹”。镬（huò）烹：将人放在大锅里煮死。⑤躬操文墨：亲自处理案件。⑥自程决事：自己按定量处理政事。程：规程，定量。⑦县：通“悬”，用秤称。石之一：一石，指一石重的书简。⑧赭（zhě）衣：囚犯所穿的赤褐色的衣服。这里指称罪犯。

【译文】

王道衰落一直到了战国，韩国任用申不害，秦国任用商鞅，实行一人犯法、株连他人同时治罪的法律，制造了诛杀三族的法令；增加了肉刑、大辟的科目，还有凿颠、抽胁、镬烹的刑罚。

到了秦始皇的时候，兼并了战乱中的各国，于是废毁了先代帝王的法则，消灭了主持礼仪的官职，专门使用刑罚，亲自处理案件，白天审判诉讼，晚上处理文书，自己按定额处理政事，一天以一百二十斤竹简为量。但是邪恶不正的人都出现了，犯罪的人充塞道路，牢狱多如集市，天下的人都忧愁怨恨，纷纷反叛秦国。

【原文】

汉兴，高祖初入关，约法三章曰：“杀人者死，伤人及盗抵罪[1]。”蠲削烦苛[2]，兆民大说。其后四夷未附，兵革未息，三章之法不足以御奸，于是相国萧何攗摭[3]秦法，取其宜于时者，作律九章。

当孝惠、高后时，百姓新免毒蠚[4]，人欲长幼养老[5]。萧、曹为

相，填以无为⑥，从民之欲，而不扰乱，是以衣食滋殖，刑罚用稀。

【注释】

①抵罪：按罪行轻重大小给予惩罚。②蠲（juān）：除去，免除。烦苛：指烦琐苛酷的刑法。③捃摭（jùn zhì）：拾取。阅笔。④毒螫（hē）：毒害。螫：螫，一种毒虫。⑤长幼：抚育幼小。养老：赡养老人。⑥填：通“镇”，安定。无为：顺应自然，与民休息。

【译文】

汉代兴起后，高祖刚开始进入关中，就以三条法令相约束，说：“杀人的人要判死刑，伤害别人以及盗窃的人按罪抵罪。”免除繁多苛刻的刑法，百姓大为高兴。这之后，四方少数民族没有归附，战事没有停止，三条法令已不足以防止邪恶的人，于是相国萧何采集秦朝法令，选取其中合乎时宜的，制定了九章法律。

到了孝惠帝、吕后的时候，百姓刚免除战争的毒害，人人都想抚育儿童、奉养老人。萧何、曹参任丞相，用无为之策来安定百姓，顺从他们的要求，而不加以扰乱，因此百姓衣食丰盛，刑罚使用得很少。

【原文】

及孝文即位，躬修玄默[①]，劝趣[②]农桑，减省租赋。而将相皆旧功臣，少文多质[③]，惩恶亡秦之政，论议务在宽厚，耻言人之过失。化行天下，告讦[④]之俗易。吏安其官，民乐其业，畜积岁增，户口寖息。风流[⑤]笃厚，禁罔疏阔[⑥]。选张释之为廷尉，罪疑者予民[⑦]，是以刑罚大省，至于断狱四百[⑧]，有刑错[⑨]之风。

【注释】

①躬修玄默：亲自实行无为政治。②趣（cù）：催促。③少文多质：不重形式而讲究实效。④告讦（jié）：指责人过失或揭人阴私；告发。⑤风流：这里指风俗。⑥罔：同“网”。禁网疏阔：法禁宽大。⑦罪疑：指疑案。予民：由民众议决。⑧断狱：判案。四百：指每年判案之数。⑨错：通“措”。刑措：刑法搁置不用。

【译文】

等到孝文帝即位，亲自实行无为而治的政策，鼓励人们从事耕织，减免田租和兵赋。而且他的将相都是从前的功臣，少浮华而多朴实，以秦国灭亡的弊政作为教训，定罪评议务必要宽厚，以议论他人的过失为耻。教化流行天下，互相告发的习俗改变了。官吏安于本职，百姓乐享其业，财富积累逐年增加，人口逐渐增长。风俗教化真诚淳厚，法令简略。选拔张释之任廷尉，有疑点难以定罪的案件由民众议决，因此刑罚大大减省。以至于被判罪的全年只有四百件，形成刑法搁置不用的风气。

【原文】

及至孝武即位，外事四夷之功，内盛耳目[①]之好，征发烦数，百姓贫耗，穷民犯法，酷吏击断[②]，奸轨[③]不胜，于是招进张汤、赵禹

之属，条定法令，作见知故纵、监临部主之法[4]，缓深故之罪[5]，急纵出之诛[6]。其后奸猾巧法，转相比况[7]，禁罔寖密。律令凡三百五十九章，大辟四百九条，千八百八十二事[8]，死罪决事比[9]万三千四百七十二事。文书盈于几阁，典者不能遍睹。是以郡国承用者驳[10]，或罪同而论异。奸吏因缘为市，所欲活则傅生议，所欲陷则予死比，议者咸冤伤之。

【注释】

①耳目：代指声色。②击断：专断。③奸轨：同“姦宄”，犯法作乱的坏人。④见知故纵、监临部主之法：知犯法者而不举发，则被认为故意纵容犯罪，而罪犯的主管部门及上级的主管官员、监察官员，都要连坐。⑤缓深故之罪：放宽对犯人加重处罚及陷人于罪者之罪责。⑥急纵出之诛：加重对犯人开释的惩处。⑦比况：比附。⑧事：指案例。⑨决事比：判案无法律明文为依据，可比附近似条文，经皇帝批准即可生效，将此案

例汇编，即可作为以后判案的依据。⑩驳：杂乱。

【译文】

等到孝武帝即帝位，对外追求征讨四夷的功劳，在内大肆追求声色的欲求，征集动用民间的人力和物资频繁，百姓耗损严重，以致贫困的人犯法，残酷的官吏掌握判刑的权力，为非作歹的人多不胜数。于是招进张汤、赵禹之辈，分别制定法令，制作了知人犯法不举告者与负责实地主管监察官员一同判罪的连坐法令，放宽酷吏执法苛刻的罪责，立即诛杀为犯人开释的官员。这以后邪恶狡猾的官吏钻法律的空子，互相比较，法纲逐渐严密。法令一共有三百五十九章，死刑有四百零九条，一千八百八十二件案例细节，无明文规定的死罪判决案件就有一万三千四百七十二件。判案文件充满几案书架，主审官员都不能全部看完。因此地方上判案的依据十分混乱，有的罪相同而判处相异。奸吏趁此机会大做交易，想要人活就附上使他免死的评议，想要陷害人就与死罪案例相比附以构成死罪，被议处的人都为此感到冤枉而哀痛不已。

【原文】

宣帝自在闾阎[①]而知其若此，及即尊位，廷史路温舒上疏，言秦有十失，其一尚存，治狱之吏是也。上深愍焉，乃下诏曰："间者吏用法，巧文[②]寖深，是朕之不德也。夫决狱不当，使有罪兴邪[③]，不辜蒙戮，父子悲恨，朕甚伤之。今遣廷史与郡鞠狱[④]，任轻禄薄，其为置廷平[⑤]，秩六百石，员四人。其务平之，以称朕意。"于是选于定国为廷尉，求明察宽恕黄霸等以为廷平，季秋后请谳[⑥]。

【注释】

①闾阎：里巷之门，这里借指民间。②巧文：指狱吏玩弄法律条

文。③兴邪：产生邪念。④鞫狱：审讯犯人。⑤廷平：与廷尉相当，掌职同廷尉。⑥季秋：晚秋，指阴历九月。请谳（yàn）：上报定罪。

【译文】

宣帝自从还在民间时就知道情况如此，等到登上帝位，廷史路温舒上奏书，说秦朝有十种过失，其中一种现在还有，那就是治理罪犯的官吏。宣帝为此感到深深哀痛，就下诏道："近来官吏使用法律，舞文弄墨量刑日益加重，这是朕的不德。判案不适当，让有罪的人产生邪恶的念头，无辜的人反而遭到杀戮，使父子悲伤痛恨，朕对此很哀痛。原来是派廷史与郡国一同审讯囚犯，因任务轻俸禄薄，现在设置廷平一职，官俸六百石，人员四个。一定要公平处理，以使朕感到满意。"于是选拔于定国任廷尉，任命明察宽恕的黄霸等人任廷平，秋季九月到朝廷议罪。

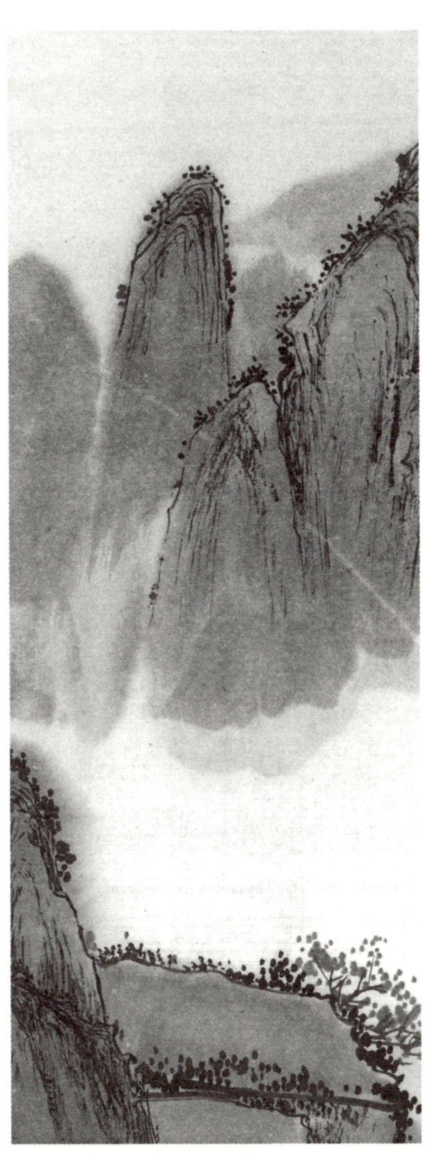

【原文】

至元帝初立，乃下诏曰："夫法令者，所以抑暴扶弱，欲其难犯而易避也。今律令烦多而不约[①]，自典文者不能分明，而欲罗元元之不逮[②]，斯岂刑中之意哉！其议律令可蠲除轻减者，条奏[③]，唯在便安万姓而已。”

至成帝河平中，复下诏曰：“《甫刑》④云‘五刑之属三千，大辟之罚其属二百’，今大辟之刑千有余条，律令烦多，百有余万言，奇请它比⑤，日以益滋，自明习者不知所由，欲以晓喻众庶，不亦难乎！于以罗元元之民，夭绝⑥亡辜，岂不哀哉！其与中二千石、二千石、博士及明习律令者议减死刑及可蠲除约省者，令较⑦然易知，条奏。《书》不云乎？‘惟刑之恤⑧哉！’其审核之，务准古法，朕将尽心览焉。”有司无仲山父将明⑨之材，不能因时广宣主恩，建立明制，为一代之法，而徒钩摭微细，毛举数事，以塞诏而已⑩。是以大议不立，遂以至今。议者或曰，法难数变。此庸人不达，疑塞治道，圣智之所常患者也。故略举汉兴以来，法令稍定而合古便今者。

【注释】

①约：简明。②罗：网罗。元元：指百姓。不逮：意识不到。指无意之中犯了法。③条奏：逐条奏请。④《甫刑》：《吕刑》。⑤奇（jī）请：在法律条文外的申报。它比：以其他事例比附。⑥夭绝：摧残，绝灭。⑦较：通“皎”。⑧恤：忧虑。这里引申为慎重。

⑨仲山父：仲山甫，周宣王时大臣。将：奉行。明：明察，明辨。⑩钩摭：拾取。毛举：列举琐细之事例。塞：搪塞。

【译文】

元帝刚登上帝位，就下诏说："法令，是用来抑制强暴扶助弱小，是希望人们难以触犯而容易避免的。现在法令繁复而不简明，主管法文条例者自身都不能分辨清楚，却想用它去罗织无犯罪意识的平民，这难道是刑法适当的意思吗！令讨论律令中可以免除减轻的部分，逐条上奏，只求能使百姓方便安定。"

到成帝河平年间（公元前28—前25年），又下诏说："《吕刑》上说'五刑的条目有三千，死刑的刑罚条目有二百'，现在死刑的条目有一千多条，法令繁杂，有一百多万字，于法律正文之外又另引案例判案，一天比一天增多，就连研究学习者自己都不知道它们的来由，却想去明确开导群众，不是很难吗！用它来控制普通百姓，灭绝无辜的人，难道不是很悲哀的事！命令同中二千石、二千石、博士以及明白熟习法令的人讨论减免死刑以及可以简化的律条，使它们明白易懂，分条上奏。《尚书》上不是说吗？'应当对刑法感到忧虑。'要审查核实，一定要以古代法律为基础，朕将尽全心去披览。"但官府中缺少像周代仲山父那样有明察才能的人，不能抓住时机广泛宣传主上的恩德，建立圣明的制度，成就一代的法律，而只是拾取细枝末节，列举琐细的事例，以应付诏令而已。因此皇帝的想法直到现在都没有落实。议论的人中有人说，法令难以多次变更，就因为这些平庸的人难以理解，以致凝滞堵塞了治理的道路，这是聪明智慧的人所经常担心的。所以这里大略列举一些自汉朝建立以来，法令稍加确定而且合乎古法便于当代的法令条文。

【简析】

《刑法志》是班固新创之制，专讲刑法史，是中国封建社会第一部叙述刑法制度发展史的专论。本篇概述上古至汉之刑法的发展，点出文、景用刑之重，以及武帝进用酷吏而导致的恶果。作者班固以“德主刑辅”的观点，评述了夏商周以来法制及其变革的功过得失，主要结合“刑新邦用轻典，刑平邦用中典，刑乱邦用重典”的观点，引用西汉以前的一些例证来说明法制对治国理政的负面作用，并对其做了初步评说。

传

《汉书》中的“传”共七十篇，以记载西汉一代为主，以公卿将相为对象，以时代之顺序为主，先专传，次类传，再次为边疆各族传和外国传，最后以乱臣贼子王莽传居末，体例分明。“传”的最后一篇是《叙传》，述其写作动机、编纂、凡例等。各篇后均附以“赞”，说明作者对人或事的批评或见解。

陈胜传

——揭竿而起，农民起义第一人

【原文】

陈胜字涉，阳城[①]人。吴广，字叔，阳夏[②]人也。胜少时，尝与人佣耕[③]。辍耕之[④]垄上，怅然[⑤]甚久，曰："苟富贵，无相忘！"佣者笑而应曰："若为佣耕，何富贵也？"胜太息曰："嗟乎，燕雀安知鸿鹄[⑥]之志哉！"

【注释】

①阳城：县名。在今河南方城东。②阳夏：县名。今河南太康。③佣耕：受雇为田主耕种。④之：到。⑤怅然：因不如意而感到不痛快。⑥鸿鹄（hú）：天鹅。因飞得很高，所以常用来比喻志向远大的人。

【译文】

陈胜，字涉，阳城人。吴广，字叔，阳夏人。陈涉年轻时，曾和别人一起受雇给人家种田。一次在田埂上休息，忧虑了很久，说："假如将来富贵了，谁都不要忘了谁。"受雇的同伴们笑着应声问道："你被雇用来耕田，哪里来的富贵呢？"陈胜叹息说："唉，燕雀哪能知道天鹅的志向啊！"

【原文】

秦二世元年秋七月，发闾左戍渔阳[①]九百人，胜、广皆为屯长[②]。

行至蕲大泽乡[3]，会[4]天大雨，道不通，度已失期。失期法斩，胜、广乃谋曰："今亡亦死，举大计亦死，等死[5]，死国[6]可乎？"胜曰："天下苦秦久矣。吾闻二世，少子，不当立，当立者乃公子扶苏，扶苏以数谏故不得立，上使外将兵。今或闻无罪，二世杀之。百姓多闻其贤，未知其死。项燕为楚将，数有功，爱士卒，楚人怜之，或以为在。今诚以吾众为天下倡，宜多应者。"广以为然。乃行卜[7]。卜者知其指意，曰："足下事皆成，有功。然足下卜之鬼乎！"胜、广喜，念鬼[8]，曰："此教我先威众耳。"乃丹书帛曰："陈胜王"，置人所罾[9]鱼腹中。卒买鱼亨[10]食，得书，已怪之矣。又间令广之次所旁丛祠中，夜构火[11]，狐鸣[12]呼曰："大楚兴，陈胜王。"卒皆夜惊恐。旦日，卒中往往指目[13]胜、广。

【注释】

①发：征调。闾左：居于里门左边的平民百姓。里门左侧是古代贫苦人民居住的地区，也指贫苦人民，即平民，借指戍边的兵士。渔阳：秦郡名。治渔阳（在今北京市密云西南）。②屯长：秦汉时军伍之长，戍边军中的小头目。③蕲：县名。在今安徽宿县东南。大泽乡：在今安徽宿县东南。④会：恰好，正好。⑤等死：同样是死。⑥死国：指为夺取国家整权而死。⑦行卜：向占卜者问吉凶。⑧念鬼：寻思卜者要他们卜问鬼神的用意。⑨罾（zēng）：渔网。这里是捕获之意。⑩亨：同"烹"。⑪构火：構火、搆火，聚起木柴生火。⑫狐鸣：学着狐狸叫。⑬指目：用手指，用眼看，意为指指点点地议论。

【译文】

秦二世元年（公元前209年）秋七月，官府征调平民九百人去渔阳戍边，陈胜、吴广都担任屯长。走到蕲县大泽乡，赶上天降大雨，道路不通，估计已误了报到期限。误了期限，按照法律都要斩首。陈胜、吴广就合计说："如今逃走也是死，起义干一番大事也是死，同样是死，为国家大事而死不好吗？”陈胜说：“天下人受苦于秦的暴政好久了。我听说二世皇帝是少子，不应当继位，应当继位的是公子扶苏。扶苏因多次劝谏皇上未被立为太子，秦始皇派他到外地领兵。如今有人听说他没犯什么罪，二世就杀害了他。老百姓大都听说扶苏贤能，还不知道他已死去。项燕原为楚国将军，多次立功，爱护士兵，楚国人都很爱戴他。有的人以为他并没有死。现在假如我们假冒扶苏和项燕，为天下人带个头，应该会有许多人响应。”吴广认为他说的对。于是便去卜卦。卜卦人明白他们的意图，说：“您的事都能做成，会有大的功业。然而您要向鬼神问卜啊！”陈胜、吴广很高兴，寻思卜者要他们卜问鬼神的用意，说：“这是教我们先借鬼神在众人中树立威望。”于是，他们用朱砂在帛上写了“陈胜王”三个字，偷偷塞进别人捕获的鱼肚中。戍卒买鱼烹食，得到鱼肚中的帛书，这本来就令人感到奇怪了。陈胜又私下让吴广到驻地旁边树丛的神祠中，夜间点起火堆，装作狐狸的叫声呼喊道：“大楚兴，陈胜王！”戍卒们夜间都惊恐不安。次日早晨，戍卒中间到处谈论着这事，都指指点点地瞧着陈胜、吴广。

【原文】

胜、广素爱人，士卒多为用。将尉[①]醉，广故数言欲亡，忿尉，令辱之，以激怒其众。尉果笞广。尉剑挺[②]，广起夺而杀尉。胜佐之，并杀两尉。召令徒属曰："公等遇雨，皆已失期，当斩。藉弟[③]令毋斩，而戍死者固什六七[④]。且壮士不死则已，死则举大名耳。侯王将相，宁有种[⑤]乎！"徒属皆曰："敬受令。"乃诈称公子扶苏、项燕，从民望也。袒右[⑥]，称大楚。为坛而盟，祭以尉首。胜自立为将军，广为都尉。攻大泽乡，拔之。收兵而攻蕲，蕲下。乃令符离人葛婴将兵徇蕲以东[⑦]，攻铚、酂、苦、柘、谯[⑧]，皆下之。行收兵[⑨]，比至陈[⑩]，兵车六七百乘，骑千余，卒数万人。攻陈，陈守令皆不在，独守丞与战谯门[⑪]中。不胜，守丞死。乃入据陈。数日，号召三老豪桀会计事。皆曰："将军身被坚执锐，伐无道，诛暴秦，复立楚之社稷，功宜为王。"胜乃立为王，号张楚。

【注释】

①将尉：率领戍卒的军官。②挺：拔。③藉：通"假"。假弟：即使。④什六七：十分之六七。⑤有种：天生，生来就有。⑥袒右：袒露右臂。⑦符离：县名。在今安徽宿县东。⑧铚（zhì）：县名，今安徽宿县西。酂（cuó）：县名，今河南永城西。苦：县名，今河南鹿邑。柘（zhè）：县名，今河南柘城西北。谯（qiáo）：县名，今安徽亳县。⑨行收兵：行军中沿途收纳兵员。⑩陈：县名。今河南淮阳。⑪谯门：有谯楼的城门。

【译文】

陈胜、吴广一向爱护众人，戍卒中很多人愿意听他们使唤。押送戍卒的将尉喝醉了，吴广故意多次扬言要逃跑，以激怒将尉，让他当众侮辱自己，借以激怒众人。将尉果然鞭打了吴广。将尉拔剑要杀吴广，吴广奋起夺剑杀死将尉。陈胜也前来协助，合力杀死两个将尉。召集并号召戍卒下属说：“你们大家遇上大雨，都误了期限，应当杀头。即使不杀头，因戍边而死的人本来就有十之六七。况且壮士不死则已，要死就要留下大名。王侯将相难道是天生的种吗！”戍卒下属都说：“谨遵您的号令。”于是便冒称公子扶苏、项燕的名义起义，以顺从民意。戍卒们都袒露右臂，号称大楚。他们修筑高坛盟誓，用将尉的头祭天地。陈胜自封为将军，封吴广为都尉。攻大泽乡，攻了下来。招兵进攻蕲县，又攻下了。就派符离人葛婴带兵攻打蕲县以东地区，进攻铚县、酂县、苦县、柘县、谯县等县，全都攻下。行军中不断招兵扩军，等到达陈县时，已有战车六七百辆，骑兵千余人，步兵数万人。攻打陈县城时，郡守、县令都不在，只留下守丞在谯门中抵抗。结果战败，守丞战死。义军便入城占领陈县。过了几天，陈胜下令召集乡官三老、地方豪绅前来集会议事。三老、乡绅们都说：“将军您身披铠甲、手执锐利武器，讨伐无道，铲除暴秦，重建楚国，论功应该称王。”于是陈胜就被拥立为王，号称张楚。

【原文】

于是诸郡县苦秦吏暴，皆杀其长吏，将以应胜，乃以广为假王①，监诸将以西击荥阳②。令陈人武臣、张耳、陈馀徇③赵，汝阴人邓宗徇九江郡。当此时，楚兵数千人为聚者不可胜数。

葛婴至东城④，立襄彊⑤为楚王。后闻胜已立，因杀襄彊，还报。至陈，胜杀婴，令魏人周市北徇魏地。广围荥阳，李由为三川守⑥守荥阳，广不能下。胜征国之豪桀与计，以上蔡人房君蔡赐为上柱国⑦。

【注释】

①假王：暂时代理的王。②荥阳：在今河南荥阳东北。③徇：巡

行，此处指攻打。④东城：在今安徽定远东南。⑤彊：同“强”。⑥李由：李斯之子，当时为三川郡守。三川：郡名。治洛阳（在今洛阳市东北）。⑦上蔡：县名。在今河南上蔡西南。房君：蔡锡的号。上柱国：本为战国时楚之最高武官，此时为荣誉官衔。

【译文】

此时，各郡县苦于秦吏暴政的，都杀死他们的长官以响应陈涉。于是陈涉任命吴广为代理王，督率各将领向西进攻荥阳。命令陈县人武臣、张耳、陈馀攻占赵地，命令汝阴人邓宗攻占九江郡。当此时，楚地义军数千人聚集一起的，无法计数。

葛婴到达东城，立襄彊为楚王。后来听到陈胜已自立为王，就杀死襄彊，返回汇报。一到陈县，陈胜便诛杀葛婴，命令魏国人周市向北攻占魏地。吴广包围了荥阳。当时李由任三川郡守，负责守卫荥阳，吴广未能攻下。于是陈胜征召国内豪杰商讨对策，任命上蔡人房君蔡赐为上柱国。

【原文】

周文，陈贤人也，尝为项燕军视日[①]，事春申君[②]，自言习兵。胜与之将军印，西击秦。行收兵至关[③]，车千乘，卒十万，至戏[④]，军[⑤]焉。秦令少府章邯免骊山徒、人奴产子[⑥]，悉发以击楚军，大败之。周文走出关，止屯曹阳。二月余，章邯追败之，复走渑池。十余日，章邯击，大破之。周文自刭，军遂不战。

武臣至邯郸，自立为赵王，陈馀为大将军，张耳、召骚为左右丞相。胜怒，捕系武臣等家室，欲诛之。柱国曰："秦未亡而诛赵王将相家属，此生一秦，不如因立之。"胜乃遣使者贺赵，而徙系武臣等家属宫中。而封张耳子敖为成都君，趣[⑦]赵兵亟入关。赵王将相相与谋曰："王王赵，非楚意也。楚已诛秦，必加兵于赵。计莫如毋西兵，使使北徇燕地以自广，赵南据大河[⑧]，北有燕代，楚虽胜秦，不敢制赵；若不胜秦，必重赵。赵承秦楚之敝，可以得志于天下。"赵王以为然，因不西兵[⑨]，而遣故上谷卒史[⑩]韩广将兵北徇燕。韩广乃自立为燕王。

【注释】

①视日：占候时日以卜吉凶之官。②春申君：战国时楚国令尹黄歇的封号。③关：指函谷关。在今河南灵宝东北。④戏：地名。在今陕西临潼东北。⑤军：驻扎。⑥人奴产子：家奴所生之子。⑦趣：古同"促"。催促；急促。⑧大河：指黄河。⑨西兵：向西出兵。⑩上谷：郡名。治沮阳（在今河北怀来东南）。卒史：小吏。

【译文】

周文，是陈县的贤士，曾任项燕军中的望日官，过去曾跟随过春申君，自称熟习军事。陈胜授给他将军印，命他率军西向攻秦。他沿途招募兵马直至函谷关，已有战车千乘，士兵十万，一直打到戏亭，才驻扎下来。秦二世命令少府章邯赦免在骊山服役的刑徒、奴婢之子，

全都征发来攻击楚军，大败楚军。周文兵败，退出函谷关，屯驻曹阳。两个多月后，章邯带兵追击打败了周文，他们又退到渑池。十多天后，章邯再次进击，大败他们。周文自杀，这时军队已丧失了战斗力。

武臣到了邯郸，自立为赵王，任命陈馀为大将军，张耳、召骚为左右丞相。陈胜大怒，捕捉关押了武臣等人的家眷，打算杀掉他们。柱国蔡赐建议说："秦朝未灭而杀赵王将相家属，这等于又增加了一个秦朝为敌，不如就势封立他。"陈王就遣使者至赵祝贺，然后将武臣等人的家属转移软禁在宫中。又封张耳之子张敖为成都君，催促赵兵疾速进军函谷关。赵王及将相们商议说："大王称王于赵，不是楚国本意。楚灭秦后，必然派兵攻赵，计划不如不向西进军，遣将北取燕地以扩充我们的领地。这样一来，赵国南面据守黄河，北面有燕、代广大地区，楚国即使战胜秦朝，也不敢攻打赵国。如果楚国不能战胜秦朝，则必定会倚重赵国。赵国可趁乘秦、楚衰退之际称霸于天下。"赵王认为很对，因而不向西出兵，而派原上谷郡卒史韩广率军北上攻取燕地。韩广于是趁机自立为燕王。

【原文】

是时，诸将徇地者不可胜数。周市北至狄[①]，狄人田儋杀狄令，自立为齐王，反击周市。市军散，还至魏地，立魏后故宁陵君咎为魏王。咎在胜所，不得之魏。魏地已定，欲立周市为王，市不肯。使者五反，胜乃立宁陵君为魏王，遣之国。周市为相。

将军田臧等相与谋曰："周章[②]军已破，秦兵且至，我守[③]荥阳城不能下，秦军且至，必大败。不如少遗兵，足以守荥阳，悉精兵迎秦军。今假王骄，不知兵权[④]，不可与计，非诛之，事恐败。"因相与矫陈王令以诛吴广，献其首于胜。胜使赐田臧楚令尹印，使为上将。田臧乃使诸将李归等守荥阳城，自以精兵西迎秦军于敖仓[⑤]。与战，田臧死，军破。章邯进击李归等荥阳下，破之，李归死。

阳城人邓说将兵居郯[⑥]，章邯别将击破之，邓说走陈。铚人五逢将兵居许[⑦]，章邯击破之。五逢亦走陈。胜诛邓说。

【注释】

①狄：秦县名。在今山东高青东南。②周章：周文。③守：据守。这里是包围、围攻的意思。④兵权：用兵的权变。⑤敖仓：秦朝建立在荥阳北面敖山上的大粮仓。⑥郯（tán）：当为“郏”之误。郏（jiá）：秦县名。在今河南郏县。⑦许：秦县名。在今河南许昌市东。

【译文】

此时，各地将领攻城略地的，数不胜数。周市向北进军到狄县，狄县人田儋杀死狄县令，自立为齐王，在齐地起兵，进攻周市。周市军溃散，回到魏地，打算立原魏王后裔宁陵君魏咎为魏王。当时魏咎在陈胜那里，不能到魏地。魏地平定后，陈胜想封周市为魏王，周市不肯。陈胜的使者先后五次往返于陈王与魏之间，陈胜才答应封宁陵君魏咎为魏王，并派他回到魏国。周市最后做了丞相。

将军田臧等共同谋划说：“周文的军队已经溃散，秦兵马上就要到了，我们包围荥阳城久攻不下，秦军一到，必定吃大败仗。不如留下少量部队，足以包围荥阳，调动全部精兵迎击秦军。现在代理王吴广骄横，不懂兵家权谋，无法和他共事，不杀了他，大事恐怕难成。”于是他们一道假借陈王命令而诛杀吴广，把吴广的首级献给陈胜。陈胜派使者赐予田臧楚国令尹的大印，任命他为上将军。田臧于是派部将李归等驻守在荥阳城外，自己带领精兵西进，在敖仓迎击秦军。双方交战，田臧战死，军队溃散。章邯进军攻击李归等于荥阳城下，击溃了他们。李归战死。

阳城人邓说率军驻在郏县，被章邯的另一支部队击败，邓说率军溃逃到陈县。铚县人五逢率军驻扎在许县，章邯击溃了他，五逢也败散到陈县。陈胜把邓说杀了。

【原文】

胜初立时，凌人秦嘉、铚人董緤、符离人朱鸡石、取虑人郑布、徐人丁疾等皆特起①，将兵围东海守于郯②。胜闻，乃使武平君畔为将军，监郯下军。秦嘉自立为大司马，恶属③人，告军吏曰：“武平君年少，不知兵事，勿听。”因矫以王命杀武平君畔。

章邯已破五逢，击陈，柱国房君死。章邯又进击陈西张贺军。胜出临④战，军破，张贺死。

腊月，胜之汝阴⑤，还至下城父⑥，其御⑦庄贾杀胜以降秦。葬砀⑧，谥曰隐王。

【注释】

①淩：县名。在今江苏泗阳西北。緤（xiè）。取虑：县名。在今安徽灵璧北。徐：县名。在今江苏泗洪南。特起：突起，崛起。②东海：郡名。治郯（在今山东郯城西北）。③恶：厌恶。属：隶属。④临：监督。⑤汝阴：秦县名。今安徽阜阳。⑥下城父：古聚落名。在

今安徽涡阳东南之下城父聚。⑦御：车夫。⑧砀（dàng）：秦县名。在今河南夏邑东。

【译文】

陈胜初立为王时，凌县人秦嘉、铚县人董緤、符离人朱鸡石、取虑人郑布、徐县人丁疾等纷纷崛起，率军队把东海郡守包围在郯县。陈王听说后，就委派武平君畔为将军，督率郯城下的各路军队。秦嘉自立为大司马，不愿隶属于武平君，他告诉军吏们说："武平君年轻，不懂军事，不要听他的！"于是假传陈王命令杀了武平君畔。

章邯已击溃五逢，进攻陈县，上柱国蔡赐战死。章邯又进兵攻击陈县西的张贺军。陈胜亲自上阵督战，军队被击溃，张贺战死。

十二月，陈胜到汝阴，转至下城父，他的车夫庄贾杀害他后投降秦军。陈胜葬在砀县，谥号为隐王。

【原文】

赞曰：始皇既没，余威震于殊俗[①]。然而陈涉，瓮牖绳枢之子[②]，甿隶[③]之人，迁徙之徒也，材能不及中庸，非有仲尼、墨翟之知[④]，陶朱、猗顿[⑤]之富。蹑足行伍[⑥]之间，而免起阡陌[⑦]之中，帅罢散之卒，将数百之众，转而攻秦。斩木为兵，揭竿为旗，天下云合[⑧]响应，赢粮而景从[⑨]，山东豪俊遂并起而亡秦族矣。

【注释】

①殊俗：不同风俗之处，指边远地区。②瓮牖（wèng yǒu）：以瓦瓮为窗户。绳枢：以绳子为门枢。形容住房简陋，家境贫寒。③甿（méng）隶：农夫与皂隶（衙门里的差役）。泛指社会地位低下的人。④知：通"智"。⑤陶朱：陶朱公范蠡。越王勾践之臣，后经商致富。猗（yī）顿：春秋时鲁人，大商人。⑥蹑足：插足，等于说出身。行（háng）伍：军队。⑦免起：有作"俯起"，有作"崛起"。免：颜师古曰："免

者，言免脱徭役也。”意思是不用服徭役，意为小官吏。阡陌：乃“什佰”之误。什佰：十长、百长。⑧云合：云集；集合。⑨赢：担负，携带。景：通“影”。影从：形影相随。

【译文】

班固评论道：秦始皇死后，余威仍然震慑边远地区。然而像陈涉这样的人，出身贫寒，只是一个为人耕种的雇农，发配戍边的刑徒，才能不及中等人，既没有孔子、墨子那样的智慧，也没有陶朱、猗顿那样的财富。投身到士兵行列，起事于戍卒之中，带领疲惫散乱的戍卒，统率几百人的队伍，掉转矛头而攻秦。他们斩削树木当兵器，高举竹竿当旗帜，天下之人如风云一样聚集响应，携带粮食，如影随形一样参加起义，山以东广大地区的豪杰之士于是同时起兵，最终推翻了秦朝王室。

【原文】

且天下非小弱也，雍州之地，崤函之固，自若[①]也。陈涉之位，不齿[②]于齐、楚、燕、赵、韩、魏、宋、卫、中山之君；锄耰棘矜[③]，不敌于钩戟长铩[④]；谪戍[⑤]之众，不亢[⑥]于九国之师；深谋远虑，行军用兵之道，非及曩时[⑦]之士也。然而成败异变，功业相反，何也？试使山东之国与陈涉度长絜大[⑧]，比权量力，不可同年而语矣。然秦以区区之地，致万乘之权，招八州而朝同列[⑨]，百有余年，然后以六合为家，崤函为宫。一夫作难而七庙[⑩]隳，身死人手，为天下笑者，何也？仁谊不施，而攻守之势异也。

【注释】

①自若：一如既往，依然如故。②齿：齿列，引申为并列。③锄耰（yōu）：锄把。棘矜：戟柄。棘，通“戟”。④钩戟：有钩的戟。长铩（shā）：长矛。⑤谪（zhé）戍：遣戍远方的罪人。⑥亢：通“抗”。⑦曩（nǎng）时：往时；以前。⑧度（duó）长絜（xié）大：比较长短，度量大小。⑨八州：指九州除雍州外的其他八州。朝同列：使同列的各个诸侯来朝见。⑩作难：发难，这里指起义。七庙：本指四亲（高祖、曾祖、祖、父）庙、二祧（高祖的父和祖父）庙和始祖庙，后泛指帝王的宗庙。这里是指国家政权。

【译文】

再说秦的天下没有缩小变弱，雍州的地利和崤山、函谷关的险要坚固一如既往。陈涉的地位和威望，也没有齐、楚、燕、赵、韩、魏、宋、卫、中山的国君那么高；锄头、戟柄打不过钩戟和长矛；发配戍边的那几百人，抵挡不住九国的军队；深谋远虑，行军与作战指挥的艺术，无法和以往的将帅相提并论。然而成功失败变化不同，功业完全相反，这是为什么呢？假如拿当年崤山以东的诸侯国与陈胜量长短、测大小，比较权势，衡量实力，则完全不可同日而语。然而，秦国当年凭借区区地盘，发展为有万乘战车的强国，抑制其他八州而使诸侯都来朝拜，这中间经历了一百多年的时间，最后以天下为家，以崤山、函谷关为宫墙，建国立业。可是，陈胜一人首先发难，而秦的政权全

被摧毁，皇帝也被人杀死，沦为天下人的笑柄，这是为什么呢？在于不实行仁义，而攻取与守成的形势不同罢了。

【简析】

本篇叙述陈胜一生的事迹。陈胜是秦末起义的首倡者，推动了历史的发展，作者给以其一定的历史评价；《汉书》合列于传，主要是由体例所决定，同时也寓贬低其历史地位之意。《汉书》写陈胜，取材于《史记》，在热情地叙述他的英雄业绩的同时，也总结其失败的经验教训，讥刺陈涉贪图个人富贵而遗忘故人，有贬低其历史地位之意。

项籍传

——楚汉相争，西楚霸王横世出

【原文】

项籍字羽，下相①人也。初起，年二十四。其季父梁，梁父即楚名将项燕者也。家世楚将，封于项②，故姓项氏。

籍少时，学书③不成，去；学剑又不成，去。梁怒之。籍曰："书足记姓名而已。剑一人敌，不足学。学万人敌耳。"于是梁奇其意，乃教以兵法。籍大喜，略知其意，又不肯竟。梁尝有栎阳逮④，请蕲狱椽⑤曹咎书抵栎阳狱史司马欣，以故事皆已。梁尝杀人，与籍避仇吴中⑥。吴中贤士大夫皆出梁下。每有大繇役及丧，梁常主办，阴以兵法部勒⑦宾客子弟，以知其能。秦始皇帝东游会稽⑧，渡浙江⑨，梁与籍观。籍曰："彼可取而代也。"梁掩其口，曰："无妄言，族⑩矣！"梁以此奇籍。籍长八尺二寸，力扛鼎，才气过人，吴中子弟皆惮籍。

【注释】

①下相：秦县名。在今江苏宿迁西。②项：秦县名。今河南沈丘。③书：写字。④栎阳逮：被栎阳县逮捕。⑤蕲（qí）狱椽：蕲县的狱吏。⑥吴中：指吴县（今江苏苏州市）一带。⑦阴：暗中。部勒：部署约束。⑧会稽：郡名。治吴县。⑨浙江：指今浙江省杭县以下的钱塘江。⑩族：族诛，灭族。

【译文】

项籍，字羽，下相人。初起兵时，二十四岁。他的叔父叫项梁，项梁的父亲就是楚国名将项燕。项家世代为楚将，封在项地，所以姓项。

项籍年少时，学习识字，没有成就，便放弃了；学习剑术，又无成就，又放弃了。项梁对他很不满。项籍说：“识字能记个姓名就行了。剑术仅能对抗一个人，不值得学习。我要学习能抵挡上万人的本事。”项梁因此惊奇于他的志

向，便教项籍兵法。项籍大喜，略微知道一点儿皮毛后，又不肯学完。项梁曾被栎阳官吏逮捕，就请蕲县监狱的狱吏曹咎写信给栎阳监狱的狱史司马欣，这样事情才算了结。项梁曾杀了人，和项籍避仇逃到吴中。吴中贤士大夫才能大都在项梁之下。每当吴中有大徭役和丧事，通常都是项梁主办。他暗地用兵法安排约束宾客、子弟，借此了解他们的才能。秦始皇东游会稽，渡钱塘江，项梁和项籍一起观看。项籍说："那个家伙，我们可以取而代之！"项梁捂住他的嘴，说："不要胡说，会灭族啊！"项梁因此认为项籍有奇志。项籍身高八尺二寸，力能举鼎，才能和胆气过人，吴中子弟都畏惧他。

【原文】

秦二世元年，陈胜起。九月，会稽假守通[①]素贤梁，乃召与计事。梁曰："方今江西[②]皆反秦，此亦天亡秦时也。先发制人，后发制于人。"守叹曰："闻夫子楚将世家，唯足下耳！"梁曰："吴有奇士桓楚，亡在泽中，人莫知其处，独籍知之。"梁乃戒籍持剑居外待。梁复入，与守语曰："请召籍，使受令召桓楚。"籍入，梁眴[③]籍曰："可行矣！"籍遂拔剑击斩守。梁持守头，佩其印绶。门下[④]惊扰，籍所击杀数十百人。府中皆詟伏[⑤]，莫敢复起。梁乃召故人所知豪吏，谕以所为，遂举吴中兵。使人收下县[⑥]，得精兵八千人，部署豪桀为校尉、候、司马。有一人不得官，自言。梁曰："某时某丧，使公主某事，不能办，以故不任公。"众乃皆服。梁为会稽将，籍为裨将[⑦]，徇下县。

【注释】

①假守：代理郡守。通：殷通。②江西：指长江九江至南京段以西地区。③眴（shùn）：以目示意，使眼色。④门下：指郡守左右的手下。⑤詟（zhé）伏：因恐惧而不敢动弹。⑥收下县：占领会稽郡所属各县。⑦裨（pí）将：副将。

【译文】

秦二世元年（公元前209年），陈胜在大泽乡起义。这年九月，会稽代理郡守殷通一向认为项梁贤能，就召他议事。项梁说："九江以西的地方都反了，这是上天要灭亡秦朝的时候啊。先下手就能制服人，后行动就会被人家制服。"殷通叹息说："听说先生是楚将世家之后，举大事只有靠您了！"项梁说："吴地有奇士桓楚，逃亡在湖泽之中，人们不知道他的住处，只有项籍知道。"项梁出去嘱咐项籍持剑在外等候。项梁再次进去，对郡守说："请召见项籍，让他接受使命去召见桓楚。"项籍进来，项梁向项籍使了个眼色，说："可以行动了！"于是项籍就拔剑击杀了郡守。项梁提着郡守的首级，佩带着郡守的官印。郡守的手下都惊惧慌乱，项籍砍杀了百十来人。满衙门的人都吓得趴在地上，没有谁敢站起来。项梁就召集以前所熟悉的豪绅官吏，讲明自己所做之事，随后调集吴中兵马。派人占领会稽郡所属各县，得到精兵八千，项梁任命吴中豪杰担任校尉、军候、司马。有一个人未被任用，自己去跟项梁争辩。项梁说："前些时候某人死了，让您主办某件事，没能办成，因此不任用您。"众人都很叹服。项梁担任会稽将军，项籍担任副将，巡视下属各县。

【原文】

秦二年，广陵人召平为陈胜徇广陵[①]，未下。闻陈胜败走，秦将章邯且至，乃渡江矫陈王令，拜梁为楚上柱国，曰："江东[②]已定，急引兵西击秦。"梁乃以八千人渡江而西。闻陈婴已下东阳[③]，使使欲与连和俱西。陈婴者，故东阳令史，居县，素信，为长者。东阳少年杀其令，相聚数千人，欲立长，无适用，乃请陈婴。婴谢不能，遂强立之，县中从之者得二万人。欲立婴为王，异军苍头[④]特起。婴母谓婴曰："自吾为乃[⑤]家妇，闻先故未曾贵。今暴得大名，不祥。不如有所

属，事成犹得封侯，事败易以亡，非世所指名[⑥]也。”婴乃不敢为王，谓其军吏曰：“项氏世世将家，有名于楚，今欲举大事，将非其人，不可。我倚名族，亡秦必矣。”其众从之，乃以其兵属梁。梁渡淮，英布、蒲将军亦以其兵属焉。凡六七万人，军下邳[⑦]。

【注释】

①广陵：秦县名。今江苏扬州市。②江东：指长江自九江至南京段以东地区。③东阳：秦县名。今江苏盱眙东。④异军：与众不同的部队。苍头：指以青布裹头的士兵。⑤乃：你。⑥指名：知名；著名。意思是其人之名受人注意。⑦军：驻扎。下邳：县名。在今江苏邳县南。

【译文】

秦二世二年（公元前208年），广陵人召平为陈胜攻打广陵，没有攻下。后来他听说陈胜败逃，秦将章邯马上来到，就渡江假托陈王的命令，封项梁为楚上柱国，并说：“江东已经平定，你迅速带兵西进攻打秦军。”项梁于是带领八千人渡江西进。项梁听说陈婴已经占领东阳，就派遣使者要求跟他联合，一起西进。陈婴原是东阳县令史，住在县城，素来诚信，人们尊为长者。东阳的年轻人杀死县令，聚集几千人，想推举首领，没有合适的人，就请陈婴出任。陈婴以没才能为借口来辞谢，大家就强立陈婴为首领，县里跟随起义的有两万人。众人想拥立陈婴称王，用青布裹头，表明他们是新起的义军。陈婴的母亲对他说："自从我做了陈家的媳妇，没有听说你家祖先有过显贵人物。现在突然获得大名，不是好兆头。不如归附别人，事情成功了还能封侯，事情失败了也容易躲避，因为不是社会上的名人。"陈婴便不敢称王，对他的军官们说："项家世世代代是将门，在楚国很有名望。现在要想办大事，主帅非这等人不行。我们依仗名家大族，一定能灭亡秦朝。"大家听从他的话，让部队归项梁统率。项梁渡过淮河，英布、蒲将军也带了军队来归附他。至此项梁总共已有六七万人，驻军下邳。

【原文】

是时，秦嘉已立景驹为楚王，军彭城①东，欲以距②梁。梁谓军吏曰："陈王首事，战不利，未闻所在。今秦嘉背陈王立景驹，大逆亡道。"乃引兵击秦嘉。嘉军败走，追至胡陵③。嘉还战一日，嘉死，军降。景驹走死梁地④。梁已并秦嘉军，军胡陵，将引而西。章邯至栗⑤，梁使别将朱鸡石、余樊君与战。余樊君死。朱鸡石败，亡走胡陵。梁乃引兵入薛⑥，诛朱鸡石。梁前使羽别攻襄城⑦，襄城坚守不下。已拔⑧，皆坑⑨之，还报梁。闻陈王定死，召诸别将会薛计事。时沛公亦从沛往。

【注释】

①彭城：县名。今江苏徐州市。②距：古同"拒"，抵御。③胡陵：秦县名。在今山东鱼台东南。④梁地：指战国时魏地，今豫东等一带。⑤栗：秦县名。今河南夏邑。⑥薛：县名。今山东薛城。⑦襄城：县名。今河南襄城。⑧拔：攻克。⑨坑：把人活埋。

【译文】

这时，秦嘉已拥立景驹为楚王，驻军彭城东面，想在此抵抗项梁。项梁对军官们说："陈王首先起事，作战不利，不知道下落。现在秦嘉背叛陈王而拥立景驹，大逆不道。"于是进兵攻打秦嘉。秦嘉军队败逃，项梁追击到胡陵。秦嘉回军交战一天，秦嘉战死，军队投降。景驹逃跑，死在梁地。项梁兼并了秦嘉的军队，驻军胡陵，将要领兵西进。章邯的军队到达栗县，项梁派副将朱鸡石、余樊君迎战。余樊君战死，朱鸡石的军队溃败，逃奔胡陵。项梁就率领军队进入薛县，杀了朱鸡石。项梁先前派项羽另外攻打襄城，襄城官兵坚守，一时难以攻下。等到攻克之后，项羽把他们全部活埋了，然后回来报告项梁。项梁听说陈王确实死了，就召集各部将领到薛县商量大计。这时沛公也从沛县赶来参加会议。

【原文】

居鄛[①]人范增年七十，素好奇计，往说梁曰："陈胜败固当。夫秦灭六国，楚最亡罪，自怀王入秦不反，楚人怜之至今，故南公称曰'楚虽三户，亡秦必楚'。今陈胜首事，不立楚后，其势不长。今君起江东，楚蠭[②]起之将皆争附君者，以君世世楚将，为能复立楚之后也。"于是梁乃求楚怀王孙心，在民间为人牧羊，立以为楚怀王，从民望也。陈婴为上柱国，封五县，与怀王都盱台[③]。梁自号武信君，引兵攻亢父[④]。

【注释】

①居鄛（cháo）：县名。在今安徽桐城南。②蠭：同"蜂"。③盱（xū）台：县名。在今江苏盱眙（yí）东北。④亢父（gāng fǔ）：县名。在今山东济南市南。

【译文】

居鄛人范增，已经七十岁了，一向善出奇计，前去游说项梁说：“陈胜失败是必然的。秦朝灭亡六国，楚国最为无辜，自从怀王到秦国一去不返，楚国人怀念他一直到如今，因此楚南公说：‘楚国即使只剩三户人家，灭亡秦国的还必定是楚国。’现在陈胜首先起事，不拥立楚王的后代而自立为王，他的势力不能久长。现在您在江东起兵，楚地蜂拥而起的将领都争着追随您的原因，是由于您家世世代代是楚国的将领，能够重新拥立楚王的后代。”于是项梁就到民间寻访楚怀王的孙子心，发现他正在替人家放羊，便拥立他做楚怀王，以顺从人民的愿望。任命陈婴为楚国上柱国，赐封五县，跟随怀王定都盱台。项梁自称为武信君，率军攻打亢父。

【原文】

梁起东阿，比至定陶，再破秦军，羽等又斩李由，益轻秦，有骄色。宋义谏曰：“战胜而将骄卒惰者败。今少惰矣，秦兵日益，臣为君[①]畏之。”梁不听。乃使宋义于齐。道遇齐使者高陵君显，曰：“公将见

武信君乎？”曰：“然。”义曰：“臣论武信君军必败。公徐行则免，疾行则及祸。”秦果悉起兵益[2]章邯，夜衔枚[3]击楚，大破之定陶，梁死。沛公与羽去外黄[4]，攻陈留[5]，陈留坚守不下。沛公、羽相与谋曰：“今梁军败，士卒恐。”乃与吕臣俱引兵而东。吕臣军彭城东，羽军彭城西，沛公军砀。

【注释】

①臣：这里是自谦之词。君：这里是对人的尊称。②益：增援。③衔枚：行军时口中衔着枚，以防出声。枚：古代行军时，士卒口衔用以防止喧哗的器具，形如筷子。④外黄，春秋宋邑，战国属齐，故地在今河南民权县西北内黄集。⑤陈留：秦县名。在今河南开封市东南之陈留镇。

【译文】

项梁从东阿出发，等到达定陶，再次打败秦军，项羽等人又杀死了李由，于是更加轻视秦军，显出了骄傲的神色。宋义就规劝项梁说：“打了胜仗，如果将领骄傲、士兵懈怠就会失败。现在士兵有些懈怠了，秦兵又一天天增加，我很替您担心。”项梁没有理睬，而派宋义出使齐国。宋义在路上遇到齐国的使者高陵君显，问他道：“您将要见武信君吧？”回答说：“是的。”宋义说：“我断定武信君的军队一定会失败。您慢去就免死，快去就遭殃。”秦朝果然发动全部军队增援章邯，士兵口中衔枚趁夜攻打楚军，在定陶打垮了楚军，项梁战死。沛公、项羽撤离外黄，进攻陈留，陈留军民坚守，没能攻下。沛公、项羽相互商量道：“现在项梁的军队垮了，士兵十分害怕。”就和吕臣的部队一起向东撤退。吕臣驻军彭城东面，项羽驻军彭城西面，沛公驻军砀县。

【原文】

宋义所遇齐使者高陵君显见楚怀王曰：“宋义论武信君必败，数日果败。军未战先见败征[1]，可谓知兵矣。”王召宋义与计事而说之，因以为上将军；羽为鲁公，为次将；范增为末将。秦三年，羽晨朝[2]上将军宋义，即其帐中斩义头。出令军中曰：“宋义与齐谋反楚，楚王阴令籍诛之。”诸将詟服，莫敢枝梧[3]。皆曰：“首立楚者，将军家也，今将军诛乱。”乃相与共立羽为假上将军。使人追宋义子，及之齐，杀之。使桓楚报命于王。王因使使立羽为上将军。

【注释】

①征：征兆。②朝：拜见。③枝梧：同“支吾”，吭声。

【译文】

宋义所遇到的齐国使者高陵君显见了楚怀王说：“宋义断定武信君必败，没几天果然失败了。军队没有交战就预先看到了失败的征兆，这也可以说是懂得用兵啦。”楚王召见宋义，同他商讨大事，非常喜欢他，就任命他为上将军；项羽封为鲁公，担任次将；范增担任末将。秦二世三年（公元前207年），项羽早晨去拜见上将军宋义时，就在帐中斩了宋义的头。出帐向军中发布命令说：“宋义与齐国阴谋反楚，楚王密令我杀死他。”诸将都吓得不敢动弹，无人敢吭声。都说：“首先拥立楚王的是将军家，现在又是将军诛灭了乱臣贼子。”于是共同拥立项羽为代理上将军。派人追赶宋义的儿子，追到齐国把他杀了。派遣桓楚向怀王报告情况，怀王就派使臣封项羽为上将军。

【原文】

羽已杀卿子冠军[1]，威震楚国，名闻诸侯。乃遣当阳君、蒲将军将卒二万人渡河救钜鹿[2]。战少利，陈馀复请兵。羽乃悉引兵渡河。已渡，皆湛舡[3]，破釜甑[4]，烧庐舍，持三日粮，视[5]士必死，无还心。于是至则围王离，与秦军遇，九战，绝甬道，大破之，杀苏角，虏王离，涉闲不降，自烧杀。当是时，楚兵冠诸侯。诸侯军救巨鹿者十余

壁[⑥]，莫敢纵兵。及楚击秦，诸侯皆从壁上观。楚战士无不一当十，呼声动天地。诸侯军人人惴恐。于是楚已破秦军，羽见[⑦]诸侯将，入辕门[⑧]，膝行而前，莫敢仰视，羽繇是始为诸侯上将军，兵皆属焉。

【注释】

①卿子：对人之尊称。冠军：对上将军之称。②河：指漳河。钜鹿：秦县名。今河北省邢台市中部。③湛：通“沉”。舡：同“船”。④釜甑（fǔ zèng）：泛指炊具。釜：锅。甑：蒸饭用具。⑤视：同“示”，表示。⑥壁：军营的围墙，此处指营寨。⑦见：召见。⑧辕门：古时军营的门或官署的外门。

【译文】

项羽杀掉宋义之后，威震楚国，名声传遍诸侯。他就派当阳君、蒲将军统兵两万渡过漳河，援救钜鹿。战事刚取得一点儿胜利，陈馀又请求援兵。项羽就统率全部军队渡过漳河。渡过河，凿沉全部船只，砸毁锅灶，烧掉营垒，命令士卒每人只带三天的干粮，借此向士兵表示决一死战，无退还之心。于是一到钜鹿就包围王离，九战秦军，截断他们的运粮甬道，大败秦军，杀了苏角，俘虏了王离。涉闲不肯投降楚军，自焚而死。在这个时候，楚军雄冠诸侯。诸侯援军前来救援钜鹿的有十多座营寨，都不敢出兵。等到楚军攻打秦军时，诸侯军的将领都只敢在壁垒上观看。楚军战士无不以一当十，杀声震天。诸侯军无不人人战栗惊恐。就这样打败秦军之后，项羽召见诸侯将领，他们进入辕门时，个个跪着前行，没有谁敢仰视。项羽从此开始成为诸侯的上将军，各路诸侯之兵都隶属于他。

【原文】

邯使使见羽，欲约[①]。羽召军吏谋曰：“粮少，欲听其约。”军吏皆曰：“善”。羽乃与盟洹水南殷虚上[②]。已盟，章邯见羽流涕，为言赵高。羽乃立章邯为雍王，置军中。使长史欣为上将，将秦军行前。

汉元年，羽将诸侯兵三十余万，行略地至河南[3]，遂西到新安[4]。异时诸侯吏卒徭役屯戍过秦中[5]，秦中遇之多亡状[6]，及秦军降诸侯，诸侯吏卒乘胜奴虏使之，轻折辱秦吏卒。吏卒多窃言曰："章将军等诈吾属降诸侯，今能入关破秦，大善；即不能，诸侯虏吾属而东，秦又尽诛吾父母妻子。"诸将微闻其计，以告羽。羽乃召英布、蒲将军计曰："秦吏卒尚众，其心不服，至关不听，事必危，不如击之，独与章邯、长史欣、都尉翳[7]入秦。"于是夜击坑秦军二十余万人。

【注释】

①约：订立和约。②洹水：今河南安阳市北的安阳河。殷虚：殷墟，殷朝的故都之一。在今安阳市西小屯村。③河南：今河南黄河以南地区。④新安：县名，在今河南新安西。⑤秦中：指关中地区。⑥亡状：无

状，很不礼貌。⑦都尉翳（yì）：董翳，在秦军中任都尉。

【译文】

章邯派人求见项羽，想要议和。项羽召集军官们商议说："因为我们粮食缺少，所以我想要答应他们的议和。"军官们都说："好。"项羽于是与章邯在洹水南边的殷墟会盟。订完盟约，章邯见了项羽，就流着眼泪，诉说赵高的种种行为。项羽于是封章邯为雍王，安置在楚军中。让长史司马欣担任上将军，统率秦军为先锋。

汉元年（公元前206年），项羽率领诸侯兵三十多万人，一路进军攻占城池，打到河南，接着又到达新安。过去诸侯军中的官兵服徭役或屯守边疆路过秦中时，秦中官兵对待他们多有无礼之处，等到秦军投降了诸侯，诸侯军中的官兵们很多乘胜把秦军官兵当奴隶俘虏使唤，随便折磨侮辱秦军官吏、士兵。秦军官兵很多人暗地议论说："章将军等人骗我们投降诸侯，现在如果能够入关破秦，那是大好事；如果不能，诸侯军俘虏我们去了东面，秦朝定会杀尽我们的父母妻儿。"将领们暗中探听到这些议论，报告项羽。项羽就召集英布、蒲将军等人商议说："秦军官兵人数还很多，内心不服，到关中不听指挥，事情就危险了，不如杀掉他们，而只和章邯、长史司马欣、都尉董翳等进入秦地。"于是楚军夜间出击出其不意地坑杀了秦兵二十多万人。

【原文】

至函谷关，有兵守，不得入。闻沛公已屠咸阳，羽大怒，使当阳君[①]击关。羽遂入，至戏西鸿门[②]。闻沛公欲王关中，独有秦府库珍宝，亚父范增亦大怒，劝羽击沛公。飨士[③]，旦日合战。羽季父项伯素善张良。良时从沛公，项伯夜以语良。良与俱见沛公，因伯自解[④]于羽。明日，沛公从百余骑至鸿门谢羽，自陈"封秦府库，还军霸上以待大王，闭关以备他盗，不敢背德"。羽意既解，范增欲害沛公，赖张良、樊哙得免。

后数日，羽乃屠咸阳，杀秦降王子婴，烧其宫室，火三月不灭；收其宝货，略妇女而东。秦民失望。于是韩生说羽曰："关中阻山带河[⑤]，四塞[⑥]之地，肥饶，可都以伯。"羽见秦宫室皆已烧残，又怀思东归，曰："富贵不归故乡，如衣锦夜行[⑦]。"韩生曰："人谓楚人沐猴而冠[⑧]，果然。"羽闻之，斩韩生。

【注释】

①当阳君：英布。②戏西：戏水以西。鸿门：地名。今称项王营，在今陕西临潼东。③飨（xiǎng）士：以酒食款待士兵，犒劳士卒。④自解：亲自解释。⑤阻山带河：靠山环河。指形势险要。⑥四塞：四境皆有天险，可作屏障。⑦衣锦夜行：穿了锦绣衣裳在夜间走路，比喻虽居官位，却不能使人看到自己的荣耀。⑧沐猴而冠：猕猴戴帽子。比喻外表虽装扮得很像样，但本质却掩盖不了。常用来讽刺依附权势、窃据名位之人。

【译文】

项羽军到了函谷关时，发现有军队把守，不得进入。听说沛公已经攻下咸阳，项羽大怒，派当阳君英布等人攻打函谷关。项羽这才进入函谷关，到达戏水西面的鸿门。听说沛公想当关中王，独自占有秦朝府库珍宝，亚父范增也大怒，劝项羽袭击沛公。于是设酒宴犒劳士卒，准备到第二天交战。项羽的叔父项伯，向来与张良要好。张良这时跟随沛公，项伯就连夜赶去，把事情都告诉了张良。张良带项伯一起去见沛公，求项伯解除项羽的疑心。次日，沛公带领一百多骑兵到鸿门拜见项羽，解释说："封存秦朝府库，退军到霸上以便恭候大王，闭关是为了防备其他盗贼，不敢违背大王恩德。"项羽的疑虑已经打消，范增还想杀沛公，多亏张良、樊哙才得幸免。

过了几天，项羽领兵洗劫了咸阳，杀了秦朝降王子婴，烧了秦朝宫室，大火三个月不灭；他掠夺了秦朝的财宝和美女往东而去，秦民大失所望。这时韩生劝说项王道："关中靠山环河，四面皆有天险，土地肥沃，可以建都称霸。"项王看到秦朝宫室都已被焚烧残破，又思恋家乡要回东方，说："富贵不回家乡，就如穿着锦绣衣服在夜间行走。"韩生说："人们说楚国人都是猴子戴人帽，看来果真如此。"项王听到后，就杀了韩生。

【原文】

初，怀王与诸将约，先入关者王其地。羽既背约，使人致命[①]于怀王。怀王曰："如约。"羽乃曰："怀王者，吾家武信君所立耳，非有功伐[②]，何以得颛[③]主约？天下初发难，假[④]立诸侯后以伐秦。然身被坚执锐首事，暴露于野三年，灭秦定天下者，皆将相诸君与籍力也。怀王亡功，固当分其地王之。"诸将皆曰："善。"羽乃阳[⑤]尊怀王为义帝，曰："古之王者，地方千里，必居上游。"徙之长沙，都郴[⑥]。乃分天下以王诸侯。

羽与范增疑沛公，业已讲

解[7]，又恶背约，恐诸侯叛之，阴谋曰："巴、蜀道险，秦之迁民皆居之。"乃曰："巴、蜀亦关中地。"故立沛公为汉王，王巴、蜀、汉中。而三分关中，王秦降将以距塞汉道。羽自立为西楚伯王。王梁楚地九郡，都彭城。

【注释】

①致命：请示。②功伐：功劳；功勋。③颛：同"专"，专断。④假：暂时。⑤阳：表面上。⑥郴（chēn）：秦县名。今湖南郴州。⑦讲解：讲和，和解。

【译文】

当初，怀王与诸将领约定，先进入潼关的可在关中称王。项羽已经背叛盟约，便派人请示怀王，怀王说："按先前约定的办。"项羽说："怀王是我项家武信君拥立的，他没有什么功劳，怎么能自己专断主立盟约呢？全国初起事时，暂时拥立诸侯后裔为王，是为了便于讨伐秦朝。然而亲自披坚执锐，首先起事，风餐露宿历经三年，灭秦平定天下的，都是各位将相和我的力量啊！怀王尽管无功，仍应分给他土地尊他为王。"诸将都说："好。"于是项羽表面上推尊怀王为义帝，说："古代称王的，拥有领地千里，必定定居在水的上游。"于是把怀王迁徙到长沙，建都郴县。然后划分天下封地让诸侯称王。

项王、范增虽然怀疑沛公想要独占天下，可是双方已经讲和，顾忌一旦违约，恐怕诸侯背叛，就暗中谋划道："巴郡、蜀郡道路艰险，秦朝流放的人都在蜀地。"于是说："巴郡、蜀郡也是关中之地。"因此立沛公为汉王，领有巴郡、蜀郡、汉中。而把关中划为三份，封秦朝降将为王，用以阻挡汉王。项王自封为西楚霸王，领有梁楚地区九个郡，建都彭城。

【原文】

三年，羽数击绝汉甬道，汉王食乏，请和，割荥阳以西为汉。羽欲听之，历阳侯范增曰："汉易与[①]耳，今不取，后必悔之。"羽乃急围荥阳。汉王患之，乃与陈平金四万斤以间楚君臣。项羽以故疑范增，稍夺之权。范增怒曰："天下事大定矣，君王自为之！愿赐骸骨归[②]。"行未至彭城，疽[③]发背死。

【注释】

①易与：容易对付。②赐骸骨：古代大臣请求致仕（辞官退休）的婉词。骸骨：身体的代称。③疽（jū）：一种恶性的疮。。

【译文】

汉三年（公元前204年），项王多次侵夺汉军甬道，汉王缺粮，请求讲和，划分荥阳以西归汉。项王也想同意，历阳侯范增却说："汉军现在容易对付了，现在不攻取，以后必定后悔。"项王于是迅速包围荥阳。汉王十分担心，就交给陈平四万斤黄金去离间项王君臣关系。项王因此便怀疑范增，渐渐剥夺他的权力。范增大怒，说："天下事大体已定，君王自己去干吧！希望您赐我告老还乡。"范增还未走到彭城，就发背疮而死。

【原文】

汉王四年，汉军方围钟离眛于荥阳东，羽军至。汉军畏楚，尽走险阻[①]。羽亦军广武相守，乃为高俎[②]，置太公其上，告汉王曰："今不急下[③]，吾亨[④]太公。"汉王曰："吾与若[⑤]俱北面受命怀王，约为兄弟，吾翁即汝翁。必欲亨[⑥]乃翁，幸分我一杯羹。"羽怒，欲杀之。项伯曰："天下事未可知。且为天下者不顾家，虽杀之无益，但益[⑦]怨耳。"羽从之。乃使人谓汉王曰："天下匈匈[⑧]，徒以吾两人。愿与王挑战，决雌雄，毋徒罢天下父子为也。"汉王笑谢曰："吾宁斗智，不能斗力。”羽怒，伏弩射伤汉王。汉王入成皋。

【注释】

①险阻：险要地带。②高俎（zǔ）：古代祭祀时摆牲肉的高案。③下：投降。④亨：同“烹”。⑤若：你。⑥乃：你。⑦益：增加。⑧匈匈：同“讻讻”，动乱，纷扰。

【译文】

汉王四年（公元前203年），汉军正在荥阳东面包围了钟离眛，项羽率军来到。汉军畏惧楚军，全部奔往险要地带。项羽军也驻扎在广武县防守，做了一张高几案，把刘太公放在上面，通告汉王说：“如果不赶快投降，我就烹杀太公。”汉王说：“我与项王一起为臣接受怀王的命令，相约为兄弟，我的父亲就是你的父亲。如果你一定要烹杀你的老爹，那我希望你分给我一杯肉汤。”项王大怒，要杀太公。项伯说：“天下大事还不可预料。况且争夺天下的人无法顾及家人，即使杀了他也没有好处，只会增加怨恨罢了。”项王听从了他的话。项王便派人对汉王说：“天下动乱，只是因为我们两个人罢了，

希望与汉王挑战，一决雌雄，不要白白连累天下百姓啊！”汉王笑着谢绝道：“我宁愿斗智，不愿斗力。”项王大怒，命埋伏的弓箭手射伤汉王。汉王退往成皋。

【原文】

时，汉关中兵益出，食多，羽兵食少。汉王使侯公说[1]羽，羽乃与汉王约，中分天下，割鸿沟而西者为汉，东者为楚，归汉王父母妻子。已约，羽解[2]而东。五年，汉王进兵追羽，至固陵，复为羽所败。汉王用张良计，致[3]齐王信、建成侯彭越兵，及刘贾入楚地，围寿春。大司马周殷叛楚，举九江兵随刘贾，迎黥布，与齐梁诸侯皆大会。

【注释】

①说：游说，劝说。②解：收兵。③致：调集。

【译文】

这时，汉关中派出的士兵大量增加，粮草充足，项王兵少粮缺。汉王派遣侯公前往游说项王，项王就跟汉王订约：平分天下，划鸿沟以西的地方属汉国，鸿沟以东的地方属楚国，归还汉王的父母妻儿。约定后，项羽收兵东归。汉高帝五年（公元前 202 年），汉军进兵追击项羽军，到达固陵县，又被项羽打败。汉王采用张良的计策，调集齐王韩信、建成侯彭越的部队，又让刘贾率兵入楚地，包围寿春。大司马周殷背叛楚国，率领九江全部士兵追随刘贾，迎接黥布，与齐国、梁国等诸侯全部会合起来。

【原文】

羽壁[1]垓下，军少食尽。汉帅诸侯兵围之数重。羽夜闻汉军四面皆楚歌，乃惊曰：“汉皆已得楚乎？是何楚人多也！”起饮帐中。有美人姓虞氏，常幸从；骏马名骓[2]，常骑。乃悲歌忼慨[3]，自为歌诗曰："力拔山兮气盖世，时不利兮骓不逝[4]。骓不逝兮可奈何！虞兮虞兮奈若何[5]！"歌数曲，美人和之。羽泣下数行，左右皆泣，莫能仰视。

【注释】

①壁：扎营。②骓（zhuī）：黑白相间的马。③忼慨：激昂，愤激。④逝：这里是前进之意。⑤奈若何：对你怎么办。

【译文】

项羽军队在垓下筑起营垒，兵少粮尽。汉军及诸侯兵重重包围楚军。项羽晚上听到汉军周围都唱着楚歌，大惊道："汉军都已经占领楚地了吗？为什么楚人这么多！"于是起身在营帐中饮酒。项羽有位美人姓虞，经常受宠随从；有匹骏马名叫骓，项羽经常骑它。这时项羽慷慨悲歌，自己作诗吟唱道："力拔山兮气盖世，时不利兮骓不逝。骓不逝兮可奈何，虞兮虞兮奈若何！"唱了几遍，美人也随声和唱。项羽泪下数行，身边的随从也都哭泣，不忍抬头看他。

【原文】

于是羽遂上马，戏下[1]骑从者八百余人，夜直溃围南出驰。平明，汉军乃觉之，令骑将灌婴以五千骑追羽。羽渡淮，骑能属者百余人。羽至阴陵[2]，迷失道，问一田父，田父绐[3]曰"左"。左，乃陷大泽中，以故汉追及之。羽复引而东，至东城[4]，乃有二十八骑。追者数千，羽自度不得脱，谓其骑曰："吾起兵至今八岁矣，身七十余战，所当者破，所击者服，未尝败北，遂伯有天下。然今卒困于此，此天亡我，非战之罪也。今日固决死，愿为诸军快战，必三胜，斩将，艾[5]旗，乃后死，使诸君知我非用兵罪，天亡我也。"于是引其骑因四隤山而为圜陈[6]外向。汉骑围之数重。羽谓其骑曰："吾为公取彼一将。"令四面

骑驰下，期山东为三处。于是羽大呼驰下，汉军皆披靡[7]，遂杀汉一将。是时，杨喜为郎骑，追羽，羽还叱之，喜人马俱惊，辟易[8]数里。与其骑会三处。汉军不知羽所居，分军为三，复围之。羽乃驰，复斩汉一都尉，杀数十百人。复聚其骑，亡两骑。乃谓骑曰："何如？"骑皆服曰："如大王言。"

【注释】

①戏：同"麾"。麾（huī）下：部下。②阴陵：县名。在今安徽定远西北。③绐（dài）：欺骗。④东城：县名。在今安徽定远东南。⑤艾：当为"刈（yì）"，断。⑥四隤（tuí）山：又名四马山。在乌江附近，在今安徽和县北。陈：同"阵"。⑦披靡：形容军队溃败。⑧辟易：惊退。

【译文】

于是项羽上马，部下骑马相随的有八百多人，当夜直接突围往南，飞马奔驰。天亮后，汉军才发觉，命令骑将灌婴率领五千骑兵追赶。项羽渡过淮河，能跟得上的骑兵只有一百多人。项羽到达阴陵，迷失了道路，问一个农夫，农夫骗他说："往左。"往左，便陷进了大沼泽地中，因此被汉军追上了。项羽又领兵东奔，到达东城，只剩下二十八个骑兵了。汉军骑兵追赶的有几千人，项羽自己料想不能逃脱，便对他的骑兵们说："我起兵到现在八年了，身经七十多次战斗，凡是抵抗的敌人都要败亡，攻击的敌人都要降服，未曾失败过，这才霸有天下。然而今天终于困在这里，这是上天要灭亡我，并非作战的过错。今天一定要决一死战，愿为诸位痛快一战，一定接连三次获胜，斩敌将，砍敌旗，然后战死。让诸君知道不是我用兵的过错，是上天要灭亡我。"于是带着他的人马依靠四隤山向外形成圜阵。这时汉军已重重包围。项羽对他的骑兵们说："我为诸位斩他一将。"命令骑兵们四面奔驰而下，约定到山的东边分三处集合。于是项羽大声呼喊奔驰而下，汉军都随之溃散，于是就斩杀了一员汉将。这时杨喜任郎骑，追赶项羽，项羽回头怒目呵叱，杨喜人马都受到惊吓，退避好几里地。项羽与骑兵们分为三处。汉军不知道项羽在哪里，就分为三路，重新包围。项羽纵马奔驰，又斩杀一名汉军都尉，杀掉上百人。又聚集他的骑兵，仅损失两名而已。项羽就问骑兵们道："怎么样？"骑兵们都敬服地说："正像大王说的一样。"

【原文】

于是羽遂引东，欲渡乌江①。乌江亭长舣②船待，谓羽曰："江东虽小，地方千里，众数十万，亦足王③也。愿大王急渡。今独臣有船，汉军至，亡以渡。"羽笑曰："乃天亡我，何渡为！且籍与江东子弟八千人渡而西，今亡一人还，纵江东父兄怜而王我，我何面目见之哉？纵彼不言，籍独不愧于心乎！"谓亭长曰："吾知公长者也，吾骑此马五岁，所当亡敌，尝一日千里，吾不忍杀，以赐公。"乃令骑皆去马，步持短兵接战。羽独所杀汉军数百人，羽亦被十余创。顾见汉骑司马吕马童曰："若非吾故人乎？"马童面④之，指王翳曰："此项王也。"羽乃曰："吾闻汉购我头千金，邑万户，吾为公得。"乃自刭。王翳取其头，乱相蹂蹈⑤争羽相杀者数十人。最后杨喜、吕马童、郎中吕胜、杨武各得其一体。故分其地以封五人，皆为列侯。

汉王乃以鲁公号葬羽于谷城。诸项支属皆不诛。封项伯等四人为列侯，赐姓刘氏。

【注释】

①乌江：渡口名。在今安徽和县东北。在乌江附近，古有乌江亭，今有乌江镇。②舣（yǐ）：停船靠岸。③足王：足以称王。④面：面对；有说“背”。⑤轹蹈：践踏。轹，通“蹂”。⑥谷城：秦县名，今山东东阿南东阿镇。

【译文】

于是项王就带兵向东，准备渡过乌江。乌江亭长停船靠岸等着他，对项羽说：“江东虽小，土地也纵横千里，民众也有几十万，足以称王了。希望大王急速渡江。现在只我有船，汉军来到，无船渡江。”项王笑着说：“是上天要灭亡我，我还渡江干什么呢！况且我和江东子弟八千人渡江西征，如今没有一个人返回，纵使江东父老同情我而以我为王，我又有什么面目去见他们呢？纵使他们不说，难道我内心深处不感到惭愧吗！”于是对亭长说：“我知道您是一位厚道的人，我骑这匹马五年了，所向无敌，曾经一日行走千里，我不忍心杀掉，把它送给您吧！”于是命令骑兵下马步行，手持短兵器交战。仅项羽自己杀死的汉军就有几百人，项羽身上也受伤十多处。项羽回头看见汉骑司马吕马童说：“你不是我的熟人吗？”吕马童面对项王，指给王翳说：“这就是项王！”项王就说：“我听说汉王悬赏千金买我的头，封邑万户，我让你们得到吧！”就自刎而死。王翳砍下项羽首级。其他人互相践踏争夺项羽躯体，相互残杀了几十个人。到最后，杨喜、吕马童、郎中吕胜和杨武各夺得项羽一部分肢体。所以后来将项羽的封地划分给他们五人，都被封为列侯。

汉王按鲁公封号把项羽埋葬在谷城。项氏各支系都未诛杀。封项伯等四人为列侯，赐姓刘。

【原文】

赞曰：周生[①]亦有言，“舜盖重童子[②]”，项羽又重童子，岂其苗裔[③]邪？何其兴之暴也！夫秦失其政，陈涉首难，豪桀蜂起，相与并争，不可胜数。然羽非有尺寸[④]，乘势拔起陇亩之中[⑤]，三年，遂将五诸侯[⑥]兵灭秦，分裂天下而威海内，封立王侯，政繇羽出，号为“伯王”，位虽不终，近古以来未尝有也。及羽背关怀楚[⑦]，放逐义帝，而怨王侯畔己，难矣。自矜功伐，奋其私智而不师古，始霸王之国，欲以力征经营天下，五年卒亡其国，身死东城，尚不觉寤[⑧]，不自责过失，乃引“天亡我，非用兵之罪”，岂不谬哉！

【注释】

①周生：姓周的儒生。②童：古同“瞳”，瞳孔。重瞳子：一个眼睛里有两个瞳仁。在上古神话里记载有重瞳的人一般都是圣人。③苗裔：后裔，后代。④尺寸：指封地。⑤陇亩之中：田间，引申为民间。⑥五诸侯：指秦末起义中齐、燕、韩、赵、魏等五个诸侯。⑦背关怀楚：指项羽放弃关中，而一心想回到故乡楚地。⑧寤：通“悟”。

【译文】

班固评论道：有个姓周的儒生曾说过，“舜的眼睛里有两个瞳仁”，项羽的眼睛里也有两个瞳仁，项羽难道是舜的后裔吗？为什么这样迅猛突起呢？秦朝政令失误，陈涉首先发难，英雄豪杰蜂拥而起，互相争斗，数不胜数。可是项羽没有尺寸之地，却在民间乘势而起，历经三年，就率领五国诸侯灭了秦朝，分裂天下而威震海内，封立王侯，政令由他发布，号称霸王，王位虽然没有善终，这在近代以来是没有出现过的。等到他放弃关中，而一心想回到故乡楚地，驱逐义帝，埋怨诸侯王们背叛自己，他的处境就艰难了。他自负战功，逞个人的智能而不效法古代圣贤，开始称霸天下，要用武力征伐来治理天下，其结果是五年时间就亡了国，自己死在东城，还不觉悟，不检讨自己的过失，竟然说“天要亡我，不是作战用兵的过错”，岂不是荒谬吗！

【简析】

本篇叙述项羽一生事迹。项羽早年跟随叔父项梁在吴中起义反秦，项梁阵亡后他率军渡河救赵王歇，于钜鹿之战击破章邯、王离领导的秦军主力。秦亡后称西楚霸王，实行分封制，封灭秦功臣及六国贵族为王。而后汉王刘邦从汉中出兵进攻项羽，项羽与其展开了历时四年的楚汉战争，期间虽然屡屡大破刘邦，但项羽始终无法有固定的后方补给，粮草殆尽，又猜疑亚父范增，最后反被刘邦所灭。公元前202年，项羽兵败垓下，突围至乌江边自刎而死。

《汉书》写项羽，基本上取材于《史记》，与《史记》相比，态度是忠实的，只是评论人物的功过有所不同，态度有所偏倚。

韩信传
——一代战神，功高震主反被诛

【原文】

韩信，淮阴[①]人也。家贫无行[②]，不得推择为吏，又不能治生[③]为商贾，常从人寄食[④]。其母死无以葬，乃行营[⑤]高燥地，令傍可置万家者。信从下乡南昌亭长[⑥]食，亭长妻苦之，乃晨炊蓐食[⑦]。食时信往，不为具食。信亦知其意，自绝去。至城下钓，有一漂母[⑧]哀之，饭信，竟漂数十日。信谓漂母曰："吾必重报母。"母怒曰："大丈夫不能自食，吾哀王孙[⑨]而进食，岂望报乎！"淮阴少年又侮信曰："虽长大，好带刀剑，怯耳。"众[⑩]辱信曰："能死，刺我；不能，出跨下。"于是信孰视，俛[⑪]出跨下。一市皆笑信，以为怯。

【注释】

①淮阴：县名。在今江苏淮阴市西南。②无行：放荡。③治生：谋生。④寄食：投靠人家吃闲饭。⑤行营：营求。⑥下乡：乡名。属淮阴县。南昌：下乡的一个亭名。⑦晨炊：一大早做饭。蓐（rù）食：在床上吃饭。⑧漂母：漂洗丝棉的老妇。⑨王孙：犹言"公子"，对青年人的尊称。⑩众：当众。⑪俛：同"俯"。

【译文】

韩信，淮阴县人。从小家庭贫穷，行为放荡，既不能被推选去做官，又不会做买卖以谋生，所以只能经常到别人家讨饭吃。他母亲死

了，无钱安葬，就找了一块又高又干燥的宽敞地方做坟地，以便日后在坟旁能安置下千万户人家。韩信曾投靠下乡南昌亭亭长家吃饭，亭长的妻子讨厌他，就很早起来把饭做好，端在床上吃掉。到吃早饭的时候，韩信去了，就不给他准备饭食。韩信知道她的用意，从此离去不再往来。韩信曾到城下钓鱼，有一位漂洗丝棉的老妈妈可怜他，给他饭吃，一连几十天都是这样，直到漂洗完毕。韩信感激地对老妈妈说："我将来一定要重重地报答你。"老妈妈听了很生气，说："你一个大丈夫不能养活自己，我是可怜你这位年轻人，才给你饭吃，难道是想要你的报答吗！"淮阴城里有个青年欺侮韩信说："你虽然个子长得高大，还爱好佩带刀剑，可实际上胆小得很！"并当众污辱韩信说："你要是不怕死，就用剑刺我；你要是怕死，就从我的胯下爬过去。"于是韩信仔细地看了看那个青年之后，弯下身子，从他的裤裆下爬了过去。满大街上的人都耻笑韩信，认为他是个胆小鬼。

【原文】

及项梁度淮，信乃杖剑[①]从之，居戏下[②]，无所知名。梁败，又属项羽，为郎中[③]。信数以策干[④]项羽，羽弗用。汉王之入蜀，信亡楚归汉，未得知名，为连敖[⑤]。坐法当斩，其畴[⑥]十三人皆已斩。至信，信乃仰视，适见滕公[⑦]，曰："上不欲就[⑧]天下乎？而斩壮士！"滕公奇其言，壮其貌，释弗斩。与语，大说之，言于汉王。汉王以为治粟都尉[⑨]，上[⑩]未奇之也。

【注释】

①杖：同"仗"。杖剑：持剑。②戏下：麾下，部下。③郎中：侍卫帝王的小官。④干：进说之意。⑤连敖：管理粮仓的小官。⑥畴：同"俦"。同辈，伴侣。这里指一同待斩的人。⑦滕公：夏侯婴，曾为滕县令，故有此称。⑧上：这里指汉王刘邦。就：完成，统一。⑨治粟都尉：管理粮饷的军官。⑩上：疑当作"尚"。

【译文】

当项梁率军渡过淮水北上时，韩信持剑去投奔他，在项梁的部下做一个无名小卒。项梁失败后，又归属于项羽，做了郎中。韩信屡次向项羽献计献策，项羽不予采纳。后来汉王进入蜀郡，韩信便从楚军逃出投奔汉王，在汉军中依然默默无闻，当了个管理粮仓的小吏。后来因犯法被判处死罪，同案犯十三人都已斩首。轮到韩信时，韩信抬头看天，正好看见滕公夏侯婴，就说："汉王不是想统一天下吗？为什么要杀掉壮士？"滕公觉得韩信的话不同一般，又看他相貌威武，就把他释放了，没有杀他。滕公和韩信谈话后，十分高兴，向汉王报告了情况。汉王任命韩信为治粟都尉，还是没有重用他。

【原文】

数与萧何语，何奇之。至南郑[①]，诸将道亡者数十人。信度何等已数言上，不我用，即亡。何闻信亡，不及以闻，自追之。人有言上曰："丞相何亡。"上怒，如失左右手。居一二日，何来谒。上且怒且喜，骂何曰："若亡，何也？"何曰："臣非敢亡，追亡者耳。"上曰："所追者谁也？"曰："韩信。"上复骂曰："诸将亡者已数十，公无所追；追信，诈也。"何曰："诸将易得，至如信，国士②无双。王必欲长王汉中，无所事信；必欲争天下，非信无可与计事者。顾③王策安决。"王曰："吾亦欲东耳，安能郁郁久居此乎？"何曰："王计必东，能用信，信即留；不能用信，信终亡耳。"王曰："吾为公以为将。"何曰："虽为将，信不留。"王曰："以为大将。"何曰："幸甚。"于是王欲召信拜之。何曰："王素嫚无礼，今拜大将如召小儿，此乃信所以去也。王必欲拜之，择日斋戒，设坛场具礼④，乃可。"王许之。诸将皆喜，人人各自以为得大将。至拜，乃韩信也，一军皆惊。

【注释】

①南郑：县名。今陕西汉中市。②国士：国家之英才。③顾：看。④坛场：指拜将的高台与广场。具礼：准备仪式。

【译文】

韩信多次与萧何交谈，萧何很赏识他的才能。汉军到达南郑，将领中在半路上逃跑的有几十名。韩信考虑萧何等人已数次向汉王推荐过他，可还是得不到重用，便也逃走了。萧何听说韩信逃走了，来不及向汉王报告，就亲自去追赶。有人向汉王报告说："丞相萧何逃跑了。"汉王大怒，如同失去了左右手那样焦虑。过了两天，萧何来拜见汉王。汉王又是生气又是高兴，骂萧何道："你也逃跑，这是为什么？"萧何回答说："我哪里敢逃跑呢，我是去追赶逃跑的人。"汉王问："你追赶的是谁？"萧何回答说："是韩信。"汉王又骂道："诸将领中逃跑的已有数十人之多，你一个都没有去追；唯独去追韩信，这是在骗人。"萧何说："那些将领是容易得到的，至于像韩信这样杰出的人才，可以说是举世无双。大王你如果只想在汉中称王，那就没有什么事用得着韩信；如果一定要争夺天下，除了韩信，就再没有能和你商议大事的人了。这要看大王如何来决策。”汉王说：“我是想要向东方发展，哪里能憋屈地老待在这个地方呢？”萧何说：“大王决计向东进军，如果能重用韩信，韩信就会留下来；如果不能重用韩信，韩信终究要逃跑的。”汉王说：“我看在你的面子上，就让他做一名将领吧。”萧何说：“即使让他做一名将领，韩信还是不会留下来的。”汉王说：“那就任命他为大将。”萧何说：“太好了！”于是汉王想要马上把韩信召来宣布对他的任命。萧何说：“大王你一向待人傲慢，不讲礼节，如今任命大将就像呼唤小孩子一样，这就是韩信之所以要离开的原因。如果大王决心要任命他，应选择个吉祥日子，沐浴斋戒，设置高坛和广场，举行正式的封拜仪式，这样才行啊。”汉王答应了萧何的要求。将领们听说汉王要设坛拜大将都很高兴，人人都以为要当大将了。等到封拜仪式举行时，才知大将竟是韩信，全军上下都感到惊讶。

【原文】

信已拜，王曰："丞相数言将军，将军何以教寡人计策？"信曰："今王举而东，三秦可传檄而定[①]也。"于是汉王大喜，自以为得信晚。遂听信计，部署诸将所击。

汉王举兵东出陈仓[②]，定三秦。二年，出关，收魏、河南[③]，韩、殷王[④]皆降。令[⑤]齐、赵共击楚彭城，汉兵败散而还。信复发兵与汉王会荥阳，复击破楚京、索[⑥]间，以故楚兵不能西。

汉之败却彭城，塞王欣、翟王翳亡汉降楚，齐、赵、魏亦皆反，与楚和。汉王与兵三万人，遣张耳与俱，进击赵、代[⑦]。破代，擒夏说阏与[⑧]。信之下魏、代，汉辄使人收其精兵，诣荥阳以距楚。

【注释】

①三秦：指三秦王（雍王章邯、塞王司马欣、翟王董翳）所占据之地，即关中地区。传檄而定：发布文告就可安定。檄（xí）：古时用以征召和声讨的文书。②陈仓：县名。在今陕西宝鸡市东。③魏、河南：指魏王魏豹、河南王申阳之地。④韩、殷王：指韩王郑昌、殷王司马卬（áng）。⑤令：当作"合"。⑥京：县名。在今河南荥阳东南。索：邑名。在今河南荥阳县。⑦赵、代：指当时的赵王张耳、代王陈馀。⑧夏说：代王陈馀的丞相。阏（è）与：邑名。在今山西和顺县。

【译文】

韩信被拜为大将后，汉王问韩信说："丞相多次向我举荐将军，将军有什么计划和策略指点我呢？"韩信说："如今大王发兵东进，三秦之地只要一封文书传下去就可以平定。"于是汉王十分高兴，自认为得到韩信太迟了。就按照韩信的计策，部署各位将领所攻击的目标。

汉王发兵经过陈仓向东进军，平定了三秦。汉二年（公元前205年），引兵出函谷关，收服了魏王和河南王，韩王、殷王也都投降。接着联合齐国、赵国的军队共同攻击楚都彭城，汉兵战败，溃散而还。

韩信又发兵与汉王会师荥阳，又进击楚军于京县和索邑之间，大败楚军，因此楚军不能西进。

汉军在彭城败退之后，塞王司马欣、翟王董翳从汉军逃跑出来，投降了楚军。齐王、赵王和魏王也都反叛，与楚讲和。汉王给韩信增兵三万，派张耳和韩信一起，向北攻打赵王和代王。打垮了代军，在阏与活捉了夏说。韩信攻取魏国和代国后，汉王就派人调回他的精锐部队，到荥阳抗拒楚军。

【原文】

信、耳以兵数万，欲东下井陉[①]击赵。

赵王、成安君陈馀闻汉且袭之，聚兵井陉口，号称二十万。广武君李左车说成安君。成安君，儒者[②]，常称义兵不用诈谋奇计，不听广武君策。

【注释】

①井陉（xínɡ）：井陉口。在今河北井陉县西北。②儒者：尊崇儒学、通习儒家经书的人。汉代以后泛指一般读书人。

【译文】

韩信和张耳率领数万军队，想要东进拿下井陉，攻打赵国。

赵王和成安君陈馀听说汉军将要来袭，就集结重兵扼守井陉口，号称二十万。广武君李左车给成安君献计策，可成安君是个读书人，经常宣称正义的军队不使用诈谋诡计，因而他没有采纳广武君的计策。

【原文】

信使间人[①]窥知其不用，还报，则大喜，乃敢引兵遂下。未至井陉口三十里，止舍。夜半传发[②]，选轻骑二千人，人持一赤帜，从间道萆山[③]而望赵军，戒曰："赵见我走，必空壁逐我，若疾入，拔赵

帜，立汉帜。”令其裨将[4]传餐，曰：“今日破赵会食[5]。”诸将皆呒然[6]，阳应曰：“诺。”信谓军吏曰：“赵已先据便地壁，且彼未见大将旗鼓，未肯击前行，恐吾阻险而还。”乃使万人先行，出，背水陈。赵兵望见大笑。平旦[7]，信建大将旗鼓，鼓行出井陉口[8]。赵开壁击之，大战良久。于是信、张耳弃鼓旗，走水上军，复疾战。赵空壁争汉鼓旗，逐信、耳。信、耳已入水上[9]军，军皆殊死战，不可败。信所出奇兵二千骑者，候赵空壁逐利，即驰入赵壁，皆拔赵旗帜，立汉赤帜二千。赵军已不能得信、耳等，欲还归壁，壁皆汉赤帜，大惊，以汉为皆已破赵王将矣，遂乱，遁走。赵将虽斩之，弗能禁。于是汉兵夹击，破虏赵军，斩成安君泜水上[10]，禽赵王歇。

【注释】

①间人：暗探，间谍。②传发：传令出发。③革：同“蔽”，即隐蔽。蔽山：隐蔽于山上。④裨（pí）将：副将。传餐：传令用简单的饭食。⑤会食：会餐。⑥呒（fǔ）然：迷惑不解的样子。⑦平旦：清晨，平明，天亮。⑧建：竖立。鼓

行：大张声势、大张旗鼓地前去。⑨水上：水边。⑩泜（zhī）水：今槐河。发源于河北赞皇县西南，向东南流入滏阳河。

【译文】

韩信派暗探刺探到陈馀没有采用广武君的计策，非常高兴，这才敢率军前往。在离井陉口不到三十里的地方停下来宿营。半夜时传令出发，挑选了两千名轻装骑兵，每人拿一面红旗，从小道上山，隐蔽在山上观察赵军，告诫大家说："赵军看到我军败退逃走，一定会倾巢出动追击我军，这时候你们要火速冲进赵军营垒，拔掉赵军旗帜，插上汉军旗帜。"又让副将传令开饭，告诉将领们说："今日攻破赵国之后会餐！"将领们都不敢相信，假装答应："好。"韩信又对众军官说："赵军已先占据了有利地形扎下营寨，并且他们在没有看到我军大将的旗鼓时，是不会出来攻击我军的先锋部队的，恐怕我们遇到危险便要退回去。"韩信于是调遣了一万人作先锋，出了井陉口，背靠河水摆开阵势。赵军望见这种阵势大笑起来。天亮后，韩信竖起大将的旗号，擂响战鼓，大张声势地走出井陉口。赵军打开营垒，攻击汉军，激战了很长时间。这时，韩信和张耳假装不敌，抛弃旗鼓，急速逃入在水边列阵的军中，回头又来激战。赵军果然倾巢出动争抢汉军的旗鼓，追赶韩信和张耳。韩信和张耳已进入河边的军阵，将士们都拼死决战，不可能被打败。韩信派出去的那两千轻骑兵，等到赵军倾巢出动争夺战利品的时候，就飞速冲进赵军营垒，全部拔掉赵军的旗帜，插上汉军的两千面红旗。赵军看到已不能捉住韩信和张耳等人，想要退回营垒，发现营垒都是汉军红旗，大为惊慌，以为汉军已打败了赵王和他的将领，阵势大乱，纷纷逃跑。赵军将领虽斩杀逃兵，但无法阻止。于是汉军前后夹击，大败赵军，俘虏大批人马，在泜水边斩了成安君陈馀，活捉了赵王歇。

【原文】

信乃令军毋斩广武君，有生得之者，购[①]千金。顷之，有缚而至戏下者。信解其缚，东乡坐，西乡对，而师事之。

诸校效首虏休[②]，皆贺，因问信曰："兵法有'右背山陵，前左水泽'，今者将军令臣等反背水陈，曰破赵会食，臣等不服。然竟以胜，此何术也？"信曰："此在兵法，顾诸君弗察耳。兵法不曰'陷之死地而后生，投之亡地而后存'乎？且信非得素拊循[③]士大夫，经所谓'毆[④]市人而战之'也，其势非置死地，人人自为战；今即予生地，皆走，宁尚得而用之乎！"诸将皆服曰："非所及也。"

【注释】

①购：购求。这里是悬赏之意。②诸校：诸部。效首虏：献上首级和俘虏。休：休止。这里是完毕之意。③拊（fǔ）循：抚慰。这里是训练之意。④毆：同"驱"。市人：市民，比喻乌合之众。

【译文】

韩信传令军中，不得斩杀广武君，有谁能活捉到他，奖赏千金。不一会儿，就有人捆绑着广武君送到军营。韩信立即为他松绑，请他面向东坐，自己面向西对坐，像对待老师那样对待他。

各将领献完首级和俘虏后，都向韩信祝贺，乘机问韩信道："兵法上说'布列军阵右边和背后要靠着山，前面和左边要靠着水'，这次将军反而命令我们背水列阵，还说打败赵军后会餐，我们心里都不服气。然而结果胜利了，这是什么战术呢？"韩信说："这种列阵在兵法上是有的，只不过诸位没有仔细看就是了。兵法上不是说'陷入死地而后苦战得生，处在绝境而后死战得存'吗？况且我韩信率领的并不是平时受到长期训练的将士，这就是兵书上所说的'驱赶着市民去打仗'，这种形势下，非把士兵置于死地，让他们人人自动为生存而战不可；

如果把军队部署在容易逃命的地方，都会不战而逃，又怎么能用他们来克敌制胜呢！”将领们都佩服地说：“这不是我们所能赶得上的。”

【原文】

于是用广武君策，发使燕，燕从风而靡[①]。乃遣使报汉，因请立张耳王赵以抚其国。汉王许之。

信引兵东，未度平原[②]，闻汉王使郦食其已说下齐。信欲止，蒯通说信令击齐。信然其计，遂渡河，袭历下[③]军，至临菑[④]。齐王走高密[⑤]，使使于楚请救。信已定临菑，东追至高密西。楚使龙且将，号称二十万，救齐。

【注释】

①从风而靡：随风而倒。引申为畏势而降。②度：通“渡”。平原：指平原津。在今山东平原县西南。③历下：邑名。在今山东历城西。④临菑（zī）：当时齐的国都。今山东临淄。⑤高密：邑名。在今山东高密县西。

【译文】

于是采用广武君的计策，派使者出使燕国，燕国听到消息立即投降。韩信就派人报告汉

王，并因此请求立张耳为赵王，以镇抚赵国。汉王答应了他的请求。

韩信领兵东进，还没有渡过平原津，听说汉王已经派郦食其说服齐王归顺了。韩信想要停止前进，蒯通劝韩信继续进攻齐国。韩信认为他的计策是对的，就领兵渡过黄河，袭击齐国历下的军队，乘胜打到齐国都城临菑。齐王田广逃到高密，派使者到楚国请求援救。韩信平定了临菑，向东追赶齐王到高密西面。楚王派龙且统率兵马，号称二十万，救援齐国。

【原文】

齐王、龙且并军与信战，与信夹潍水陈①。信乃夜令人为万余囊，盛沙以壅水上流，引兵半度，击龙且。阳不胜，还走。龙且果喜曰："固知信怯。"遂追度水。信使人决壅囊，水大至。龙且军太半不得度，即急击，杀龙且。龙且水东军散走，齐王广亡去。信追北至城阳②，虏广，楚卒皆降，遂平齐。

【注释】

①夹潍（wéi）水陈：在潍水两岸对阵。②城阳：县名。在今山东菏泽东北。

【译文】

齐王田广和楚将龙且的军队联合起来与韩信作战，与韩信在潍水两岸摆开阵势。韩信就连夜派人做了一万多个袋子，装满沙子堵住潍水的上游，带领部队渡过河的一半，攻击龙且。假装战败，往回就跑。龙且果然高兴地说："我本来就知道韩信很胆小。"便渡河追击。韩信派人挖开堵塞河水的沙袋，河水汹涌而下。龙且的部队还有一大半未能渡过去，韩信立即猛烈攻击，杀死了龙且。龙且在潍水东岸的部队四散逃走，齐王田广也逃跑了。韩信追击败兵到了城阳，俘虏了齐王田广，楚军的士兵全部投降，就这样平定了齐国。

【原文】

使人言汉王曰："齐夸诈[①]多变，反覆之国，南边[②]楚，不为假王以填之[③]，其势不定。今权轻，不足以安之，臣请自立为假王。"当是时，楚方急围汉王于荥阳，使者至，发[④]书，汉王大怒，骂曰："吾困于此，旦暮望而来佐我[⑤]，乃欲自立为王！"张良、陈平伏后蹑汉王足，因附耳语曰："汉方不利，宁能禁信之自王乎？不如因立，善遇之，使自为守。不然，变生[⑥]。"汉王亦寤，因复骂曰："大丈夫定诸侯，即为真王耳，何以假为！"遣张良立信为齐王，征其兵使击楚。

【注释】

①夸诈：虚伪狡诈。②边：边界。此处指靠近。③假王：暂时代理之王。填：通"镇"。④发书：打开。⑤而：你。佐：救援。⑥变生：发生变故。

【译文】

韩信派人向汉王上书说："齐国虚伪狡诈，是个反复无常的国家，南边又靠近楚国，如果不设立一个代理诸侯王来镇抚，那局势就很难稳定。现在我的权力太小，不足以安定齐地，我请求自立为代理齐王。"正当这个时候，楚军把汉王紧紧围困在荥阳，韩信的使者来到，汉王打开书信一看，大发雷霆，骂道："我被围困在这里，日夜盼望你来救援我，你竟要自立为王！"张良、陈平在后面暗中踩了一下汉王的脚，凑近他的耳朵说："汉军现在正处在不利的形势下，怎么能够禁止韩信自己称王呢？不如就此机会立他为王，好好对待他，让他自己镇守齐国。不这样，就可能发生变故。"汉王也明白过来，因此又骂道："大丈夫平定了诸侯，就应当做真王，为什么要做代理的王！"于是派张良前去，立韩信为齐王，征调他的部队攻打楚军。

【原文】

楚以[①]亡龙且，项王恐，使盱台人武涉往说信曰：“足下何不反汉与[②]楚？何不与楚连和，三分天下而王齐？”信谢曰：“臣得事项王数年，官不过郎中，位不过执戟[③]，言不听，画策不用，故背楚归汉。汉王授我上将军印，数万之众，解衣衣我，推食食我，言听计用，吾得至于此。夫人深亲信我，背之不祥。幸为信谢项王。”武涉已去，蒯通知天下权[④]在于信，深说[⑤]以三分天下，鼎足而王。信不忍背汉，又自以功大，汉王不夺我齐，遂不听。

【注释】

①以：同“已”。②与：帮助。③执戟：郎中宿卫执戟。④权：关键。比喻决定轻重或胜负的能力。⑤深说：进一步劝说。

【译文】

楚已丧失了大将龙且，项王十分害怕，便派盱台人武涉前去游说齐王韩信说：“您为什么不反叛汉王帮助楚国呢？为什么不和楚国联合，三分天下，称王齐地呢？”韩信辞谢说：“我曾有机会事奉项王多年，官不过是个郎中，职位不过是持戟的卫士，我进的言不听，献的计策不用，所以才背离楚国而归从汉国。汉王授予我上将军印信，让我统领数万人马，脱下自己的衣服给我穿，把自己的食物分给我吃，对我言听计从，所以我才有现在的地位。人家这样真诚地亲近和信任我，我背叛了人家，是不会有好结果的。希望你替我韩信辞谢项王。”武涉走后，蒯通知道天下的大局关键在于韩信，便进一步用三分天下鼎足而王的观点劝说韩信。韩信不忍心背叛汉王，又自认为功劳很大，汉王不会夺取自己的齐国，便不听蒯通的话。

【原文】

汉王之败固陵，用张良计，征信将兵会垓下。项羽死，高祖袭夺信军，徙信为楚王，都下邳[①]。

项王亡将钟离眛家在伊庐[②]，素与信善。项王败，眛亡归信。汉怨眛，闻在楚，诏楚捕之。信初之国，行县邑，陈兵出入。有变告[③]信欲反，书闻，上患之，用陈平谋，伪游于云梦[④]者，实欲袭信，信弗知。高祖且至楚，信欲发兵，自度无罪；欲谒上，恐见禽。人或说信曰：“斩眛谒上，上必喜，亡患。”信见眛计事，眛曰：“汉所以不击取楚，以眛在。公若欲捕我自媚汉，吾今死，公随手[⑤]亡矣。”乃骂信曰：“公非长者！”卒自刭。信持其首谒于陈[⑥]。高祖令武士缚信，载后车[⑦]。信曰：“果若人言，‘狡兔死，良狗亨。’”上曰：“人告公反。”遂械[⑧]信。至洛阳，赦以为淮阴侯。

信知汉王畏恶其能，称疾不朝从[⑨]。由此日怨望，居常鞅鞅，羞与绛、灌等列[⑩]。

【注释】

①下邳：县名。今江苏邳县南。②伊庐：乡名。在今江苏灌云县

东北。③变告：指告发谋反等非常事件。④云梦：古泽名。在今洪湖、洞庭湖一带。⑤随手：随即；立刻。⑥陈：县名。今河南淮阳。⑦后车：副车或后继之车。⑧械：加上刑具。⑨不朝从：不朝见，不侍从。⑩鞅鞅：同“怏怏”，因不平或不满而郁郁不乐。绛、灌：指绛侯周勃、颍阴侯灌婴。

【译文】

汉王在固陵打了败仗，采用张良的计策，征召韩信率领部队到垓下会师。项羽死后，汉王用突然袭击的办法夺取了韩信的军权，改封韩信为楚王，定都下邳。

项王的逃亡将领钟离眛家住伊庐，向来和韩信友好。项王死后，他逃归韩信。汉王怨恨钟离眛，听说他在楚国，就下令楚国逮捕他。韩信刚到楚国时，巡行各县邑，进出都带着军队。有人上书告发韩信要谋反，看到告发信，汉高祖有些担忧。他采用陈平的计谋，名义上去游览云梦泽，其实是要袭击韩信，韩信不知道。高祖将要到达楚国时，韩信想起兵反叛，但考虑自己没有罪过；想朝见皇帝，又担心被逮捕。有人劝韩信说："杀了钟离昧去献给皇上，皇上一定高兴，就没有祸患了。"韩信去见钟离昧商量此事，钟离昧说："汉王之所以不攻取楚国，是因为我钟离昧在你这里。你如果要捉拿我去讨好汉王，我今天死了，你也会跟着送命的。"于是骂韩信道："你不是一个忠厚诚实的人！"结果还是自杀了。韩信拿着钟离昧的首级到陈县朝见汉高祖。汉高祖命令武士把韩信捆绑起来，装在副车上。韩信说："果然像人们所说的'狡猾的兔子死了，优秀的猎狗就要遭烹杀'。"皇上说："有人告发你谋反。"就给韩信戴上刑具。到了洛阳，赦免了韩信的罪过，封他为淮阴侯。

韩信知道汉王害怕和嫉妒自己的才能，就装病不去朝见和随从出行。因此常心怀怨恨，平常总是郁郁不乐，羞于与绛侯、灌婴处于同等地位。

【原文】

上尝从容[①]与信言诸将能各有差。上问曰："如我，能将几何？"信曰："陛下不过能将十万。"上曰："如公何如？"曰："如臣，多多益办[②]耳。"上笑曰："多多益办，何为为我禽？"信曰："陛下不能将兵，而善将将，此乃信之为陛下禽也。且陛下所谓天授，非人力也。"

后陈豨[③]为代相监边，辞信。信挈其手，与步于庭数匝，仰天而叹曰："子可与言乎？吾欲与子有言。"豨因曰："唯将军命。"信曰："公之所居，天下精兵处也，而公，陛下之信幸臣也。人言公反，陛下必不信；再至，陛下乃疑；三至，必怒而自将[④]。吾为公从中起[⑤]，天下可图也。"陈豨素知其能，信之，曰："谨奉教！"

【注释】

①从容：休息。②多多益办：《史记》作"多多益善"。③陈

豨（xī）：刘邦的将领，为代国相。④自将：亲自带兵。⑤从中起：从京师为内应。

【译文】

皇上曾经跟韩信在闲暇时谈论将领们的才能高下。皇上问道："像我这样，能带多少兵？"韩信说："陛下不过能带十万。"皇上问："像你这样如何？"韩信说："像我这样，越多越好。"皇上笑着说："既然是越多越好，那你为什么被我捉住了呢？"韩信说："陛下不善于带兵，却善于驾驭将领，这就是我被陛下捉住的原因。况且陛下的权力是上天赐予的，不是一般人力所能达到的。"

后来陈豨被任命为代相国监管边兵，来向韩信辞行。韩信拉着陈豨的手，同他在庭院里来回踱步好几圈，仰天叹息说："有话可以和你谈吗？有些话我想对你谈谈。"陈豨说："一切听从将军的吩咐！"韩信说："你所管辖的区域，是天下精兵聚集的地方，而你又是陛下所亲信宠爱的臣子。如果有人说你反叛，陛下必定不相信；这种话再次传来，陛下就会怀疑了；第三次传来，陛下一定会大怒而亲自带兵讨伐。如果我为你从京城起兵做内应，天下就可以图谋了。"陈豨向来了解韩信的才能，相信他，说："愿听从指教！"

【原文】

汉十年，豨果反，高帝自将而往，信称病不从。阴使人之豨所，而与家臣谋，夜诈赦诸官徒奴[①]，欲发兵袭吕后、太子。部署已定，待豨报。其舍人得罪信，信囚，欲杀之。舍人弟上书变告信欲反状于吕后。吕后欲召，恐其党不就，乃与萧相国谋，诈令人从帝所来，称豨已死，群臣皆贺。相国绐信曰："虽病，强入贺。"信入，吕后使武士缚信，斩之长乐钟室[②]。信方斩，曰："吾不用蒯通计，反为女子所诈，岂非天哉！"遂夷信三族。

高祖已破豨归，至，闻信死，且喜且哀之。

【注释】

①官徒奴：官府管制的罪犯和奴隶。②长乐钟室：长乐宫中悬钟之室。

【译文】

汉十年（公元前195年），陈豨果然反叛，汉高祖亲自带兵前往讨伐，韩信装病没有跟随。他暗中派人到陈豨的住所，自己和家臣谋划，夜里假传诏令，赦免各官府的罪犯和奴隶，准备发兵袭击吕后、太子。部署停当，等待陈豨回报。他的一个家臣因得罪了韩信，韩信把他囚禁起来，准备杀掉他。家臣的弟弟于是上书向吕后告发韩信准备反叛的情况。吕后想把韩信召来，但恐怕他不肯就范，就与萧相国商议，派人假装从皇帝那里回来，说陈豨已死，群臣都要去朝贺。相国欺骗韩信说："你虽然有病，还是勉强进宫去朝贺一下吧。"韩信一进宫，吕后便叫武士把韩信绑起来，将他在长乐宫的钟室内杀掉。韩信在被斩时说："我没有采用蒯通的计策，反为一妇人所欺骗，这难道不是天意吗！"吕后于是下令诛灭韩信三族。

高祖镇压了陈豨的反叛后归来，到达京城，听说韩信已死，又是高兴又是悲哀。

【原文】

赞曰：昔高祖定天下，功臣异姓而王者八国。张耳、吴芮、彭越、黥布、臧荼、卢绾与两韩信，皆徼①一时之权变，以诈力成功，咸得裂土②，南面称孤。见疑强大，怀不自安，事穷势迫，卒谋叛逆，终于灭亡。

【注释】

①徼：通"邀"，求取。②裂土：指分封。

【译文】

班固评论道：从前高祖平定天下，功臣中不是刘姓而封为王的有张耳、吴芮、彭越、黥布、臧荼、卢绾及韩信，他们都能顺应当时的时势，随机应变，凭借权诈和实力获得成功，都得到封地，南面称王。因为他们势力强大而被朝廷怀疑，他们自己内心也很不安，事情陷入了困境，形势紧迫逼人，最终谋划反叛，终于灭亡。

【简析】

本篇叙述韩信一生的事迹。这是一篇汉初异姓王的类传。在楚汉相争中，韩信反楚归汉，为兴汉立了大功，故受封为王；但在汉朝建立后，由于种种主客观原因，却落了个被杀灭族的下场，令人感叹。在封建制度下，大臣功高震主，非兔死狗烹，即谋位篡权，这是历史的悲剧。

萧何传

——汉初贤相，保障后方安天下

【原文】

萧何，沛人也。以文毋害为沛主吏掾[①]。高祖为布衣时，数以吏事护高祖。高祖为亭长，常佑之。高祖以吏繇[②]咸阳，吏皆送奉钱三[③]，何独以五[④]。秦御史监郡者[⑤]，与从事辨之[⑥]，何乃给泗水卒史事[⑦]，第一[⑧]。秦御史欲入言征何，何固请[⑨]，得毋行。

及高祖起为沛公，何尝为丞督事。沛公至咸阳，诸将皆争走金帛财物之府分之，何独先入收秦丞相御史律令图书臧之。沛公具知天下厄塞[⑩]，户口多少，强弱处，民所疾苦者，以何得秦图书也。

【注释】

①文毋害：谓能为文书而无疵病。主：主管。吏椽：县令的属吏，管人事的小官。②繇：通“徭”。③送奉钱三：谓送俸钱的十分之三为礼。奉：同“俸”。④以五：以俸钱的十分之五。⑤监郡：监察郡县。⑥从事：御史的属官。辨：通“办”。⑦泗水：郡名。治相县（在今安徽淮北市西）。卒史：小吏。⑧第一：指考核成绩最好。⑨固请：坚决辞谢。⑩厄塞：要塞。

【译文】

萧何，沛县人。因善写文书而没有瑕疵当了个沛县主管人事的小官。高祖还是个平民时，萧何多次在吏事上袒护高祖。高祖做了亭长，

又常帮助他。高祖以小吏的身份到咸阳服役，其他小吏们都拿出俸钱的十分之三为高祖送行，只有萧何拿出俸钱的一半为高祖送行。秦御史监郡和从事考察其职事，萧何于是被授予泗水郡卒史一职，考核成绩最好。秦御史打算进言朝廷，征用萧何，萧何坚决辞谢，才得以未去。

等到高祖起事做了沛公，萧何曾经任丞督事。沛公到了咸阳，诸位将领都争相跑到储藏金帛财物的府库去瓜分，只有萧何先进去收藏起秦丞相与御史府的律令图书。沛公之所以详细地知道天下要塞，人口多少，强弱分布，人民痛恨忧苦的事情，就是因为萧何得到了秦的这些图书。

【原文】

初，诸侯相与约，先入关破秦者王其地。沛公既先定秦，项羽后至，欲攻沛公，沛公谢之得解①。羽遂屠烧咸阳，与范增谋约："巴蜀道险，秦之迁民皆居蜀。"乃曰："蜀汉亦关中地也。"故立沛公为汉王，而三分关中地，王秦降将以距汉王。汉王怒，欲谋攻项羽。周勃、灌婴、樊哙皆劝②之，何谏之曰："虽王汉中之恶，不犹愈③于死乎？"汉王曰："何为乃死也？"何曰："今众弗如，百战百败，不死何为？《周书》曰'天予不取，反受其咎'④。语曰'天汉'⑤，其称甚美。夫能诎⑥于一人之下，而信⑦于万乘之上者，汤武是也。臣愿大王王汉中，养其民以致贤人，收用巴蜀，还定三秦，天下可图也。"汉王曰："善。"乃遂就国，以何为丞相。何进⑧韩信，汉王以为大将军。说汉王令引兵东定三秦。

【注释】

①谢之得解：指向其认错才得以和解。②劝：勉励，鼓励。③愈：胜，强。④咎：灾祸。⑤天汉：古时指银河。也泛指浩瀚星空或宇

宙。⑥诎：同“屈”，弯曲；屈服，折服。⑦信：通“伸”。⑧进：推荐之意。

【译文】

起初，诸侯们互相约定，先进入函谷关击破秦军的就在咸阳称王。沛公率先平定了秦，项羽随后赶到，要攻打沛公，沛公向他谢罪才得以解脱。项羽于是在咸阳城屠杀焚烧，和范增谋划：“巴蜀道路险阻，秦的移民都居住在蜀。”于是说：“蜀、汉也是关中的地盘。”于是立沛公为汉王，把关中划分为三份，封秦的降将为王来抗拒汉王。汉王很生气，就想攻打项羽。周勃、灌婴、樊哙都鼓励汉王，萧何劝谏说：“虽然在汉中为王不好，但不是比死好些吗？”汉王说：“怎么就会死呢？”萧何说：“现在军队不如人家多，百战百败，除了死还能怎样？《周书》上说‘上天给予的却不去接受，反会遭受其害’。俗话说‘天汉’，以汉配天，名称非常美好。能够屈居于一人之下，最后能够凌驾于其他帝王之上的，是商汤、武王。为臣希望大王在汉中称王，休养百姓，招揽贤

才，收用巴蜀的财力，将来回军平定三秦，就可以谋取天下了。”汉王说：“好。”于是去封国即位，任命萧何为丞相。萧何举荐韩信，汉王任命他为大将军。韩信说服汉王派他领兵东进平定三秦。

【原文】

何以丞相留收巴蜀，填抚谕告，使给军食。汉二年，汉王与诸侯击楚，何守关中，侍太子，治栎阳[①]。为令约束，立宗庙、社稷、宫室、县邑，辄奏，上可许以从事；即不及奏，辄以便宜施行[②]，上来以闻。计户转漕给军，汉王数失军遁去，何尝兴[③]关中卒，辄补缺。上以此剸[④]属任何关中事。

汉三年，与项羽相距京、索间，上数使使劳苦[⑤]丞相。鲍生谓何曰：“今王暴衣露盖[⑥]，数劳苦君者，有疑君心。为君计，莫若遣君子孙昆弟能胜兵[⑦]者悉诣军所，上益信君。”于是何从其计，汉王大说。

【注释】

①栎（yuè）阳：县名。在今陕西临潼县东北。②便（biàn）宜施行：经过特许，不必请示，根据实际情况或临时变化就斟酌处理。③兴：征发。④剸：同“专”。⑤劳苦：慰劳。⑥暴衣露盖：日晒衣裳，露湿车盖。形容奔波劳碌。⑦胜兵：胜任当兵。

【译文】

萧何以丞相身份接管留守巴、蜀，镇抚、谕告境内百姓，使其供给军粮。汉二年（公元前205年），汉王和诸侯攻打楚，萧何守在关中，侍卫太子，治理栎阳。制定法令规约，建立宗庙、社稷、宫室、县邑，经常上奏，皇上许可的就去执行；如果来不及上奏，就不必请示，根据实际情况灵活处理，待皇上回来后再上奏。计算人口，转运粮饷，供给军需，汉王多次丧师逃跑，萧何经常征发关中兵士，开赴前线以补充兵员，皇上因此把关中事务专门交给萧何。

汉三年（公元前204年），汉王和项羽在京县、索邑之间对峙，多次派使者慰劳丞相。鲍生对萧何说："现在大王在外奔波劳碌，却多次慰劳您的原因，是因为对您有疑心。为您着想，不如把您的子孙兄弟中能打仗的都派到军队中去，皇上就更信任您了。"于是萧何听从了他的计策，汉王非常高兴。

【原文】

汉五年，已杀项羽，即皇帝位，论功行封，群臣争功，岁余不决。上以何功最盛，先封为酂[①]侯，食邑八千户。功臣皆曰："臣等身被坚执兵，多者百余战，少者数十合，攻城略地，大小各有差。今萧何未有汗马之劳[②]，徒持文墨议论，不战，顾[③]居臣等上，何也？"上曰："诸君知猎乎？"曰："知之。""知猎狗乎？"曰："知之。"上曰："夫猎，追杀兽者狗也，而发纵[④]指示兽处者人也。今诸君徒能走得兽耳，功狗[⑤]也；至如萧何，发纵指示，功人[⑥]也。且诸君独以身从我，多者三两人；萧何举宗数十人皆随我，功不可忘也！"君臣后皆莫敢言。

列侯毕已受封，奏位次，于是乃令何第一，赐带剑履上殿[⑦]，入朝不趋[⑧]。是日，悉封何父母兄弟十余人，皆食邑。乃益封何二千户，"以尝繇咸阳时何送我独赢[⑨]钱二也"。

【注释】

①酂（zàn）：县名。在今湖北均县东南。②汗马之劳：指征战的劳苦，亦指战功。③顾：反。④纵：通"踪"。⑤功狗：指猎狗之功。⑥功人：谓指挥打猎的人之功。⑦赐带剑履上殿：古时上殿朝见皇帝，必须解剑脱鞋。赐带剑履上殿，是特殊优待。⑧不趋：不必急步快走。⑨赢：犹多。

【译文】

汉五年（公元前202年），汉王已杀掉项羽，即皇帝位，按功劳封赐，群臣争功，一年多难以决定。皇上认为萧何功劳最大，先封为酂侯，食邑八千户。功臣们都说："我们亲自披着铠甲，拿着兵器，多的经历百余战，少的也有几十回，攻城略地，多少不等。现在萧何没有任何战功，只是舞文弄墨发表议论，没有打过仗，地位却反在我们之上，为什么？"皇上说："各位知道打猎的事吧？"都说："知道。"又问："知道猎狗吗？"回答说："知道。"皇上说："打猎，追杀野兽的是狗，而发现踪迹指示野兽所在位置的是人。现在各位只能追获野兽，功劳和猎狗类似；至于萧何，发现踪迹并指示野兽所在位置，功劳与猎人一样。而且各位只是自己跟随我，多的三两个人，萧何全族几十人都跟随我，功劳不可忘记！"自此以后群臣都不敢再有异议了。

列侯受封完毕，上奏位次，于是令萧何为第一，恩赐佩剑穿履上殿，不必小步急行。这天，封赏萧何的父母兄弟十几人，都有食邑。又加封萧何二千户，"用来报答在咸阳服役时唯独萧何多送我五分之一的俸钱"。

【原文】

陈豨反，上自将，至邯郸。而韩信谋反关中，吕后用何计诛信。上已闻诛信，使使拜丞相为相国，益封五千户，令卒五百人一都尉为相国卫[①]。诸君皆贺，召平独吊[②]。召平者，故秦东陵侯。秦破，为布衣，贫，种瓜长安城东，瓜美，故世谓"东陵瓜"，从召平始也。平谓何曰："祸自此始矣。上暴露于外，而君守于内，非被矢石之难，而益君封置卫者，以今者淮阴[③]新反于中，有疑君心。夫置卫卫君，非以宠君也。愿君让封勿受，悉以家私财佐军。"何从其计，上说。

【注释】

①卫：护卫。②吊：吊丧，此处是表示担心之意。③淮阴：指淮阴侯韩信。

【译文】

陈豨反叛，皇上亲自率军平叛，到了邯郸。韩信在关中谋反，吕后采用萧何的计策杀了韩信。皇上听说已杀了韩信，派使者拜丞相为相国，加封五千户，命令士卒五百人和一个都尉为相国护卫。诸君都来庆贺，只有召平表示担心。召平，是原来秦的东陵侯。秦灭亡后，成为平民，很穷，在长安城东种瓜，瓜非常甜美，所以世人所说的“东陵瓜”，就是从召平开始的。召平对萧何说：“灾祸从此开始了。皇上奔波在外，而您在朝中留守，没有遭受箭石之苦，还给您加封置卫，是因为现在淮阴侯刚在内部反叛，对您有疑心。给您配置守卫护卫您，不是用来恩宠您的。希望您辞谢封赏不受，以全部家产资助军队。”萧何听从了召平的计策，皇上很高兴。

【原文】

其秋，黥布反，上自将击之，数使使问相国何为。曰："为上在军，拊循[①]勉百姓，悉所有佐军，如陈豨时。"客又说何曰："君灭族不久矣。夫君位为相国，功第一，不可复加。然君初入关，本得百姓心，十余年矣。皆附君，尚复孳孳[②]得民和。上所谓数问君，畏君倾动[③]关中。今君胡[④]不多买田地、贱贳貣以自污[⑤]？上心必安。"于是何从其计，上乃大说。

【注释】

①拊循：抚慰，勉励。②孳孳：同"孜孜"，勤勉。③倾动：震动，轰动。④胡：何。⑤贳（shì）：出租，出借。貣：通"贷"，借贷。自污：败坏自己声名。

【译文】

这年秋天，黥布造反，皇上亲自率军攻打，多次派使者问相国在做什么。回答说："因为皇上在军中，所以相国安抚勉励百姓，倾家所有资助军队，像陈豨造反时那样。"门客又劝说萧何道："您不久就会被灭族了。现在您位为相国，功劳第一，无以复加。然而您刚入关时，本来就很得民心，已有十几年了。如今大家都来亲附您了，您仍孜孜不倦以求得百姓和睦。皇上之所以多次问您，是怕您震动关中。现在您为什么不多买田地、低息出租借贷以自损声名？皇上一定会安心。"于是萧何听其计策，皇上果然很高兴。

【原文】

上罢布[①]军归，民道遮行[②]，上书言相国强贱买民田宅数千人。上至，何谒。上笑曰："今相国乃利民[③]！"民所上书皆以与何，曰："君自谢民。"后何为民请曰："长安地狭，上林中多空地，弃，愿令民得入田[④]，毋收藁[⑤]为兽食。"上大怒曰："相国多受贾人[⑥]财物，为请吾苑！”乃下何廷尉，械系之。数日，王卫尉侍，前问曰：“相国胡大罪，陛下系之暴也？”上曰：“吾闻李斯相秦皇帝，有善归主，有恶自予。今相国多受贾竖金，为请吾苑，以自媚于民，故系治之。”王卫尉曰：“夫职事苟有便于民而请之，真宰相事也。陛下奈何乃疑相国受贾人钱乎！且陛下距楚数岁，陈豨、黥布反时，陛下自将往。当是时相国守关中，关中摇足⑦则关西非陛下有也，相国不以此时为利，乃利贾人之金乎？且秦以不闻其过亡天下，夫李斯之分过⑧，又何足法哉！陛下何疑宰相之浅也！”上不怿⑨。是日，使使持节赦出何。何年老，素恭谨，徒跣⑩入谢。上曰：“相国休矣！相国为民请吾苑不许，我不过为桀纣主，而相国为贤相。吾故系相国，欲令百姓闻吾过。”

【注释】

①罢：平定。布：指黥布。②遮行：拦住，不让通行。③利民：谓夺利于民。④田：耕种。⑤藁（gǎo）：野草。⑥贾人：商人；古时官府掌管采购物品的人员。⑦摇足：喻稍有举动。⑧分过：分担过错。⑨怿（yì）：高兴，喜悦。⑩徒跣（xiǎn）：光着脚，表示认罪。

【译文】

皇上平定黥布后归来，百姓在路上拦住皇上不让通行，上书说相国强行贱买数千家百姓田宅。皇上回朝后，萧何去谒见。皇上笑道：“现在相国竟向百姓夺利！”把百姓上的书都给了萧何，说：“您自己向百姓谢罪吧！”之后萧何为百姓请求说：“长安地窄，上林苑中有很多空地，都荒废着，希望能让百姓进去耕种，不要只收了野草做兽食。”皇上大怒道：“相国接受了商人的很多贿赂，替他们来要我的苑林！”于是把萧何交给廷尉下狱，带上刑具拘禁起来。数日后，王卫尉侍奉皇上，上前问道：“相国犯了什么大罪，陛下那么粗暴地拘禁他？”皇上说：“我听说李斯为秦皇帝作丞相，有善行就归于主上，有过错就

归于自己。现在相国受了商人贿赂，替他们来要我的苑林，自己去讨好百姓，所以拘捕治罪。”王卫尉说：“既然是当官办事，那么有利于民的就向上请求，是真正的宰相的责任。陛下怎么能怀疑相国接受了商人的钱呢！况且陛下抗拒楚军数年，陈豨、黥布造反时，陛下亲自率军前往。那时相国守在关中，关中稍有举动关西就不归陛下所有了，相国不在此时图大利，难道会贪图商人的那点钱吗？而且秦因为听不进别人说自己的过错而丢掉了天下，那么李斯的与皇上分担过错，又何足效法！陛下何至于怀疑宰相如此浅薄！”皇上很不高兴。这一天，皇上派使者拿着符节赦免放出了萧何。萧何年纪已老，一向恭谨，光着脚入朝谢罪。皇上说：“相国不要这样！相国为百姓请求我的苑林未得允许，我不过是桀纣那样的主上，而相国是贤相。我之所以拘捕相国，是想让百姓知道我的过错。”

【原文】

高祖崩，何事惠帝。何病，上亲自临视何疾，因问曰：“君即百岁[①]后，谁可代君？”对曰：“知臣莫如主。”帝曰：“曹参何如？”何顿首曰：“帝得之矣。何死不恨[②]矣！”

何买田宅必居穷辟处，为家不治垣屋[③]。曰：“令[④]后世贤，师吾俭；不贤，毋为势家所夺。”

孝惠二年，何薨，谥曰文终侯。

【注释】

①百岁：死的隐晦说法。②恨：这里是遗憾之意。③垣屋：围墙。④令：假使。

【译文】

高祖驾崩后，萧何事奉惠帝。萧何病重，皇上亲自去探望他，于是问道：“您百岁之后，谁可以代替您呢？”回答说：“没有比主上更了解臣下的了。”皇帝说：“曹参怎么样？”萧何顿首说：“皇上得到贤才了，我死而无憾了！”

萧何买田宅一定在贫穷偏僻之地，治家不修有院墙的房屋，说：“假使后代贤能，将学习我的俭朴；如果不贤，也不会被权势之家所侵夺。”

孝惠二年（公元前193年），萧何去世，谥号文终侯。

【原文】

赞曰：萧何、曹参皆起秦刀笔吏[1]，当时录录[2]未有奇节。汉兴，依日月之末光[3]，何以信谨守管籥[4]，参与韩信俱征伐。天下既定，因民之疾秦法，顺流与之更始，二人同心，遂安海内。淮阴、黥布等已灭，唯何、参擅功名，位冠群臣，声施后世，为一代之宗臣[5]，庆流苗裔，盛矣哉！

【注释】

①刀笔吏：指办理文书的小吏。②录录：同“碌碌”，平庸。③末光：余晖。④管籥（yuè）：同“管钥”，亦作“筦钥”，锁匙。比喻事物的重要部分。此处指后勤。⑤宗臣：世所敬仰的名臣。

【译文】

班固评论道：萧何、曹参都出身于秦的刀笔小吏，当时都很平庸，没有特

别的作为。大汉兴起，仰仗日月的余晖，萧何因诚信谨慎主管后勤，曹参与韩信一起征伐。天下平定后，因为百姓痛恨秦法，便顺应民心所向一切更新，二人同心，于是海内得以安定。韩信、黥布等已被灭，只有萧何、曹参拥有功名，位于群臣之上，声名流传后世，为一代受人敬仰的名臣，余荫泽及后代，真是深厚啊！

【简析】

本篇叙述萧何这位汉初贤相为人为政的事迹。萧何是刘邦的老战友和部下，在楚汉相争中，为刘邦筹划良策，镇守关中，大力支援前线，立下大功；为相贯彻“与民休息”政策，安定天下。曹参在楚汉相争中，建有战功；继萧何为相守而不失，有“萧规曹随”之誉。萧何与张良、韩信，史称“汉初三杰”，各有所长及建树。刘邦称帝后，让群臣议功，众说不一；刘邦以萧何功居第一，使众臣称服。

张良传

——运筹帷幄，决定千里称谋圣

【原文】

张良，字子房，其先韩人也。大父开地[①]，相韩昭侯、宣惠王、襄哀王。父平，相釐王、悼惠王。悼惠王二十三年，平卒。卒二十岁[②]，秦灭韩。良少，未宦事[③]韩。韩破，良家僮[④]三百人，弟死不葬，悉以家财求客刺秦王，为韩报仇，以五世相韩故。

良尝学礼淮阳[⑤]，东见仓海君[⑥]，得力士，为铁椎重百二十斤。秦皇帝东游，至博浪沙[⑦]中，良与客狙击秦皇帝，误中副车。秦皇帝大怒，大索[⑧]天下，求贼急甚。良乃更名姓，亡匿[⑨]下邳。

【注释】

①大父：祖父。开地：张良祖父之名。②卒二十岁：指张平死后二十年，即前230年。③宦事：做官。④家僮：奴婢。⑤淮阳：郡国名。治陈（今河南淮阳县）。⑥仓海君：当时一位隐士的名号。⑦博浪沙：地名。在今河南原阳县东南。⑧索：搜索。⑨亡匿：逃避躲藏。

【译文】

张良，字子房，祖先是韩国人。祖父张开地，做过韩昭侯、宣惠王、襄哀王的相国。父亲张平，做过釐王、悼惠王的相国。悼惠王二十三年（公元前250年），张平去世。公元前230年，秦灭韩。当时张良年轻，还没在韩做官。韩亡，张良的家奴有三百人，弟弟死了也没下葬，以全部家财寻求刺客刺杀秦王，为韩报仇，因为父祖做过五代韩相。

张良曾在淮阳学习礼仪，向东行见到仓海君，找到一个大力士，使用的铁椎重一百二十斤。秦皇帝东游，到达博浪沙中，张良和刺客伏击秦皇帝，却误中副车。秦皇帝大怒，在全国大规模搜索，非常急于抓到贼人。张良于是改换名姓，逃避到了下邳。

【原文】

良尝闲从容步游下邳圯[①]上，有一老父，衣褐[②]，至良所，直[③]堕其履圯下，顾谓良曰："孺子[④]，下取履！"良愕然，欲欧[⑤]之，为其老，乃强忍。下取履，因跪进，父以足受之，笑去。良殊大惊。父去里所[⑥]，复还，曰："孺子可教矣。后五日平明，与我期[⑦]此。"良因怪，跪曰："诺。"五日平明，良往，父已先在，怒曰："与老人期，后，何也？去，后五日早会。"五日，鸡鸣往。父又先在，复怒

曰："后，何也？去，后五日复早来。"五日，良夜半往。有顷，父亦来，喜曰："当如是。"出一编[8]书，曰："读是则为王者师。后十年兴。十三年，孺子见我，济北谷城山下黄石即我已[9]。"遂去不见。旦日视其书，乃《太公兵法》。良因异之，常习读诵。

【注释】

①圯（yí）：桥。②衣褐：穿着粗布短衣。③直：特意。履：鞋子。④孺子：小孩子。此处是不客气的称呼。⑤欧：同"殴"，打。⑥里所：一里来地。⑦期：约会。⑧编：册。⑨济北：郡名。治博阳（在今山东泰安市东南）。谷城山：在今山东东阿县东南。已：同"矣"。

【译文】

有一天张良悠闲地在下邳桥上散步，有一老人，穿着粗布短衣，走到张良面前，故意把鞋掉在桥下，回头对张良说："小孩子，下去拾鞋！"张良很惊讶，想打他，又看他年纪大，便强忍着，下去拾鞋，顺势跪着送上。老人伸出脚穿上它，笑着走了。张良非常吃惊。老人离开一里地左右，又返回来，说："年轻人值得教诲。五天以后早上，在这里等我。"张良觉得奇怪，跪着说："行。"五天后天刚亮，张良去了。老人却已先到了，怒斥道："和老人相约，却晚到，为什么？走吧，五天后早点儿来见。"五天后，张良鸡鸣时就去了。谁知老人又先到了，又怒斥说："又晚到了，怎么回事？去吧，五天后再早来。"五天后，张良半夜就去了。过了一

会儿，老人也来了，笑道："就应该这样。"拿出一册书，说："读了它便能当王者的老师。十年后兴起。十三年后，年轻人来见我，济北谷城山下的黄石就是我了。"说完便离开不见了。张良天亮后看那书，是《太公兵法》。张良于是很惊奇，常诵习它。

【原文】

居下邳，为任侠[①]。项伯尝杀人，从良匿。

后十年，陈涉等起，良亦聚少年百余人。景驹[②]自立为楚假王，在留[③]。良欲往从之，行道遇沛公。沛公将数千人略地下邳，遂属焉。沛公拜良为厩将[④]。良数以《太公兵法》说沛公，沛公喜，常用其策。良为它人言，皆不省[⑤]。良曰："沛公殆天授[⑥]。"故遂从不去。

沛公之薛[⑦]，见项梁，共立楚怀王。良乃说项梁曰："君已立楚后，韩诸公子横阳君成贤，可立为王，益树党[⑧]。"项梁使良求韩成，立为韩王。以良为韩司徒[⑨]，与韩王将千余人西略韩地，得数城。秦辄复取之，往来为游兵颍川[⑩]。

【注释】

①任侠：讲义气，好打抱不平。②景驹：楚国贵族的后裔。③留：县名。在今江苏沛县东南。④厩（jiù）将：主管马匹的军官。⑤省：领悟。⑥殆：大概，几乎。天授：天才之意。⑦薛：县名。在今山东滕县东南。⑧益树党：多建各派势力，共同反秦。这是张良当时的指导思想。⑨司徒：官名。相当于丞相。⑩游兵：指无固定防地、流动出击的军队。颍川：郡名。治阳翟（在今河南禹县）。

【译文】

十年后，陈涉等起事，张良也聚集少年一百多人。景驹自立为楚代理之王，占据留县。张良想去追随他，半路上遇到沛公。沛公率几

千人攻占下邳，张良便跟随了他。沛公任命张良做厩将。张良多次向沛公讲解《太公兵法》，沛公很高兴，常采用他的计策。张良向别人说，都不明白。张良说："沛公大概是天授之才。"便跟随他不再离开。

沛公到薛地，会见项梁，一起拥立楚怀王。张良便劝说项梁道："您已立了楚的后代，韩公子横阳君韩成贤能，可以立为王，以便多树党羽外援。"项梁派张良找韩成，立为韩王。任张良做韩王司徒，和韩王率一千多人向西攻占韩地，攻占了好几座城池。不久秦又都将其收复了，只好在颍川往来打游击。

【原文】

沛公之从洛阳南出轘辕[①]，良引兵从沛公，下韩十余城，击杨熊军。沛公乃令韩王成留守阳翟[②]，与良俱南，攻下宛[③]，西入武关[④]。沛公欲以二万人击秦峣关[⑤]下军，良曰："秦兵尚强，未可轻。臣闻其将屠者子，贾竖[⑥]易动以利。愿沛公且留壁，使人先行，为五万人具食，益张旗帜诸山上，为疑兵，令郦食其持重宝啖[⑦]秦将。"秦将果欲连和俱西袭咸阳，沛公欲听之。良曰："此独其将欲叛，士卒恐不从，不从必危，不如因其解[⑧]击之。"沛公乃引兵击秦军，大破之。逐北至蓝田[⑨]，再战，秦兵竟[⑩]败。遂至咸阳，秦王子婴降沛公。

【注释】

①轘（huán）辕：山名。在今河南偃师县东南。②阳翟：县名。在今河南禹县。③宛：县名。在今河南南阳市。④武关：在今陕西商南县东南。⑤峣（yáo）关：在今陕西蓝田县东南。⑥贾竖：犹言做买卖的小人。对商人轻蔑的称呼。⑦啖（dàn）：吃。这里是引诱之意。⑧解：同"懈"。⑨逐北：追击败军。蓝田：在今陕西蓝田县西。⑩竟：完全，彻底。

【译文】

沛公从洛阳向南出轘辕山，张良带兵跟着沛公，攻下韩地十多座城，攻打杨熊的军队。沛公便命韩王成留守阳翟，和张良一起向南，攻占宛县，向西进入武关。沛公想用两万人攻打秦峣关下的军队，张良说："秦兵现在还很强大，不可轻视。臣听说其守将是屠户之子，商贾小人容易用利来动摇。希望沛公暂且留在营寨中，派一部分人先行，准备五万人的伙食，在各山上增加旗帜，作为疑兵，派郦食其带着贵重财宝诱惑秦将。"秦将果然要联合汉军共同西攻咸阳，沛公准备答应他们。张良说："这只是将领想反叛，士兵恐怕不服从，不服从一定有危险，不如趁其松懈攻打他们。"沛公便率兵进攻秦军，大败秦军。汉军追赶秦军到蓝田，再次作战，秦军彻底失败。于是到了咸阳，秦王子婴投降沛公。

【原文】

沛公入秦，宫室帷帐狗马重宝妇女以千数，意欲留居之。樊哙谏，沛公不听。良曰："夫秦为无道，故沛公得至此。为天下除残

去贼，宜缟素为资[1]。今始入秦，即安其乐，此所谓‘助桀为虐’。且‘忠言逆耳利于行，毒药苦口利于病’，愿沛公听樊哙言。”沛公乃还军霸上。

项羽至鸿门，欲击沛公。沛公大惊，曰：“为之奈何？”良曰：“沛公诚欲背项王邪？”沛公曰：“鲰生[2]说我距关毋内诸侯，秦地可王也，故听之。”良曰：“沛公自度能却项王乎？”沛公默然，曰：“今为奈何？”良因要项伯见沛公。沛公与伯饮，为寿[3]，结婚[4]，令伯具言沛公不敢背项王。项羽后解。

【注释】

①缟素为资：犹言以俭朴为本。缟素：白色的衣服。此为朴素之意。②鲰（zōu）生：浅薄愚陋的人；小人。古代骂人之词。③为寿：敬酒以祝健康长寿。④结婚：缔结婚约。

【译文】

沛公进入秦宫，见宫室帷帐、狗马、重宝、妇女数以千计，便想留下住在那里。樊哙劝谏，沛公不听。张良说：“秦不行仁道，所以沛公才能到这里。为天下除去凶残暴虐之人，应该以朴素来显示本色。现在刚入秦，便安于享乐，这就是人们所说的‘助桀为虐’。俗话说‘忠言逆耳利于行，良药苦口利于病’，希望沛公听从樊哙的话。”沛公于是又带兵回去驻扎霸上。

项羽到鸿门，要攻打沛公。沛公大惊，说：“那怎么办呢？”张良说：“沛公真的要背叛项王吗？”沛公说：“有个小人劝我把持关口不放诸侯进入，可在秦地称王，便听从了他。”张良说：“沛公自己觉得能打退项王吗？”沛公沉默，说：“现在怎么办？”张良于是邀请项伯见沛公。沛公和项伯喝酒，为他祝寿，缔结婚约，让项伯向项羽详细说明沛公不敢背叛项王。项羽后来和沛公和解。

【原文】

汉元年，沛公为汉王，王巴蜀。赐良金百溢[①]，珠二斗，良具以献项伯。汉王亦因令良厚遗项伯，使请汉中地。项王许之。汉王之国，良送至褒中[②]，遣良归韩。良因说汉王烧绝栈道[③]，示天下无还心，以固项王意。乃使良还。行，烧绝栈道。

良归至韩，闻项羽以良从汉王故，不遣韩王成之国，与俱东，至彭城杀之。时汉王还定三秦，良乃遗项羽书曰："汉王失职，欲得关中，如约即止，不敢复东。"又以齐反书遗羽，曰："齐与赵欲并灭楚。"项羽以故北击齐。

【注释】

①溢：通"镒"，重量单位，二十两（一说二十四两）为一镒。②褒中：邑名。在今陕西汉中市西北。③栈道：又称阁道，山谷间以竹木构筑的通道。

【译文】

汉元年（公元前206年），项王封沛公为汉王，领有巴蜀之地。项王赏张良百镒黄金，二斗珍珠，张良都献给了项伯。汉王又接着叫张良用厚礼送给项伯，让他向项王请求汉中之地。项王同意了。汉王到封国去，张良送到褒中，派张良回韩地。张良于是劝汉王烧毁栈道，向天下人表示没有返回之心，来稳住项王的心。于是便让张良回去了。一边走，一边烧毁栈道。

张良回到韩地，听说项羽因为张良跟随汉王，不让韩王成回国，而和他一起东行，到彭城杀了他。当时汉王回去平定三秦，张良便写信给项羽说："汉王没有履行自己的职责，只想占据关中，按约定就会停止，不敢再往东行。"又把齐的反书送给项羽，说："齐和赵要共同灭亡楚。"项羽因此向北攻齐。

【原文】

良乃间行归汉。汉王以良为成信侯，从东击楚。至彭城，汉王兵败而还。至下邑[①]，汉王下马踞鞍[②]而问曰："吾欲捐关已（以）东等弃之[③]，谁可与共功[④]者？"良曰："九江王布[⑤]，楚枭将，与项王有隙；彭越与齐王田荣反梁地[⑥]，此两人可急使。而汉王之将独韩信可属大事，当一面。即欲捐之，捐此三人，楚可破也。"汉王乃遣随何说九江王布，而使人连彭越。及魏王豹反，使韩信特将[⑦]北击之，因举[⑧]燕、代、齐、赵。然卒破楚者，此三人力也。

良多病，未尝特将兵，常为画策臣，时时从。

【注释】

①下邑：县名。在今安徽砀山县。②踞鞍：坐在马鞍上。古时行军中休息，常解下马鞍作坐卧之用。③捐：放弃，这里是分出之意。已：同"以"。④共功：谓共立破楚之功。⑤布：黥（qíng）布。⑥梁地：指战国时魏都大梁（今河南开封市）一带。⑦特将：独自统率、指挥军队；独当一面之将。⑧举：攻下。

【译文】

张良便从小道回汉。汉王封张良为成信侯，从东面攻楚。到彭城，汉王兵败回来。到下邑，汉王下马坐在马鞍上问道："我想把关东之地分给别人，谁能和我一起建功？"张良说："九江王黥布，是楚的猛将，和项王有矛盾；彭越和齐王田荣在梁地反叛，这两个人可以尽快使用。汉王大将只有韩信可交付大事，独当一面。如果要让出关东之地，让给这三个人，楚可以攻破。"汉王便派随何劝说九江王黥布，又派人联合彭越。到魏王豹反叛时，派韩信专门率兵向北攻打，于是攻下燕、代、齐、赵。最终攻破楚的，就是这三个人的力量。

张良多病，不曾单独率兵打过仗，常作为出谋划策之臣，时时随从。

【原文】

后韩信破齐欲自立为齐王，汉王怒。良说汉王，汉王使良授齐王信印。

五年冬，汉王追楚至阳夏[①]南，战不利，壁固陵[②]，诸侯期不至。良说汉王，汉王用其计，诸侯皆至。

汉六年，封功臣。良未尝有战斗功，高帝曰："运筹策帷幄中，决胜千里外，子房功也。自择齐三万户。"良曰："始臣起下邳，与上会留，此天以臣授陛下。陛下用臣计，幸而时中，臣愿封留足矣，不敢当三万户。"乃封良为留侯，与萧何等俱封。

【注释】

①阳夏（jiǎ）：县名。在今河南太康县。②固陵：邑名。在今河南太康县南。

【译文】

以后韩信灭齐后想自立为齐王，汉王发怒。张良劝说汉王，汉王让张良授与齐王信印。

汉五年（公元前202年）冬天，汉王追赶楚军到阳夏南部，战斗不利，坚守固陵军垒，诸侯到约定日期不来救援。张良劝说汉王，汉王采用他的计策，诸侯都来了。

汉六年（公元前201年），封赏功臣。张良不曾有战功，高帝说："出谋划策于帷幄之中，决定千里之外的胜利，是子房的功劳。可自己挑选齐地三万户食邑。"张良说："开始臣从下邳起家，和皇上在留县相遇，这是上天把臣交给陛下。陛下采用臣的计策，幸而有时料中，臣希望赐封留地就够了，不敢再承当三万户食邑。"便封张良为留侯，和萧何等一起受封。

【原文】

上已封大功臣二十余人，其余日夜争功而不决，未得行封。上居洛阳南宫，从复道[①]望见诸将往往数人偶语。上曰："此何语？"良曰："陛下不知乎？此谋反耳。"上曰："天下属[②]安定，何故而反？"良曰："陛下起布衣，与此属[③]取天下，今陛下已为天子，而所封皆萧、曹故人所亲爱，而所诛者皆平生仇怨。今军吏计功，天下不足以遍封，此属畏陛下不能尽封，又恐见疑过失及诛，故相聚而谋反耳。"上乃忧曰："为将奈何？"良曰："上平生所憎，群臣所共知，谁最甚者？"上曰："雍齿与我有故怨，数窘辱我，我欲杀之，为功多，不忍。"良曰："今急先封雍齿，以示群臣。群臣见雍齿先封，则人人自坚[④]矣。"于是上置酒，封雍齿为什方[⑤]侯，而急趣[⑥]丞相御史定功行封。群臣罢酒，皆喜曰："雍齿且侯，我属无患矣。"

【注释】

①复道：楼阁间上下两层通道。这里是指复道上层。②属（zhǔ）：适值，方才。③此属：此辈。④自坚：内心安定。⑤什方：县名。在今四川什邡县。⑥趣：通“促”。

【译文】

皇上封了大功臣二十多人，其余的日夜争功不能决定，没有能分封。皇上住在洛阳南宫，从楼道上看见将领们常常几个人相对私语。皇上说：“这是在说什么？”张良说：“陛下不知道吗？这是在商量造反。”皇上说：“天下刚刚安定，为什么谋反？”张良说：“陛下起自平民，和这些人一起夺得天下，现在陛下成了天子，所封的都是萧何、曹参等故交亲近的人，所杀的都是平素仇恨的人。现在军官计算功劳，天下不够普遍分封，这些人担心陛下不能全封，又怕被怀疑有过失而杀害，所以聚集起来谋反。”皇上于是担心地说：“那怎么办呢？”张良说：“皇上平素怨恨的人，群臣都知道的，谁最厉害？”皇上说：“雍齿和我有旧仇，多次侮辱我使我受窘，我想杀他，因为他功劳多，又不忍心。”张良说：“现在赶快先封雍齿，以昭示群臣。群臣见雍齿先受封，便会人人心安了。”于是皇上设宴，封雍齿做什方侯，并赶紧催促丞相御史计功封赏。群臣喝过酒，都高兴地说：“雍齿都被封侯了，我们不必担心了。”

【原文】

上欲废太子[①]，立戚夫人子赵王如意。大臣多争，未能得坚决[②]也。吕后恐，不知所为。或谓吕后曰：“留侯善画计，上信用之。”吕后乃使建成侯吕泽劫良[③]，曰：“君常为上谋臣，今上日欲易太子，君安得高枕而卧？”良曰：“始上数在急困之中，幸用臣策；今天下安定，以爱欲易太子，骨肉之间，虽臣等百人何益！”吕泽强要[④]曰：“为我

画计。”良曰：“此难以口舌争也。顾上有所不能致者四人[5]。四人年老矣，皆以上嫚娒士，故逃匿山中，义不为汉臣。然上高[6]此四人。今公诚能毋爱金玉璧帛，令太子为书，卑辞安车[7]，因使辨[8]士固请，宜来[9]。来，以为客，时从入朝，令上见之，则一助也。”于是吕后令吕泽使人奉太子书，卑辞厚礼，迎此四人。四人至，客建成侯所。

【注释】

①太子：指吕后所生的刘盈。②坚决：最后决定之意。③吕泽：据《外戚恩泽侯表》，当作吕释之，此误。劫：强制。④要：要求。⑤致：招致，招揽。四人：即“商山四皓”，据《史记》所载四人分别是东园公、角（lù）里先生、绮里季与夏黄公。⑥高：高看，尊敬。⑦安车：古时一种较为安稳舒适的小车。⑧辨：应为“辩”。⑨宜来：可能会来。

【译文】

皇上想废太子，另立戚夫人的儿子赵王赵如意。很多大臣争辩，没能改变皇上的决心。吕后很害怕，不知怎么办。有人对吕后说：“留侯善于谋划，皇上信任听他的。”吕后便派建成侯吕泽拦住张良，

说："您多年做皇上的谋臣，现在皇上每天都打算换太子，您怎能高枕无忧呢？"张良说："以前皇上多次在急困中，能有幸采用臣的计策；现在天下安定，因为偏爱而更换太子，骨肉之间，即使有我们一百人又有什么用？"吕泽坚持要求说："给我出个主意。"张良说："这难用口舌去争。想皇上不能招揽来的有四个人。这四个人已经年老，都因为皇上慢待士人，所以逃避山中，守义不做汉臣。但皇上尊敬这四个人。现在您果真能不惜金玉璧帛，让太子写信，谦辞安车，再让善辩者坚请，应当会来。来了以后就把他们作为贵客，时常带着入朝，让皇上看见，这对太子是一个帮助。"于是吕后让吕泽派人带着太子的信，谦辞厚礼，迎接这四人。四人到后，住在建成侯那里。

【原文】

汉十二年，上从破布归，疾益甚，愈欲易太子。良谏不听，因疾不视事。叔孙太傅称说引古[①]，以死争太子。上阳许之，犹欲易之。及宴，置酒，太子侍。四人者从太子，年皆八十有余，须眉皓白，衣冠甚伟。上怪，问曰："何为者？"四人前对，各言其姓名。上乃惊曰："吾求公，避逃我，今公何自从吾儿游[②]乎？"四人曰："陛下轻士善骂，臣等义不辱，故恐而亡匿。今闻太子仁孝，恭敬爱士，天下莫不延颈愿为太子死者，故臣等来。"上曰："烦公幸卒调护[③]太子。"上起去，罢酒。竟不易太子者，良本招此四人之力也。

【注释】

①叔孙：叔孙通。引古：引用古人事。②游：交游。③调护：调理，护持。

【译文】

汉十二年（公元前 195 年），皇上打败黥布回来，病得更加厉害，愈发想更换太子。张良劝谏不听，因病不上朝。太傅叔孙通引用古人之事，以死为太子争位。皇上假装答应他，仍想换太子。一次设宴时，摆酒，太子侍奉。四人跟着太子，年纪都八十多，头发眉毛雪白，衣冠不凡。皇上很惊奇，问道："这些人是干什么的？"四人上前答话，各说自己的姓名。皇上吃惊地说："我邀请你们，你们逃避我，现在你们为什么主动跟我儿子交游呢？"四人说："陛下轻视士人喜欢骂人，我们为义不受辱，所以害怕而逃避。现在听说太子仁孝，恭敬爱惜士人，天下没有不伸着脖子愿为太子死的，所以我们主动前来。"皇上说："有幸烦劳各位终于能来调教护卫太子。"皇上起身走开，撤酒。最终没有更换太子，这是张良招来这四人的功劳。

【原文】

良从上击代①，出奇计下马邑，及立萧相国，所与从容言天下事甚众，非天下所以存亡，故不著②。良乃称曰："家世相韩，及韩灭，不爱万金之资，为韩报仇强秦，天下震动。今以三寸舌为帝者师，封万户，位列侯，此布衣之极，于良足矣。愿弃人间事，欲从赤松子③游耳。"乃学道④，欲轻举⑤。高帝崩，吕后德良，乃强食⑥之，曰："人生一世间，如白驹之过隙⑦，何自苦如此！"良不得已，强听食。后六岁薨⑧，谥曰文成侯。

【注释】

①击代：指汉高帝十年（公元前197年）秋讨伐自称代王而叛汉的陈豨。②著：记述。③赤松子：相传为古代仙人之号。④道：指成仙之道，即辟谷、导引之术。⑤轻举：升化之意。⑥食：指给予俸禄。⑦白驹过隙：本义指白色的骏马在缝隙前飞快地越过，比喻时间过得很快。⑧后六岁：《史记》作"后八年"。实际上张良死于高后二年（公元前186年），当作"后九年"。

【译文】

张良跟随皇上攻打陈豨，出奇谋攻下马邑，到立萧何为相国，和皇上从容谈论很多天下之事，因为和天下兴亡没多大关系，所以不作记录。张良于是声言："臣家中世代做韩相，到韩亡，不惜万金家财，为韩向强秦报仇，震惊天下。现在凭三寸不烂之舌做了皇上的老师，封邑万户，位在列侯，这已是平民的最高点，对我来说足够了。我希望放弃人间之事，跟赤松子云游去。"便学习道家之说，想修炼成仙。高帝去世，吕后认为张良有德，便强行给他俸禄，说："人生一世，像白驹过隙，为什么像这样使自己受苦！"张良不得已，勉强接受。九年后去世。谥号文成侯。

【原文】

赞曰：闻张良之智勇，以为其貌魁梧奇伟，反若妇人女子①。故孔子称"以貌取人，失之子羽②"。学者②多疑于鬼神，如良受书老父，亦异矣。高祖数离④困厄，良常有力，岂可谓非天乎！

【注释】

①妇人女子：泛指妇女。常含有

轻视妇女柔弱无能的意思。②子羽：孔子弟子澹台灭明之字。据说子羽貌恶而行善。③学者：做学问的人。④离：遭逢。

【译文】

班固评论道：听闻张良的智慧与勇猛，以为他长得魁梧壮美，哪知道反而像女人一样柔弱。所以孔子讲“以貌取人，就像在子羽身上犯的错误”。做学问的人都怀疑鬼神之事，比如张良从老翁那儿得到奇书，也是怪事。高祖多次遭受困厄，张良常出力相救，难道能说这不是天意吗！

【简析】

本篇叙述汉初勋臣张良的为人处世及从政事迹。张良是一位不平凡的传奇人物。他曾狙击秦始皇，参加反秦运动；在楚汉相争中运筹帷幄，为刘邦解危困、用贤才、慎分封出谋划策；在巩固汉政权事业中又深谋远虑，为论功行赏、支持迁都、谋迎“四皓”贡献心力；晚年淡于功名，退隐学道，可谓大智大勇。汉高祖刘邦在洛阳南宫评价他说：“夫运筹策帷帐之中，决胜于千里之外，吾不如子房。”表现出张良的机智谋划与文韬武略。后世敬其谋略出众，称其为“谋圣”。

霍去病传
——勇冠三军，六击匈奴定乾坤

【原文】

霍去病，大将军青姊少儿子也。其父霍仲孺先与少儿通①，生去病。及卫皇后尊，少儿更为詹事陈掌妻。去病以皇后姊子，年十八为侍中，善骑射，再从大将军。大将军受诏，予壮士，为票姚校尉，与轻勇骑八百直弃大军数百里赴利②，斩捕首虏过当③。于是上曰：“票姚校尉去病斩首捕虏二千二十八级，得相国、当户④，斩单于大父行藉若侯产⑤，捕季父罗姑比⑥，再冠军，以二千五百户封去病为冠军侯。上谷太守郝贤四从大将军，捕首虏千三百级，封贤为终利侯。骑士孟已有功，赐爵关内侯，邑二百户。”

【注释】

①通：私通。②赴利：指夺取战功。③过当：过多。意思是捕杀敌人过多，与自己所带人数不相称。④当户：匈奴官名。⑤大父：祖父。行：排行。大父行：指祖父辈。藉若：匈奴侯名。产：人名。⑥比：等人。

【译文】

霍去病，是大将军卫青姐姐卫少儿的儿子。他的父亲霍仲孺以前与卫少儿私通，生霍去病。到了卫皇后受尊宠之时，卫少儿改嫁于詹事陈掌为妻。霍去病因是皇后姐姐的儿子，十八岁便成为侍中。因他

善于骑马射箭，两次跟随大将军卫青出征匈奴。大将军根据皇帝的命令，拨给他一批精壮士卒，让他担任票姚校尉。他带领八百名轻骑勇士远离卫青所率的大军几百里，去夺取战功，捕杀敌人极多。于是武帝说："票姚校尉霍去病歼敌二千零二十八人，活捉相国、当户，杀死单于祖父辈的藉若侯产，生擒单于叔父罗姑等人，两次勇冠全军，以二千五百户封霍去病为冠军侯。上谷太守郝贤四次跟随大将军出征，捕杀敌人一千三百人，封其为终利侯。骑士孟已也有战功，赐给爵位为关内侯，封食邑二百户。"

【原文】

去病侯三岁，元狩二年春为票骑[①]将军，将万骑出陇西，有功。上曰："票骑将军率戎士逾乌盭[②]，讨遫濮[③]，涉狐奴[④]，历五王国，辎重人众摄聋[⑤]者弗取，几[⑥]获单于子。转战六日，过焉支山千有余里，合短兵，鏖皋兰下，杀折兰王，斩卢侯王，锐悍者诛，全甲获丑[⑦]，执浑邪王子及相国、都尉，捷[⑧]首虏八千九百六十级，收休屠祭天金人。师率减什七[⑨]，益封去病二千二百户。"

【注释】

①票骑：《史记》作"骠骑"。②乌盭（lì）：山名。③遫（chì）濮：匈奴部落名。④狐奴：水名。⑤摄聋（zhé）：恐惧。这里引申为投降。⑥几：通"冀"，希望。⑦全甲：指全部披甲的士兵。丑：指俘虏。⑧捷：斩。八千九百六十级：《史记》作"八千余"。⑨率：计。减什七：指匈奴军队减损十分之七。

【译文】

霍去病封侯的第三年，即元狩二年（公元前 121 年）的春天，被任命为骠骑将军，率领一万名骑兵从陇西出发进击匈奴，立有战功。武帝下令说："骠骑将军率领士卒越过乌盭，讨伐匈奴遫濮部，渡过狐奴河，经过五个匈奴王国，所缴获的辎重人马都没有要，希望能捉到匈奴单于的儿子。辗转战斗六天，越过焉支山一千余里，和敌人短兵相接，苦战于皋兰山下，杀折兰王，斩卢侯王，诛杀顽抗的敌人，其他全部捉获。俘虏了浑邪王的儿子和相国、都尉，共杀敌和俘虏八千九百六十人，缴获了休屠王的祭天金人。所率士卒伤亡约有十分之七。加封霍去病食邑二千二百户。”

【原文】

其夏，去病出北地[①]，遂深入，至祁连山，捕首虏甚多。上曰：“票骑将军涉钧耆[②]，济居延[③]，遂臻小月氏[④]，攻祁连山，扬武乎觻得[⑤]，得单于单桓、酋涂王，及相国、都尉以众降下者二千五百人，可谓能舍服知成而止[⑥]矣。捷首虏三万二百，获五王、王母、单于阏氏、王子五十九人，相国、将军、当户、都尉六十三人。师大率减什三，益封去病五千四百户。”诸宿将所将士马兵[⑦]亦不如去病，去病所将常选[⑧]，然亦敢深入，常与壮骑先其大军。军亦有天幸，未尝困绝也。然而诸宿将常留落不耦[⑨]。由此去病日以亲贵，比[⑩]大将军。

【注释】

①北地：郡名。治马领（在今甘肃庆阳西北）。②涉：谓以舟过渡。钧耆：水名。③济：谓以舟过渡。居延：泽名，在今内蒙古额济纳旗东。④臻：到达。小月氏（yuè zhī）：从大月氏分化出来的一支，活动在敦煌、祁连山之间。⑤觻（lì）得：县名。张掖郡治所在此，在今甘肃张掖西北。⑥舍服知成而止：服而舍之，功成则止。⑦宿：旧。兵：兵器。⑧选：谓选取精锐。⑨不耦：不遇，遭遇不顺利。⑩比：等同于。

【译文】

这年夏天，霍去病从北地郡出发，深入匈奴地区，率军到达祁连山，捕杀敌人很多。武帝下诏说："骠骑将军渡过钧耆河和居延泽，到达小月氏，攻占祁连山，扬武于觻得，俘虏单于手下的单桓王、酋涂王，还有相国、都尉率领部众投降的，共有二千五百人，可以说是能服而舍之，功成则止。这次报捷斩首和俘虏三万零二百人，俘虏五个匈奴王以及王母、单于阏氏、王子等五十九人，相国、将军、当户、都尉六十三人。所率士卒大约伤亡十分之三。加封霍去病五千四百户。"许多老将率领的兵马也不如霍去病。霍去病率领的士卒常常选拔精锐补充，然而也是由于他自己敢于深入敌区，常和精壮士卒战斗在大军的最前面。他的部队也是有上天保佑，从没陷入过绝境。可是那些老将却常常落在后面，不能得到良好的战机。从此霍去病日益受到武帝的宠爱而显贵，地位与大将军卫青相等。

【原文】

其后，单于怒浑邪王居西方数为汉所破，亡数万人，以票骑之兵也，欲召诛浑邪王。浑邪王与休屠王等谋欲降汉，使人先要道边①。是时大行李息将城河上②，得浑邪王使，即驰传③以闻。上恐其以诈降而袭边，乃令去病将兵往迎之。去病既度河，与浑邪众相望。浑邪裨王[④]将见汉军而多欲不降者，颇遁去。去病乃驰入，得与浑邪王相见，斩其欲亡者八千人，遂独遣浑邪王乘传先诣行在所[⑤]，尽将其众度河。降者数万人，号称十万。于是上嘉去病之功，曰："票骑将军去病率师征匈奴，西域王浑邪王及厥众萌咸奔于率[⑥]。以军粮接食，并将控弦[⑦]万有余人，诛獟悍[⑧]，捷首虏八千余级，降异国之王三十二。战士不离[⑨]伤，十万之众毕怀集服。仍兴之劳，爰[⑩]及河塞，庶几亡患。以千七百户益封票骑将军。"

【注释】

①要：要约。道边：商谈于边界之上。②大行：古代接待宾客的官吏，相当于现在的外交官员。河上：黄河边。③传（zhuàn）：驿传；传车。④裨王：汉时称匈奴的小王。⑤行在所：指天子巡行的住处。⑥萌：同"氓"，百姓。率：应为"师"。⑦控弦：能引弓之士。⑧獟（xiāo）悍：狂悍。⑨离：遭。⑩爰（yuán）：于是。

【译文】

这次战斗后，单于对浑邪王驻守西面而多次被汉军所败十分愤怒，浑邪王损失了几万士卒，都是因为遭到骠骑将军的打击，便想把浑邪王召来杀掉。浑邪王就和休屠王等商量投降汉朝，派人先约汉方代表在边境上商谈。这时大行令李息正准备在黄河岸边修筑城堡，见到浑邪王使者，立刻派人乘传车报告皇上。武帝担心匈奴是用诈降的手段乘机偷袭边境，就命令霍去病率军前去迎接。霍去病的部队渡过黄河，与浑邪王的军队遥遥相望，浑邪王下属的裨王、裨将看到汉军，很多人又不想投降，纷纷逃跑。霍去病立即飞马冲入匈奴军营，与浑邪王相见，杀死要逃的八千人，让浑邪王单独乘驿车先到皇帝巡行的住处，又率浑邪王的部众渡过黄河。投降的匈奴人有数万，号称十万。于是武帝表彰霍去病的功劳，说："骠骑将军霍去病率领部队征伐匈奴，西

部地区的浑邪王部及其臣民都来投降。霍去病用军粮援助他们，并率领射手万余人，诛杀那些骁悍凶恶的敌人，杀死和俘虏八千多人，降服异国之王三十二人。我军战士没受损伤，却使十万人诚心归服。由于骠骑将军屡次兴师作战的功劳，使得黄河上的边塞地区几乎没有忧患。加封骠骑将军一千七百户。"

【原文】

其明年，上与诸将议曰："翕侯赵信为单于画计①，常以为汉兵不能度幕轻②留，今大发卒，其势必得所欲。"是岁元狩四年也。春，上令大将军青、票骑将军去病各五万骑，步兵转者踵③军数十万，而敢力战深入之士皆属去病。去病始为④出定襄，当单于。捕虏，虏言单于东，乃更令去病出代郡，令青出定襄。

去病骑兵车重⑤与大将军军等，而亡裨将。悉以李敢⑥等为大校，当裨将，出代、右北平二千余里，直左方兵⑦，所斩捕功已多于青。

【注释】

①画计：出谋划策。②轻：轻易。③转：运输辎重的部队。踵：接。④为：准备。⑤车重：辎重。⑥李敢：李广之子。⑦直：通"值"，当。左方：当作"左王"，即左贤王。

【译文】

第二年（公元前119年），武帝和诸将商议说："翕侯赵信为单于出谋划策，总认为汉朝的军队不能横穿沙漠轻易停留，现在我们发大军出征，一定会取得胜利。"这一年是元狩四年。春天，武帝派大将军卫青、骠骑将军霍去病各率领五万骑兵，另有数十万步兵和运输部队紧随其后，那些敢于死战不怕深入敌阵的士卒都划归霍去病率领。霍去病开始准备从定襄出发，直指单于部队。后捉到俘虏，俘虏说单于在东面，于是武帝改令霍去病从代郡出发，令卫青从定襄出发。

霍去病所率领的骑兵和辎重与大将军卫青的相等，但没有副将。霍去病全都任用李敢等人为大校，当作副将。他从代郡和右北平郡出击两千余里，直指匈奴左贤王的军队，斩杀和俘虏敌人的战功超过卫青。

【原文】

既皆还，上曰："票骑将军去病率师躬将所获荤允[①]之士，约轻赍[②]，绝大幕，涉获单于章渠[③]，以诛北车耆[④]。转击左大将双，获旗鼓。历度难侯[⑤]，济弓卢[⑥]，获屯头王、韩王等三人，将军、相国、当户、都尉八十三人，封狼居胥山[⑦]，禅于姑衍[⑧]，登临翰海[⑨]，执讯获丑七万有四百四十三级。师率减什二，取食于敌，卓行殊远而粮不绝。以五千八百户益封票骑将军。"军吏卒为官，赏赐甚多。

【注释】

①荤允：古代匈奴的别称。②轻赍（jī）：轻装。③章渠：单

于之近臣。④北车耆：匈奴之王号。⑤难侯：一作“离侯”，山名。⑥弓卢：《史记》作“弓闾”，水名。⑦封：祭天。狼居胥山：山名。在今蒙古乌兰巴托以东、克鲁伦河之北。⑧禅：为坛祭地。姑衍：山名。在狼居胥山之西，在今蒙古乌兰巴托以东。⑨翰海：地名，蒙古高原东北的北海。在今蒙古国境内。

【译文】

出征都回来以后，皇上说：“骠骑将军霍去病率军出征，亲自带领俘获的匈奴兵，少带辎重，深入大漠，活捉单于大臣章渠，诛杀北车耆王。又转攻左大将双，缴获敌人的军旗战鼓。又越过难侯山，渡过弓卢河，抓获屯头王、韩王等三人，将军、相国、当户、都尉等八十三人。在狼居胥山祭天，在姑衍山祭地，登山眺望翰海。抓获俘虏七万零四百四十三人，自己的士卒大约伤亡十分之二。又向敌人夺取军粮，虽行军极远而粮草不断。加封骠骑将军五千八百户。”官兵都升了官，赏赐很多。

【原文】

去病为人少言不泄，有气敢往[①]。上尝欲教之吴孙[②]兵法，对曰：“顾方略何如耳，不至[③]学古兵法。”上为治第，令视之，对曰：“匈奴不灭，无以家为也。”由此上益重爱之。然少而侍中，贵不省[④]士。其从军，上为遣太官赍[⑤]数十乘，既还，重车余弃粱肉，而士有饥者。其在塞外，卒乏粮，或不能自振[⑥]，而去病尚穿域蹋鞠[⑦]也。事多此类。

去病自四年军后三岁，元狩六年薨。上悼之，发属国玄甲[⑧]，军陈自长安至茂陵[⑨]，为冢像祁连山，谥之并武与广地曰景桓侯[⑩]。

【注释】

①敢往：《史记》作“敢任”，意为敢作敢为。②吴、孙：吴起、

孙武。③不至：不必。④省：视。爱护之意。⑤太官：官名。在宫廷主管膳食。赍：赠送食物。⑥振：举。⑦穿域：穿地为界域。蹋鞠：踢球。⑧玄甲：黑色之甲。⑨茂陵：霍去病陵墓。现在陕西兴平县茂陵镇东北。⑩景桓侯：张晏曰："谥法'布义行刚曰景，辟土服远曰桓'也。"

【译文】

霍去病为人沉默寡言，有勇气、敢作敢为。武帝曾经要他学习吴起、孙武的兵法，他回答说："打仗只看谋略怎么样，不必学习古代的兵法。"武帝为他修建了一座宅第，让他去看看，他回答说："匈奴不消灭，无以为家。"因此汉武帝更加重视和宠爱他。但是霍去病很小就在皇帝身边任侍中，骄贵惯了，不大会关心士兵。他率领部队出征时，皇帝专门派太官为他带数十车的生活用品，回来时还有剩余而丢掉的米和肉，而士兵却有挨饿的。在塞外作战时，士兵们缺乏军粮，有的人饿得爬不起来，而霍去病却还要开辟场地踢球。此类事情很多。

霍去病自元狩四年（公元前114年）出兵以后的第三年，即元狩六年（公元前117年）去世。武帝很悲伤，调发附属国穿黑甲的士兵，从长安列队直到茂陵。在茂陵园为他修筑了一座形状像祁连山的坟墓。并为他定谥号，合并"武"和"广地"两层意义称为景桓侯。

【原文】

赞曰：苏建尝说责："大将军至尊重，而天下之贤士大夫无称[①]焉，愿将军观古名将所招选[②]者，勉之哉！"青谢曰："自魏其、武安[③]之厚宾客，天子常切齿。彼亲待士大夫，招贤黜不肖者，人主之柄也。人臣奉法遵职而已，何与招士！"票骑亦方[④]此意，为将如此。

【注释】

①称：称誉。②招选：谓招贤荐士。③魏其、武安：指魏其侯窦婴、武安侯田蚡（fén）。④方：仿照，比拟。

【译文】

班固评论道：苏建曾经责备说："大将军十分尊贵，而天下贤能的士大夫没有人称赞您，希望将军多多观察古代名将招选贤士的办法，以此来勉励自己！"卫青答谢说："自从魏其侯窦婴、武安侯田蚡招募了众多宾客之后，皇上常常对此咬牙切齿。这种厚待士大夫、招徕贤者而摈弃不贤之人的做法，是人主的权力。人臣只要奉公守法尽职就行了，何必去招贤纳士！"骠骑将军的做法也是这样，为将之道就是如此。

【简析】

本传叙述汉代名将霍去病的生平事迹。骠骑将军霍去病勇冠全军，猛烈如暴风，六次长驱进攻匈奴，有如雷震电击，战马抵达翰海，将士登临狼居胥山，西窥大河，设郡直到祁连山地段。霍去病英勇善战，取得了大胜匈奴的武功，成了汉代抗击匈奴最有代表性的英雄人物。文末的评语引用了苏建与卫青的问答，一方面点明卫、霍二人不敢招贤纳士，是为了保全个人功名，怕牵累受祸；同时也反映出君主专制的淫威，作为一名大臣，做好自己的本职工作就行了，不能太出风头。

霍光传
——匡扶社稷，生前身后尽荣宠

【原文】

霍光，字子孟，票骑将军去病弟也。父中孺[①]，河东平阳人也[②]，以县吏给事平阳侯家[③]，与侍者卫少儿私通而生去病。中孺吏毕归家，娶妇生光，因绝不相闻[④]。久之，少儿女弟子夫得幸于武帝，立为皇后，去病以皇后姊子贵幸。既壮大，乃自知父为霍中孺，未及求问。会为票骑将军击匈奴，道出河东。河东太守郊迎，负弩矢先驱[⑤]，至平阳传舍，遣吏迎霍中孺。中孺趋入拜谒，将军迎拜，因跪曰："去病不早自知为大人遗体[⑥]也。"中孺扶服[⑦]叩头，曰："老臣得托命将军，此天力也。"去病大为中孺买田宅奴婢而去。还，复过[⑧]焉，乃将光西至长安，时年十余岁，任光为郎[⑨]，稍迁诸曹侍中。去病死后，光为奉车都尉光禄大夫，出则奉车，入侍左右，出入禁闼[⑩]二十余年，小心谨慎，未尝有过，甚见亲信。

【注释】

①中孺：仲孺。②河东：郡名。治安邑（在今山西夏县西北）。平阳：县名。在今山西临汾西南。③给事：言当差。平阳侯：指平阳侯曹参之曾孙曹时。④绝不相闻：指霍中孺与卫少儿断绝关系而不过问。⑤先驱：开道。⑥遗体：言自身为父母所亲生。⑦扶服：同“匍匐”。⑧过：访问，探望。⑨任：保举。郎：官名。光禄勋所属的议郎、中

郎、侍郎、郎中等统称为“郎”。⑩禁闼（tà）：宫门。

【译文】

霍光，字子孟，是骠骑将军霍去病的弟弟。他的父亲霍仲孺，是河东平阳人，以县吏的身份在平阳侯家供职，同侍女卫少儿私通而生下霍去病。霍仲孺差事完成后回到家中，又娶妻生下霍光，自此与卫少儿断了关系不通音信。过了一段时间，卫少儿的妹妹子夫得宠于汉武帝，被立为皇后，霍去病由于是皇后姐姐的儿子而地位尊贵并受到皇帝的宠幸。霍去病长大成人后，才知道自己的父亲是霍仲孺，但一直未来得及探访。恰好霍去病被封为骠骑将军去攻打匈奴，路过河东。河东太守到城郊去迎接，背着弓箭在前面带路，来到平阳侯家里的馆舍中，霍去病就派小吏去请霍仲孺来相见。霍仲孺急忙赶来拜见，霍去病上前迎接揖拜，跪下说：“去病早先不知道自己是您的骨肉。”霍中孺伏地叩头说：“老臣能把命运寄托给将军，这是上天的功劳啊。”霍去病为霍仲孺买了大量的田地、房宅、奴婢后离开。还军的时候，霍去病又去拜见父亲，于是就把霍光带到了长安，当时霍光才十几岁，就保举霍光为郎官，不久就升为诸曹侍中。霍去病死后，霍光被封为奉车都尉光禄大夫，皇帝出行则以奉车身份随驾，在宫内就侍奉左右，进出禁宫有二十多年，一直小心谨慎，未曾有过差错，很受皇帝的亲近信赖。

【原文】

征和二年，卫太子①为江充所败②，而燕王旦、广陵王胥皆多过失③。是时上年老，宠姬钩弋赵倢伃有男，上心欲以为嗣，命大臣辅之。察群臣唯光任大重④，可属社稷。上乃使黄门画者画周公负成王朝诸侯以赐光。后元二年春，上游五柞宫，病笃，光涕泣问曰：“如有不讳，谁当嗣者？”上曰：“君未谕前画意邪？立少子，君行周公之事。”光顿首让曰：“臣不如金日磾[⑤]。”日磾亦曰：“臣外国人，不如光。”上以光为大司马大将军，日磾为车骑将军，及太仆上官桀为左将军，搜粟都尉桑弘羊为御史大夫，皆拜卧内[⑥]床下，受遗诏辅少主。明日，武帝崩，太子袭尊号[⑦]，是为孝昭皇帝。帝年八岁，政事壹[⑧]决于光。

【注释】

①卫太子：武帝之子刘据，卫皇后所生。谥戾，故又称戾太子。②败：陷害。③燕王旦：武帝第三子。广陵王胥：武帝第四子。④任大重：担负重任。⑤金日（mì）磾（dī）：本匈奴人，归汉后受到武帝重用。⑥卧内：卧室，内室。⑦袭尊号：言继承帝位。⑧壹：全部。

【译文】

征和二年（公元前92年），卫太子被江充陷害自尽，燕王刘旦、广陵王刘胥又都有很多过失。这时候皇上已经老了，宠姬钩弋夫人赵婕妤生了一个男孩，皇上打算把皇位传给他，并命大臣来辅佐他。皇

上观察群臣中只有霍光才可担当重任，可托付社稷。皇上于是就叫宫廷画师画了一张周公背着成王接受诸侯朝贺的画赐给霍光。后元二年（公元前87年）的春天，皇上出游五柞宫，病得很厉害，霍光流泪问道："如果皇上有不测，那当由谁来继位？"皇上说道："难道你还不明白上次送给你的画的意思吗？立少子为帝，你当按周公辅佐成王那样行事。"霍光叩头谦让说："我比不上金日磾。"金日磾也说："我是外国人，不如霍光。"皇上于是就任命霍光为大司马大将军，金日磾为车骑将军，太仆上官桀为左将军，搜粟都尉桑弘羊为御史大夫。他们都在天子卧室内的床前叩拜受职，接受遗诏辅佐年幼的君主。第二天，武帝驾崩，太子承袭皇位，称为孝昭皇帝。皇帝年仅八岁，政事全由霍光来决定。

【原文】

先是，后元年，侍中仆射莽何罗①与弟重合侯通谋为逆，时光与金日磾、上官桀等共诛之，功未录②。武帝病，封玺书③曰："帝崩发书以从事。"遗诏封金日磾为秺④侯，上官桀为安阳侯，光为博陆侯，皆以前捕反者功封。时卫尉王莽子男忽侍中⑤，扬语曰："帝崩，忽常在左右，安得遗诏封三子事！群儿自相贵耳。"光闻之，切让⑥王莽，莽酖⑦杀忽。

光为人沉静详审⑧，长财七尺三寸⑨，白皙，疏眉目，美须髯。每出入下殿门，止进有常处，郎仆射窃识视之，不失尺寸，其资性端正如此。初辅幼主，政自己出，天下想闻⑩其风采。殿中常有怪，一夜群臣相惊，光召尚符玺郎⑪，郎不肯授光。光欲夺之，郎按剑曰："臣头可得，玺不可得也！"光甚谊之。明日，诏增此郎秩二等。众庶莫不多⑫光。

【注释】

①侍中仆射（yè）：官名。侍中的首领。莽何罗：本姓马。改马为莽乃东汉明帝之马皇后所为。②录：封赏。③封玺书：将诏书加封盖印。④秺（dù）：汉代诸侯国名，在今山东省成武县西北。⑤卫尉：官名。掌守卫皇宫。子男：儿子。忽：人名。⑥切让：严厉责备。⑦酖（zhèn）：鸩的异体字，用于“毒酒、用毒酒害人”之义。⑧沉静详慎：性格沉静，思虑周到。⑨财：通“才”。七尺三寸：约合今168公分。⑩想闻：想望，仰慕。⑪尚符玺郎：官名。掌管符玺，符节令之属官。⑫多：称赞，称美。

【译文】

在这以前，武帝后元年（公元前88年）时，侍中仆射马何罗同他的弟弟重合侯马通合谋反叛，当时霍光同金日磾、上官桀等人一起诛杀了这些叛逆，但功劳没有封赏。武帝病后，在密封的诏书中说：“我死以后打开玺书遵照办理。”遗诏中封金日磾为秺侯，上官桀为安阳侯，霍光为博陆侯，都是按照以前捕杀叛逆的功劳来分封的。当时卫尉王莽的儿子王忽为侍中，扬言道：“皇上驾崩的时候，我经常在他的身边，哪里会有遗诏分封他们的事！这帮人是在自己抬高自己。”霍光听到这些话后，严厉责备王莽，王莽用毒酒毒死了王忽。

霍光性格沉静，思虑周到，身高只有七尺三寸，皮肤白皙，疏眉朗目，须髯很美。每当他出入殿门的时候，前进、停止的时候都有固定的位置。郎仆射暗中做记号来观察，发现不差分毫，他的资质、品性就像这样端正。霍光开始辅佐幼主的时候，政令都由他自己发布，天下人都仰慕他的风采。宫殿中曾经有过奇异之事，整夜群臣都很惊慌，霍光召见掌管符玺的郎官，郎官不肯把玉玺给霍光。霍光想夺取符玺，郎官按剑说道：“我的头可以得到，但玉玺却不可为你所得！”

霍光很敬佩郎官的行为。第二天，就下诏把这个郎官的官秩升了两级。众人没有不赞许霍光的这种行为的。

【原文】

光与左将军桀结婚[①]相亲，光长女为桀子安妻。有女年与帝相配，桀因帝姊鄂邑盖主[②]内安女后宫为倢伃，数月立为皇后。父安为票骑将军，封桑乐侯。光时休沐[③]出，桀辄入代光决事。桀父子既尊盛，而德[④]长公主。

公主内行不修[⑤]，近幸河间丁外人[⑥]。桀、安欲为外人求封，幸依国家故事以列侯尚公主者[⑦]，光不许。又为外人求光禄大夫，欲令得召见，又不许。长主大以是怨光。而桀、安数为外人求官爵弗能得，亦惭。自先帝时，桀已为九卿，位在光右[⑧]。乃父子并为将军，有椒房中宫之重[⑨]。皇后亲安女，光乃其外祖，而顾[⑩]专制朝事，繇是与光争权。

【注释】

①结婚：缔结婚姻，意为儿女亲家。②鄂邑盖主：武帝的长女，封为鄂

邑长公主。因嫁给盖侯为妻，故又称盖主。她是昭帝之姊，曾抚养昭帝成人。③休沐：休假沐浴，即休假。④德：感恩。⑤内行不修：指私生活不检点。⑥近幸：亲近宠爱。河间：郡名。治乐成（在今河北南县东南）。丁外人：关外姓丁者。⑦幸：希望。故事：旧例。指汉时旧例，即凡娶公主为妻者，皆可封侯。但霍光认为丁外人只是与长公主私通，故不许封侯。尚：娶。⑧位在光右：在武帝时，桀为太仆，在九卿之列，位在霍光之上。右：当时以右为尊。⑨椒房中宫：指皇后。汉时未央宫中有椒房殿，皇后所居，故以其代称皇后。重：倚重。⑩顾：反而。

【译文】

霍光与左将军上官桀是儿女亲家，关系亲密，霍光的大女儿嫁给上官桀的儿子上官安为妻。上官安有个女儿年龄同昭帝相当，上官桀就通过昭帝的姐姐鄂邑长公主把上官安的女儿纳进后宫当婕妤，几个月后就被立为皇后。皇后的父亲上官安就被任命为骠骑将军，封为桑乐侯。霍光有时休假出宫，上官桀就进宫代替霍光处理政事。上官桀父子位尊势盛之后，很感激长公主。

长公主私生活不检点，亲近宠幸河间的丁外人。上官桀、上官安打算替丁外人请求封侯，希望按照国家旧例凡与公主结婚的就可封侯，但霍光没有同意。他们又为丁外人求取光禄大夫之职，以期得到昭帝的召见，再次被霍光拒绝。长公主因此就对霍光非常怨恨。而上官桀、上官安因为几次为丁外人求取官爵没有成功，也感到很没面子。在汉武帝的时候，上官桀已在九卿之列，官位在霍光之上。等到上官父子同为将军的时候，又有了宫中皇后的重要关系，皇后是上官安的亲生女儿，霍光只不过是她的外祖父，却反而独自专揽朝政，上官父子因此就与霍光争夺权力。

【原文】

燕王旦自以昭帝兄，常怀怨望。及御史大夫桑弘羊建造酒榷盐铁[①]，为国兴利，伐[②]其功，欲为子弟得官，亦怨恨光。于是盖主、上官桀、安及弘羊皆与燕王旦通谋，诈令人为燕王上书，言："光出都肄郎羽林[③]，道上称跸[④]，太官先置[⑤]。又引苏武前使匈奴，拘留二十年不降，还乃为典属国，而大将军长史敞[⑥]亡功为搜粟都尉。又擅调益莫府[⑦]校尉。光专权自恣，疑有非常[⑧]。臣旦愿归符玺，入宿卫，察奸臣变。"候司[⑨]光出沐日奏之。桀欲从中下其事[⑩]，桑弘羊当与诸大臣共执退[⑪]光。书奏，帝不肯下[⑫]。

【注释】

①建造：建议设立。酒榷：酒专卖。盐铁：指官营盐铁。②伐：矜持，自傲。③都：集合之意。肄：操练。④称：传令。跸（bì）：帝王出行时开路清道，禁止他人通行。⑤太官：官名。掌皇帝饮食。先置：先准备饮食。⑥长史：官名。僚属之长，汉代丞相、大司马大将军等皆有长史。敞：杨敞，华阴人。霍光的亲信。⑦莫：通"幕"。幕府：指大将军府。⑧非常：指谋为不轨之事。⑨司：同"伺"，伺机。⑩中：指朝中。下其事：将此奏事批交有司处理。⑪执：拘捕。退：退位。即解除职务。⑫下：颁下，下达。

【译文】

燕王刘旦自以为是昭帝的哥哥却没有继承帝位，就常抱有怨恨之心。还有御史大夫桑弘羊建议设立酒类专卖、盐铁官营的制度，为国家增加了财富，桑弘羊便居功自傲，打算为自己的子弟谋得官职，没有如愿，因此也怨恨霍光。于是鄂邑长公主、上官桀、上官安以及桑弘羊就与燕王刘旦一同设谋，假装让人替燕王来上书，说："霍光出城集合演练羽林军，行进在路上像皇帝出行那样开道戒严，而且还让太官提前准备饭菜。还有他以前推荐苏武出使匈奴，被拘滞留二十年没有投降，回来后只当了典属国，而大将军的长史杨敞没有功劳却当了搜粟都尉。霍光又擅自调人来增加自己幕府的校尉。霍光专权恣肆，恐怕他有不良的企图。臣刘旦愿交还燕王的符节玺印，入朝值宿守卫，以审察奸臣的阴谋。”等霍光出宫休假的时候乘机上奏了此书。上官桀打算从宫内直接将此奏事批交有司处理，桑弘羊就和其他大臣一起将霍光拘捕并解除他的职务。谁知奏书交上去后，昭帝留住奏书不肯颁下。

【原文】

明旦，光闻之，止画室[①]中不入。上问："大将军安在？"左将军桀对曰："以燕王告其罪，故不敢入。"有诏召大将军。光入，免冠顿首谢，上曰："将军冠。朕知是书诈也，将军亡罪。"光曰："陛下何以知之？"上曰："将军之广明[②]，都郎属耳。调校尉以来未能十日，燕王何以得知之？且将军为非，不须校尉。"是时帝年十四。尚书左右皆惊，而上书者果亡，捕之甚急。桀等惧，白上小事不足遂[③]，上不听。

后桀党与有谮光者[④]，上辄怒曰："大将军忠臣，先帝所属（嘱）以辅朕身，敢有毁者坐之。"自是桀等不敢复言。乃谋令长公主置酒请光，伏兵格杀之，因废帝，迎立燕王为天子。事发觉，光尽诛桀、安、弘羊、外人宗族。燕王、盖主皆自杀。光威震海内。昭帝既冠[⑤]，遂委任光，讫十三年[⑥]，百姓充实，四夷宾服。

【注释】

①画室：殿门西阁之室，其中有古帝王画像。②广明：驿亭名。在长安城东东都门外。③白：陈述，说。遂：深究。④党与：朋党。谮（zèn）：诬陷。⑤冠：古时男子二十岁加冠。昭帝行冠礼时（元凤四年，公元前 77 年）年十八。⑥讫十三年：指昭帝在位的十三年。

【译文】

第二天早晨，霍光听说了这件事，就留在殿前的画室中没有进去朝拜。皇上问道："大将军在哪里？"左将军上官桀回答说："因为燕王告发他的罪行，所以不敢进来。"皇上就下诏召见大将军。霍光进来后，取下官帽，叩头谢罪，皇上说："将军请戴上帽子。朕知道这封奏书是假的，将军没有罪。"霍光问道："陛下凭什么知道我没有罪呢？"皇上说道："将军到广明，是去训练众郎官。调选校尉到现在还不足十天，燕王是怎么知道这些事的？况且将军要做非法的事，也不需要校尉。"这时候昭帝年仅十四岁，尚书以及左右的大臣都很吃惊，而呈送书信的人果然逃走了，官府开始紧急搜捕。上官桀等人十分害怕，就对皇上说这只是一件小事，不值得深究，皇上没有听从。

后来上官桀的党羽凡有说霍光的坏话的，昭帝就发怒道："大将军是忠臣，先帝所托付来辅佐朕的，敢有诽谤他的人就判他的罪。"从这以后上官桀等人不敢再说坏话。他们就密谋让长公主摆酒席请霍光赴宴，准备埋伏士兵击杀他，乘机再废除昭帝，迎立燕王为天子。谁知阴谋暴露，霍光将上官桀、上官安、桑弘羊、丁外人等人全族抄斩。燕王、长公主也都自杀。霍光的威势震动全国。昭帝成年后，就正式委任霍光执政，到昭帝十三年（公元前74年），百姓生活富足，四方的各少数民族都称臣归服。

【原文】

元平元年，昭帝崩，亡嗣。武帝六男独有广陵王胥在，群臣议所立，咸持[①]广陵王。王本以行失道，先帝所不用。光内不自安。郎有上书言："周太王废太伯立王季[②]，文王舍伯邑考立武王，唯在所宜，虽废长立少可也。广陵王不可以承宗庙。"言合光意。光以其书视丞相敞等，擢郎为九江[③]太守，即日承皇太后诏，遣行大鸿胪事少府乐成、宗正德、光禄大夫吉、中郎将利汉迎昌邑王贺[④]。

【注释】

①持：持议。②废太伯立王季：废其长子太伯，而立其少子。③九江：郡名。治寿春（今安徽寿县）。④行：代理。大鸿胪：官名。掌山海池泽收入及皇室手工业制造。乐成：姓史。德：刘德，字路叔。吉：丙吉，字少卿，鲁人。利汉：人名。昌邑王贺：刘贺。

【译文】

元平元年（公元前74年），昭帝驾崩，没有继承人。汉武帝六个儿子中独有广陵王刘胥还活着。各位大臣商议继承人的人选，大家都主张立广陵王。广陵王本来因为行为有失道义，没有被先帝选用。霍光内心自感不安。有郎官上书说："周太王废掉太伯而立王季，文王舍弃伯邑考而立武王，只要对国家有利，即使是废黜长子而立少子也是可以的。广陵王是不可以继承宗庙社稷的。"所说的正好同霍光心意相合。霍光就把这份奏书拿给丞相杨敞等人看，并且把这个郎官提升为

九江太守，当天就奉皇太后的诏令，派遣代理大鸿胪事务的少府乐成、宗正刘德、光禄大夫丙吉、中郎将利汉去迎接昌邑王刘贺。

【原文】

贺者，武帝孙，昌邑哀王[①]子也。既至，即位，行淫乱。光忧懑[②]，独以问所亲故吏大司农田延年。延年曰："将军为国柱石，审此人不可，何不建白[③]太后，更选贤而立之？"光曰："今欲如是，于古尝有此否？"延年曰："伊尹相殷，废太甲以安宗庙，后世称其忠。将军若能行此，亦汉之伊尹也。"光乃引延年给事中，阴与车骑将军张安世图计，遂召丞相、御史、将军、列侯、中二千石、大夫、博士会议[④]未央宫。光曰："昌邑王行昏乱，恐危社稷，如何？"群臣皆惊鄂失色，莫敢发言，但唯唯[⑤]而已。田延年前，离席按剑，曰："先帝属将军以幼孤，寄将军以天下，以将军忠贤能安刘氏也。今群下鼎沸，社稷将倾，且汉之传谥[⑥]常为孝者，以长有天下，令宗庙血食也。如今汉家绝祀，将军虽死，何面目见先帝于地下乎？今日之议，不得旋踵[⑦]。群臣后应者，臣请剑斩之。"光谢曰："九卿责光是也。天下匈匈[⑧]不安，光当受难[⑨]。"于是议者皆叩头，曰："万姓之命在于将军，唯大将军令。"

【注释】

①昌邑哀王：刘髆（bó），武帝第五子。②懑（mèn）：愤闷。③建白：建议。④会议：集合商讨。⑤唯唯：应答词，犹如"是是"。⑥传谥：代代相传的谥号。⑦旋踵：退缩。⑧匈匈：同"汹汹"，骚扰不安的样子。⑨难：责难。

【译文】

刘贺是汉武帝的孙子，昌邑哀王刘髆的儿子。他到宫中后，登上帝位，不久就行为淫乱。霍光忧虑气愤，独自以此事去问亲信的旧臣大司农田延年。田延年说："将军作为国家的柱石，既然发觉这个人不可委以社稷，为什么不向太后建议禀报，另外选一个贤能之人立他为帝呢？"霍光说道："我也想这么办，不知在古代有没有这样的先例？"田延年答道："伊尹任殷朝丞相的时候，就废黜了太甲用来安定国家，后代的人都称赞他的忠诚。将军如果也能这样做，就是汉朝的伊尹了。"霍光就举荐田延年为给事中，暗中同车骑将军张安世谋划，于是就在未央宫召集丞相、御史、将军、列侯、中二千石、大夫、博士等一同商议。霍光说道："昌邑王行为昏聩淫乱，恐怕会危及国家，你们看怎么办？"众大臣都大惊失色，不敢发言，只是唯唯诺诺而已。田延年离开座席走上前来，手按住长剑说道："先帝把年幼的孤儿托付给将军，把天下交付给将军，是因为将军忠诚贤能，能够稳固刘氏的天下。如今群臣百姓不安，国家将要倾覆，而且汉朝皇帝相传的谥号常用"孝"字，是为了长久地拥有天下，让宗庙永久享受祭祀。如国现在汉家香火断绝，将军即使是死了，又有什么脸面到九泉之下去见先帝呢？今天的讨论，没有缓和余地。群臣中如

果有拖延回答的，臣下请求用这把剑斩了他。”霍光告罪说：“九卿责备我是对的。天下骚动不安，我应当受到责罚。”于是参加议事的大臣都叩头说道：“万民的性命都系在将军一人的身上，我们愿听将军的指示。”

【原文】

光即与群臣俱见白太后，具陈昌邑王不可以承宗庙状。皇太后乃车驾幸未央承明殿，诏诸禁门毋内昌邑群臣。王入朝太后还，乘辇欲归温室[①]，中黄门宦者各持门扇[②]，王入，门闭，昌邑群臣不得入。王曰：“何为？”大将军跪曰：“有皇太后诏，毋内昌邑群臣。”王曰：“徐之[③]，何乃惊人如是！”光使尽驱出昌邑群臣，置金马门[④]外。车骑将军安世将羽林骑收缚二百余人，皆送廷尉诏狱[⑤]。令故昭帝侍中中臣侍守[⑥]王。光敕左右：“谨宿卫，卒有物故自裁[⑦]，令我负天下，有杀主名。”王尚未自知当废，谓左右：“我故群臣从官安得罪，而大将军尽系之乎？”顷之，有太后诏召王。王闻召，意恐，乃曰：“我安得罪而召我哉！”太后被珠襦[⑧]，盛服坐武帐[⑨]中，侍御数百人皆持兵，期门武士陛戟[⑩]，陈列殿下，群臣以次上殿，召昌邑王伏前听诏。

【注释】

①温室：殿名。冬日避寒之处，这里指未央宫之温室殿。②门扇：两开两合的大门的其中一扇门叫作一块。③徐之：慢慢来。④金马门：未央宫正门。门外有铜马，故名金马门。⑤诏狱：专门处治皇帝特旨案犯之处。⑥中臣：疑为“中官”。侍守：名侍而实守，意为软禁，以防发生意外。⑦物故：死亡。自裁：自杀。⑧襦（rú）：短袄。⑨武帐：设有兵器和卫士的帷帐。⑩期门武士：皇帝的一种侍卫武士，武帝时所建。陛戟：执戟列于殿阶下。

【译文】

霍光立刻同群臣一起谒见禀告太后，详细陈述昌邑王不能继承皇位的情况。皇太后于是乘辇车来到未央宫承明殿，诏令各个宫禁门卫不要放昌邑王的群臣进宫。昌邑王进宫朝见太后返回，准备坐辇车回到温室，宫中的黄门宦官各自把住门扇，等昌邑王进去后，就把宫门关上，昌邑王的群臣就进不来了。昌邑王问道："这是干什么？"大将军跪下说："皇太后有诏令，不让昌邑王的群臣进来。"昌邑王说："慢点儿来，为什么要弄得这么吓人！"霍光派人将昌邑王的群臣全部驱逐出宫，集中在金马门外。车骑将军张安世率领羽林军骑兵拘捕捆绑了二百多人，都交给廷尉关在诏狱内。并命令原昭帝的侍中、中官侍候看守昌邑王。霍光告诫他们说："你们要小心值班守卫，昌邑王如果突然死了或自杀了，就会让我对不起天下人，背上杀害君王的罪名。"昌邑王这时还不知道自己要被废黜，对身边的人说："我原来的群臣随员有什么罪，而大将军全把他们关押起来了？"不久，太后下诏召见昌邑王。昌邑王听到要召见自己，心中开始害怕

起来，于是说："我犯了什么罪要召见我？"太后披着珍珠短袄，身穿盛装坐在武帐中，几百名宫廷卫士都拿着武器，期门武士持戟守卫台阶，他们都排列在殿下。群臣按顺序走进殿来，叫昌邑王伏在前面听诏令。

【原文】

"天子所以永保宗庙总一[①]海内者，以慈孝礼谊赏罚为本。昌邑王荒淫迷惑[②]，失帝王礼谊，乱汉制度。臣敞等数进谏，不变更，日以益甚，恐危杜稷，天下不安。高皇帝建功业为汉太祖，孝文皇帝慈仁节俭为太宗，今陛下嗣孝昭皇帝后，行淫辟不轨。宗庙重于君，陛下未见命[③]高庙，不可以承天序[④]，奉祖宗庙，子万姓[⑤]，当废。臣敞等昧死以闻。"

【注释】

①总一：统一治理。②迷惑：昏乱。③见命：受命。④天序：上天的安排，即天命。⑤子万姓：以万姓为子民。即统治百姓之意。

【译文】

天子之所以能够长久保有宗庙并拥有天下，是因为他能够以慈孝、礼义、赏罚分明作为根本。昌邑王荒淫昏乱，失去帝王的礼义，破坏了汉朝的制度。臣杨敞等人几次进言规谏，他都不改变错误，反而一天比一天厉害，恐怕要危害国家，使天下动荡不安。高皇帝因为创建汉朝基业，所以称汉太祖，孝文皇帝因为仁慈节俭被称为太宗，如今陛下继承孝昭皇帝之后，行为放纵不合法度。宗庙比君王更重要，陛下没有到高庙接受大命，就不可以继承上天的意旨，奉祀祖宗宗庙，统治天下百姓，应当废黜。臣杨敞等人甘冒死罪前来奏报。"

【原文】

皇太后诏曰："可。"光令王起拜受诏，王曰："闻天子有争臣[①]七人，虽无道不失天下。"光曰："皇太后诏废，安得天子！"乃即持其手，解脱其玺组[②]，奉上太后，扶王下殿，出金马门，群臣随送。王西面拜，曰："愚戆[③]不任汉事。"起就乘舆副车。大将军光送至昌邑邸[④]，光谢曰："王行自绝于天，臣等驽怯[⑤]，不能杀身报德。臣宁负王，不敢负社稷。愿王自爱，臣长不复见左右。"光涕泣而去。群臣奏言："古者废放之人屏[⑥]于远方，不及以政，请徙王贺汉中房陵县。"太后诏归贺昌邑，赐汤沐邑二千户。昌邑群臣坐亡辅导之谊，陷王于恶，光悉诛杀二百余人。出死[⑦]，号呼市中曰："当断不断，反受其乱[⑧]。"

【注释】

①争：同"诤"。诤臣：直言敢谏之臣。②组：绶带。③戆（gàng）：鲁莽。④昌邑邸：昌邑王在京的官邸。⑤驽怯：低能懦怯。⑥屏：放逐。⑦出死：出狱赴市处死。⑧当断不断，反受其乱：办事犹豫不决，反遭受祸害牵累。意思是，未曾先下手除掉霍光，反为霍光所害。

【译文】

皇太后下诏说："准奏。"霍光就叫昌邑王起来跪拜接受诏令，昌邑王说道："听说天子只要有七个直言敢谏之臣，即使无道也不会失去天下。"霍光说："皇太后已下诏废黜，哪里还是天子！"于是上前抓住他的手，解下他身上的玺印绶带，捧上交给太后，扶着昌邑王下了宫殿，走出金马门，群臣跟着送行。昌邑王向西面拜道："我愚昧鲁莽，不堪担当汉室的重任。"起身坐上皇帝侍从的车辆。大将军霍光把昌邑王送到昌邑王府后，霍光告罪道："您的行为自绝于上天，臣等怯懦无能，不能自杀来报答您的恩德。臣下宁可有负大王，不敢对不起国家。但愿大王能够自爱。臣下将再也不能见到您了。"然后霍光哭着离开

了。群臣又上奏说："古代被罢黜放逐之人都流放到很远的地方，不使他干扰国家政令，我们请求把昌邑王刘贺迁到汉中房陵县。"太后下诏命刘贺回到昌邑，并赐给他汤沐邑二千户。昌邑王的群臣由于没有尽到辅佐教导君王之责，使昌邑王误入歧途而获罪，霍光就将他们全部杀了，共有二百多人。当这些人被拉出去处死的时候，都在街道中哭泣呼喊道："当断不断，反受其乱。"

【原文】

光坐庭中，会丞相以下议定所立。广陵王已前不用，及燕刺王反诛，其子不在议中，近亲唯有卫太子孙号皇曾孙[①]在民间，咸称述焉。光遂复与丞相敞等上奏曰："《礼》曰：'人道亲亲故尊祖，尊祖故敬宗[②]。'大宗[③]亡嗣，择支子孙贤者为嗣。孝武皇帝曾孙病已，武帝时有诏掖庭[④]养视，至今年十八，师受《诗》《论语》《孝经》，躬行节俭，慈仁爱人，可以嗣孝昭皇帝后，奉承祖宗庙，子万姓。臣昧死以闻。"皇太后诏曰："可。"光遣宗正刘德至曾孙家尚冠里[⑤]，洗沐赐御衣，太仆以軨猎车[⑥]迎曾孙就斋宗正府。入未央宫见皇太后，封为阳武侯。已而光奉上皇帝玺绶，谒于高庙，是为孝宣皇帝。明年，下诏曰："夫褒有德，赏元功[⑦]，古今通谊也。大司马大将军光宿卫忠正，宣德明恩，守节秉谊，以安宗庙。其以河北、东武阳[⑧]益封光万七千户。"与故所食凡二万户。赏赐前后黄金七千斤，钱六千万，杂缯三万匹，奴婢百七十人，马二千疋[⑨]，甲第一区[⑩]。

【注释】

①皇曾孙：武帝的曾孙刘病已，后改名询，即汉宣帝。②亲亲，亲爱自己的亲族。祖：世族的远祖。宗：世族的大宗。③大宗：封建世族制度中，以嫡子一系为"大宗"。这里指戾太子刘据。④掖庭：汉初以前叫"永巷"，汉武帝太初元年（公元前104年）改名掖庭，隶属于少府，设掖庭令管理，下属有掖庭丞，员八人。掌管皇宫宫女及供御用的杂务。⑤尚冠里：里巷名。在长安南城。⑥軨（líng）猎车：射猎时使用的轻便小车。⑦元功：首功。⑧河北：县名。在今山西芮城北。东武阳：县名。今山东莘县南。⑨疋：同"匹"。⑩甲第：上等住宅。一区：一所。

【译文】

霍光坐在朝堂上，会同丞相以下大臣商议决定所立的人选。广陵王刘胥早在这之前就没有被选用，等到燕刺王刘旦谋反被诛，他的儿子也就不在讨论之中了。近亲中现只有卫太子的孙子号称皇曾孙的还在民间，受到普遍称赞。霍光便又同丞相杨敞等大臣一同上奏说："《礼记》中说'为人之道能够亲爱亲人就能尊崇祖先，能够尊崇祖先就能够敬重宗庙'。如今大宗没有继承人，就应选择旁支子孙中贤能的人作为继承人。孝武皇帝的曾孙病已，武帝时有诏令在掖庭中抚养照看，到现在已经十八岁了，从师学习《诗》《论语》《孝经》，身体力行节俭，慈爱仁义爱人，可以作为孝昭皇帝的继承人，事奉祖先宗庙，统治万民。臣下冒死以告。”皇太后下诏说：“准奏。”霍光就派遣宗正刘德到皇曾孙尚冠里的家中，帮他洗梳沐浴，赐给他皇帝的衣服，叫太仆用轻便小车把他接到宗正府进行斋戒。入未央宫谒见皇太后，被封为阳武侯。不久霍光就献上皇帝的印玺，皇曾孙然后到高庙去拜谒，这就是孝宣皇帝。第二年，皇帝下诏说：“褒奖有德的人，赏赐有首功的人，是古今的常理。大司马大将军霍光守卫宫廷忠诚正直，宣扬道德彰明恩泽，保守节操秉行仁义，用来安定宗庙。将河北、东武阳的一万七千户加封给霍光。”加上他以前的封邑一共有两万户。前后赏给他黄金七千斤，钱六千万，各色彩帛三万匹，奴婢一百七十人，马两千匹，上等住宅一处。

【原文】

自昭帝时，光子禹及兄孙云皆中郎将，云弟山奉车都尉侍中，领[①]胡越兵。光两女婿为东西宫卫尉[②]，昆弟诸婿外孙皆奉朝请[③]，为诸曹大夫、骑都尉[④]、给事中。党亲连体[⑤]，根据[⑥]于朝廷。光自后元秉持万机，及上即位，乃归政。上谦让不受，诸事皆先关白[⑦]光，然后奏御天子。光每朝见，上虚己敛容，礼下之已甚。

光秉政前后二十年，地节二年春病笃，车驾自临问光病，上为之涕泣。光上书谢恩曰：“愿分国邑三千户，以封兄孙奉车都尉山为列侯，奉兄票骑将军去病祀。”事下丞相御史，即日拜光子禹为右将军。

【注释】

①领：掌管。②光两女婿为东西宫卫尉：霍光的两个女婿，范明友为未央宫（西宫，皇帝所居）卫尉，邓广汉为长乐宫（东宫，皇太后所居）卫尉，负责两宫守卫。③奉朝请：泛称有资格参预朝会议政的官员。④骑都尉：官名，统领卫护皇帝的骑兵。⑤亲党连体：指姻亲同宗结成集团。⑥根据：盘据。⑦关白：请示，报告。

【译文】

自昭帝时起，霍光的儿子霍禹以及霍光哥哥的孙子霍云都已是中郎将，霍云的弟弟霍山任奉车都尉、侍中，掌管胡、越兵权。霍光的两个女婿分别是东西宫的卫尉，霍光兄弟的女婿及外孙都有资格参加朝会，担任诸曹大夫、骑都尉、给事中等官职。党派亲族连成一体，盘据在朝廷中。霍光从后元（公元前88—前87年）以来一直总理朝政，等到皇上登基以后，才归还朝政。皇上谦让不肯接受，各种政事都要先请示霍光，然后再上奏给天子。霍光每次上朝参见，皇上都谦恭严肃，对他十分恭敬礼让。

霍光执政前后达二十年，地节二年（公元前68年）春他病得很厉害，皇上亲自去他家探望病情，为之流泪哭泣。霍光上书谢恩说："我愿把我封国食邑的三千户分出去，用来分封我哥哥的孙子奉车都尉霍山为列侯，以供奉我哥哥骠骑将军霍去病的祭祀。"皇上把此事交给丞相御史办理，当天就授任霍光的儿子霍禹为右将军。

【原文】

光薨，上及皇太后亲临光丧。太中大夫任宣与御史五人持节护丧事。中二千石治莫府冢上[①]。赐金钱、缯絮，绣被百领，衣五十箧，璧珠玑玉衣[②]、梓宫、便房、黄肠题凑[③]各一具，枞木外臧椁十五具[④]。东园温明[⑤]，皆如乘舆制度。载光尸柩以辒辌车[⑥]，黄屋左纛[⑦]，发材官轻车北军五校士军陈至茂陵[⑧]，以送其葬。谥曰宣成侯。发三河卒穿复土[⑨]，起冢祠堂，置园邑三百家，长丞奉守如旧法[⑩]。

【注释】

①治幕府冢上：在墓地设立办理丧事的幕府。②璧珠玑玉衣：即金缕玉衣，又称玉匣。衣以金丝连缀玉片而成，用以包裹尸体。③梓宫：梓木棺材。便房：外棺。黄肠题凑：用黄心柏木垒成的椁室。因是黄心柏木，故称“黄肠”，木头皆向内为椁盖，故称“题凑”。④臧：通“藏”。外藏椁：指黄肠题凑外之外椁。十五具：指枞木板十五块。金缕玉衣、梓宫、便房、黄肠题凑与外藏椁等同属帝王陵墓中的重要组成部分。但经朝廷特赐，个别勋臣贵戚也可使用。此处足见霍光所受的恩宠之厚、待遇之高。⑤东园：官署名。掌置办丧葬器物。温明：葬器名。放在尸体上的漆方桶，内置镜。⑥辒辌（wēn liáng）车：丧车。原是有遮盖的卧车，有窗可调节温度故称辒辌。⑦黄屋左纛：黄屋，以黄缯为车盖。左纛（dào），插在车辕左端饰有羽毛的大旗。此皆皇帝乘舆之制。⑧材官：能用强弩的步兵。轻车：战车兵。北军：汉代居于城北的一支禁军。有时充任皇帝出殡的仪仗队。北军五校：北军五营。军阵：军列成行。茂陵：汉武帝陵。在今陕西兴平东北。霍光墓在兴平县茂陵镇。⑨三河：汉时指河内（治怀县）、河东（治安邑）、河南（治洛阳）三郡。穿复土：掘地和堆土。⑩长丞奉守如旧法：指大将军幕府的长史、丞掾等属僚，按霍光生前的规格奉守陵园。

【译文】

霍光去世后，皇上及皇太后都亲自参加霍光的葬礼。太中大夫任宣和五个侍御史一同拿着符节操办丧事。中二千石的大臣在墓地上设置幕府办理丧事。皇上还赐给金钱、帛绢丝绵，绣花棉被一百条，衣服五十箱，金镂玉衣、内棺、外椁、黄肠题凑各一副，随葬的外藏枞木椁十五副。东园制作的温明秘器，全都如同皇帝的规格。用辒辌车载着霍光的遗体，车上用黄缎覆盖，左辕插上羽饰大旗，派材官、轻车、北军五校士兵列队一直到达茂陵，来为霍光送葬。赐谥号为宣成侯。征发河东、河南、河内三郡的士兵掘墓埋土，盖起陵墓祠堂，设置看护的园邑三百家，长史、丞掾按照霍光生前的规格侍奉守护陵园。

【原文】

赞曰：霍光以结发[①]内侍，起于阶闼[②]之间，确然[③]秉志，谊形[④]于主。受襁褓之托[⑤]，任汉室之寄，当庙堂，拥幼君，摧燕王，仆上官[⑥]，因权制敌，以成其忠。处废置之际[⑦]，临大节而不可夺，遂匡国家、安社稷。拥昭立宣，光为师保[⑧]，虽周公、阿衡[⑨]，何以加此！然光不学亡术，暗于大理，阴妻邪谋，立女为后，湛溺盈溢之欲，以增颠覆之祸，死财三年，宗族诛夷，哀哉！昔霍叔[⑩]封于晋，晋即河东，光岂其苗裔乎？

【注释】

①结发：古时男子二十岁结发加冠。这里指霍光年轻时。②阶闼：指宫廷。③确然：刚强，坚定。④形：显露。⑤襁褓之托：言托孤。⑥仆：击败。上官：指上官桀、上官安父子。⑦废置之际：指废昌邑王刘贺、立宣帝刘询之时。⑧师保：古代称教导辅弼君主之官为师或保。有师有保，统称"师保"。⑨阿衡：指伊尹。⑩霍叔：名叔处，武王之弟，封于霍，故称霍叔。

【译文】

班固评论道：霍光从小就在宫中供事，崛起于宫廷之中，坚定志向，品德受到皇上的赏识。后来又接受辅佐幼主的托付，肩负汉室的寄望，主持朝政，拥护幼君，摧毁燕王的谋反，挫败上官桀的阴谋，

凭借权力制服敌人，成就了他的忠诚。身处皇帝废立的关头，身临大节而志向不变，这才得以匡正国家、安定社稷。拥护昭帝，改立宣帝，霍光担任师保，即使周公、伊尹，也没有什么超过霍光的地方！但是霍光不学无术，不明大理，隐瞒妻子的奸邪阴谋，立他的女儿为皇后，沉湎于永不满足的欲望，以致增添了灭亡的灾祸，他死后仅三年，宗族就被全部诛灭，可悲啊！过去霍叔封国在晋，晋也就是河东的地方，霍光难道是他的后代吗？

【简析】

本篇叙述霍光一生的事迹。这篇可以说是霍光的合传。霍光，是霍去病的异母弟。出入宫中二十余年，“小心谨慎，未尝有过”，颇受武帝亲近与信赖。故武帝临终，任其为大司马大将军，封博陆侯，与金日磾、上官桀、桑弘羊等人同受遗诏，辅佐少主，为武帝托孤重臣。后以谋反罪名，诛除上官桀、桑弘羊，而专揽朝政，擅为废立，“威震海内”。执政二十年，轻徭薄赋，与民休息，促使社会安定。同时，亲属显贵，占据高位，权倾中外，为以后的族诛之祸埋下了祸根。霍光在武帝到宣帝的过渡时期，执行“与民休息”政策，经济继续发展，同时也重新恢复了和匈奴的和亲关系。这些措施对于稳定武帝后期以来动荡不安的局势、恢复社会经济起了重要作用，确有不容抹杀的历史功勋。但他让聪慧过人、可能建立一代功业的汉昭帝成为一个木偶皇帝，同时挟私匿奸，贪恋权力，打击异己，以权谋私，确实如班氏所说的“不学无术，不明大理”，超越了为臣的本分。

叙传

——煌煌百篇，综摄西汉百年事

【原文】

固以为唐虞三代，《诗》《书》所及，世有典籍，故虽尧舜之盛，必有典谟①之篇，然后扬名于后世，冠德于百王，故曰“巍巍乎其有成功②，焕乎其有文章③也！”汉绍④尧运，以建帝业，至于六世，史臣乃追述功德，私作本纪⑤，编于百王之末，厕于秦、项之列。太初以后，阙⑥而不录，故探篹⑦前记，缀辑所闻，以述《汉书》，起元高祖，终于孝平王莽之诛，十有二世，二百三十年，综其行事，旁贯《五经》，上下洽通，为春秋考⑧纪、表、志、传，凡百篇。

【注释】

①典谟：《尚书》中《尧典》、《舜典》、《大禹谟》、《皋陶谟》等篇的并称。也指经典，法言。②巍巍：形容伟大。成功：成就功业、

政绩或事业。③焕：辉煌，灿烂。文章：著作。古代也指典章制度。④绍：连续，继承。⑤私作本纪：指汉武帝时司马迁作《史记》。⑥阙：同“缺”。⑦篹（zhuàn）：通“撰”。探篹：探究编次。⑧春秋：年，年代。考：推求，研究。

【译文】

我认为唐尧虞舜夏商周时代，以及《诗经》《尚书》所涉及的，世间都有典籍传世，因此即使是远古尧舜时期的盛况，也一定有经典篇章记述，才能声名流传到后世，圣德冠于百王之上，所以才会说：“他们获得的成就功业多么伟大，他们制定的典章制度又是多么辉煌！”汉朝承继唐尧的国运，建立了帝业，到了汉武帝时代，史官司马迁便追述前世功德，私下撰写了帝王本纪，把汉朝排列于百王之后，与秦朝、项羽同列。汉武帝太初年间（公元前104—前101年）以后之事，未能记载，因此我将前人的记述加以整理，再加上所听到的材料，从而撰述《汉书》，起于汉高祖，终于孝平帝、王莽被杀，共十二代，二百三十年，综合他们的所作所为，横贯《五经》，上下衔接通达，按年代分为纪、表、志、传四种体裁，共一百篇。

【原文】

凡《汉书》，叙帝皇①，列官司，建侯王②；准天地，统阴阳③；阐元极，步三光④；分州域，物土疆⑤；穷人理，该万方⑥；纬《六经》，缀道纲⑦；总百氏⑧，赞篇章⑨。函雅故，通古今，正文字，惟学林⑩。

【注释】

①叙帝皇：指十二纪。②列官司，建侯王：指《百官公卿表》与《诸侯王表》。③准天地，统阴阳：指《天文志》与《五行志》。④阐元极，步三光：指《律历志》。⑤分州域，物土疆：指《地理志》。⑥穷

人理，该万方：指《古今人表》与《郊祀志》。⑦纬《六经》，缀道纲：指《艺文志》。⑧总百氏：指诸人传记。⑨赞篇章：指篇末的赞语。⑩学林：比喻学问的总汇。

【译文】

《汉书》一书，十二纪记述了西汉的十二位皇帝，《百官公卿表》罗列百官职掌，《诸侯王表》谱写王侯之世系；《天文志》记天文以效法天地，《五行志》记五行以合阴阳；《律历志》推求万物的本原，推算日、月、星辰的运行规律；《地理志》记地理以划分疆域，察看天地；《古今人表》记古今人物以穷尽人伦之理，《郊祀志》记郊祀以详四方。《艺文志》记艺文以考证六经，阐述道统纲纪；写百家传记以汇总人物生平事迹，每篇文章的最后缀以赞语评论。全书记述准确，贯通古今，校正文字，堪称学问的总汇。

参考文献

[1] 陈朴 . 汉书译注 [M]. 上海：上海三联文化出版社，2014.

[2] 陈才俊 . 汉书精粹 [M]. 北京：海潮出版社，2014.

[3] 班固 . 汉书人物全传 [M]. 北京：北京时代华文书局，2014.

[4] 马彪 . 汉书 [M]. 北京：中信出版社，2014.

[5] 程新发 . 白话汉书 [M]. 北京：新世界出版社，2015.